ATLAS-SCOL

COURS COMPLET DE GÉOGRAPHIE

AVEC DES ILLUSTRATIONS INTERCALÉES DANS LE TEXTE
SUIVI DE QUESTIONNAIRES POUR LES INTERROGATIONS
DES NOTIONS SUR LA GÉOGRAPHIE HISTORIQUE DE LA FRANCE
SUR LA LECTURE DES CARTES DE L'ÉTAT-MAJOR
SUR LES PRINCIPAUX VOYAGES ET DÉCOUVERTES
ET LA GÉOGRAPHIE DU DÉPARTEMENT

Par E. LEVASSEUR
MEMBRE DE L'INSTITUT

SEINE
Par M. VINCENT, Inspecteur primaire à Paris

TABLE DES MATIÈRES

- Géographie générale
- NOTIONS PRÉLIMINAIRES
- La France
- France — Notions générales
- Bassin du Rhône
- Bassin de la Garonne
- Bassin de la Loire
- Bassin de la Seine
- Bassin de la mer du Nord
- Provinces et départements
- Départements et villes du bassin de la Méditerranée (Bassin du Rhône)
- Départements et villes du bassin de l'Atlantique (B. de la Garonne)
- Départements et villes du bassin de l'Océan Atlantique (B. de la Loire)
- Départements et villes du bassin de la Manche (B. de la Seine) et Départements et villes du bassin de la mer du Nord
- Géographie économique
- Agriculture
- Industrie
- Voies de communication
- Commerce et population
- Géographie administrative
- ALGÉRIE ET COLONIES
- Algérie et Tunisie
- Colonies
- Les États d'Europe (moins la France)
- Europe occidentale
- Europe centrale
- Europe méridionale
- Europe orientale et septentrionale
- Les Parties du monde (moins l'Europe)
- Asie
- Afrique
- Océanie
- Amérique du nord
- Amérique du sud
- ANNEXES
- Lecture de la carte d'état-major
- Les principales découvertes

INSTITUT GÉOGRAPHIQUE DE PARIS

LIBRAIRIE CH. DELAGRAVE
15, RUE SOUFFLOT, 15

Tous droits réservés

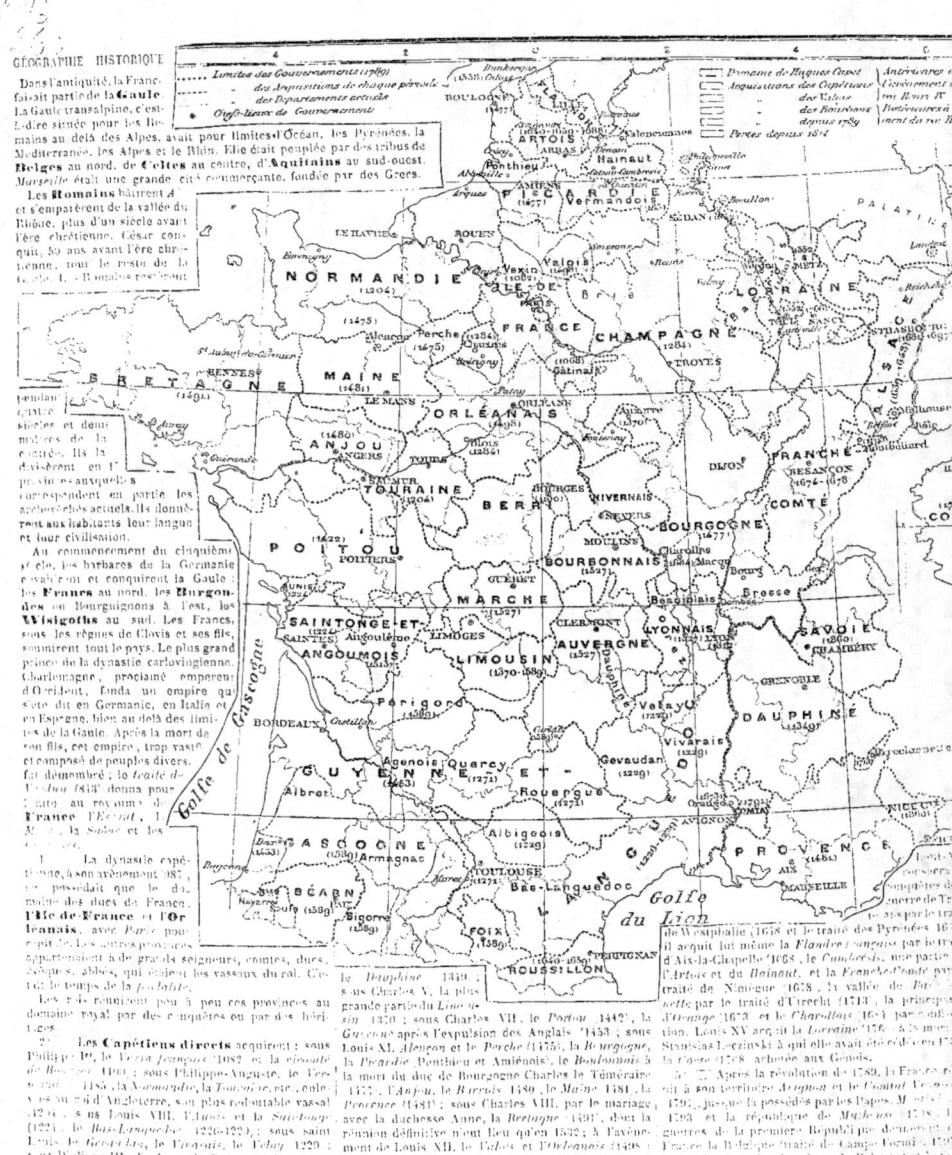

I. LES NOTIONS PRÉLIMINAIRES

LE PLAN ET LA CARTE

1º Qu'est-ce qu'un plan ? — Un **plan** est le *dessin géométrique d'un lieu*. On l'appelle plan parce qu'il est exécuté sur une surface plane ; cette surface est ordinairement une feuille de papier. On peut faire le plan d'objets de dimensions très diverses : le plan d'un meuble, le plan d'une maison, le plan d'une commune.

* *Exemple.* — Voici une classe. Elle a trois bancs et une estrade qu'on voit sur la figure n° 1. Elle a aussi une porte et deux fenêtres qu'on ne voit pas.

Fig. 1. — Vue d'une classe.

On peut mesurer les dimensions de cette classe avec un mètre. Elle doit avoir 10 mètres en longueur sur 5 mètres en largeur.

On mesure ainsi chaque chose : par exemple, la largeur des fenêtres et de la porte, la longueur et la largeur des tables et des bancs.

Avec un mètre et une règle, on dessine sur le tableau noir le dessin géométrique de cette classe. Il faut adopter une grandeur quelconque pour ce dessin ; on prend, par exemple, une longueur totale de 1 mètre, en ayant soin de donner à chaque partie et à chaque objet une grandeur proportionnelle à la longueur totale adoptée. On obtient ainsi un *plan de la classe.*

Ce plan est beaucoup plus petit que la réalité ; mais chaque chose y a relativement la même place, la même forme et les mêmes dimensions. C'est une *figure semblable* à la classe que l'on a dessinée par les procédés géométriques.

Un mètre sur le plan représente une longueur totale de 10 mètres ; donc chaque chose est dix fois plus petite sur le plan que dans la réalité. On dit, dans ce cas, que *le plan est à l'échelle du dixième* ($\frac{1}{10}$).

On peut représenter sur le papier (comme on le voit sur la figure n° 2) la même classe en donnant

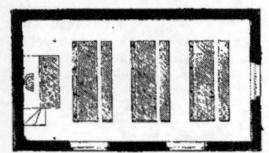

Fig. 2. — Plan de la classe à l'échelle du 200ᵉ 5 centimètres pour 10 mètres).

au plan une longueur totale de 5 centimètres seulement. Chaque chose est, dans ce cas, 200 fois plus petite que la réalité ; car il y a 200 fois 5 centimètres dans 10 mètres. *Le plan est à l'échelle du deux-centième* ($\frac{1}{200}$).

2º Qu'est-ce que l'échelle ? — L'**échelle** est le *rapport de longueur entre la réalité et le plan*.

C'est ce que les exemples précédents viennent de

* L'élève doit lire, mais il ne doit pas apprendre les parties imprimées en petits caractères.

E. Levasseur. — ATLAS-SCOLAIRE.

montrer. Un plan est à *l'échelle du dixième* ($\frac{1}{10}$) lorsque le dessin est 10 fois plus petit que la réalité. C'est l'échelle du plan dressé sur le tableau noir.

Dans le plan de la figure 2, la même classe, ayant une longueur de 5 centimètres, est représentée au deux-centième ($\frac{1}{200}$) de la grandeur naturelle. C'est pourquoi on dit qu'elle est à l'échelle du 200ᵉ.

Il est nécessaire de prendre une petite échelle lorsqu'on doit représenter un espace beaucoup plus étendu qu'une salle de classe. Par exemple, si l'on veut faire le plan de l'école et de ses alentours, il faut mesurer chaque chose, comme on a fait pour la classe : prendre la longueur et la largeur des allées, les angles des murs, etc., puis en faire le dessin géométrique à une échelle déterminée. La longueur

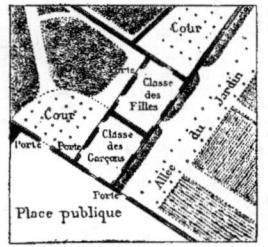

Fig. 3. — Plan de la maison d'école à l'échelle du 666ᵉ (1 centimètre 1/2 pour 10 mètres).

de la classe sur cette figure (fig. n° 3) ayant 1 centimètre 1/2, le plan est *à l'échelle de* $\frac{1}{666}$.

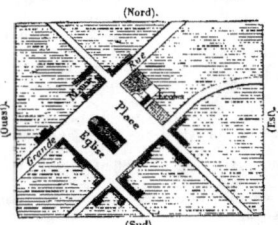

Fig. 4. — Plan des environs de l'école à l'échelle du 10000ᵉ (1 millimètre pour 10 mètres).

On aurait pu le dresser à échelle plus petite encore et l'étendre jusqu'à la mairie, à l'église et aux rues avoisinantes. C'est ainsi qu'a été dessinée la figure n° 4, qui donne les environs de l'église au dix-millième de la grandeur naturelle. C'est un plan à *l'échelle du dix-millième* ($\frac{1}{10000}$).

On aurait pu étendre le travail à toute la ville et même à la campagne environnante et dresser une

Fig. 5. — Vue de la ville et de ses environs. (Carte à l'échelle du 40000ᵉ.)

carte semblable à la figure n° 5. Cette carte représente une ville située au bord de la mer, près de l'embouchure d'un fleuve dont la rive droite est bordée de montagnes. Elle est à *l'échelle de* $\frac{1}{40000}$, c'est-à-dire qu'un millimètre y représente une longueur de 40 mètres sur le terrain.

Dans les plans précédents (fig. 2, 3 et 4), le dessin indique la place de chaque chose sur une surface horizontale, sans tenir compte de l'élévation du sol ; ce genre de dessin s'appelle *planimétrie*. Sur la figure 5 les parties hautes et les parties basses du sol, c'est-à-dire les formes du terrain (dont nous parlons plus loin) sont indiquées par des hachures : c'est ce qu'on appelle le *figuré du terrain*.

3º Qu'est-ce qu'une carte ? — Une **carte** est la *représentation d'une contrée dressée à une échelle plus petite que celle d'un plan* et faite à l'aide de certains signes conventionnels.

Le plan est une figure semblable à la réalité dans toutes ses parties ; chaque objet représenté y conserve sa grandeur relative aux autres objets. Quand l'échelle descend au-dessous de $\frac{1}{10000}$, elle devient trop petite pour que cette proportion soit partout observée. Par exemple, sur une carte à $\frac{1}{10000}$, comme celle que donne la figure n° 5, un chemin large en réalité de 10 mètres n'aurait que 1/4 de millimètre sur le dessin ; il n'aurait que 1/10 de millimètre sur une carte à l'échelle de $\frac{1}{100000}$; ce qui serait impossible à dessiner.

Il est nécessaire dans ce cas d'adopter certains signes conventionnels différents des signes employés dans les plans et de donner à la représentation de certains objets une grandeur exagérée. Les teintes, les hachures et les courbes qui représentent d'ordinaire les montagnes sont au nombre des signes conventionnels employés dans les cartes.

On ne dresse pas la carte d'un grand pays comme le plan d'une classe.

On commence par déterminer, à l'aide de procédés astronomiques, la position exacte de certains points importants, afin d'obtenir leur *latitude*, c'est-à-dire leur distance au *nord* ou au *sud* de l'équateur, et leur *longitude*, c'est-à-dire leur distance à l'*est* ou à l'*ouest* d'un certain point de départ appelé *premier méridien*. (Le sens exact de ces mots sera expliqué plus loin.)

On obtient ensuite, à l'aide de procédés géométriques, la position exacte de tous les autres points importants ; c'est ce qu'on appelle la *triangulation*. On obtient en troisième lieu, par les procédés de l'*arpentage* et du *nivellement*, les détails de la planimétrie et du figuré du terrain.

L'arpentage est un procédé qui se rapproche de celui que nous avons indiqué pour dresser le plan de la classe ; c'est par ce procédé qu'a été dressé le *cadastre*, c'est-à-dire le plan de chacun des champs des communes de France.

La marine relève partout avec soin les côtes dans l'intérêt de la navigation ; mais, dans l'intérieur des terres, il n'y a qu'un petit nombre de contrées où la Terre dont la carte ait pu être dressée par des méthodes aussi exactes.

La carte de France dite **Carte d'état-major** a été dressée de cette manière et gravée par le ministère de la guerre à *l'échelle du quatre-vingt-millième* ($\frac{1}{80000}$), c'est-à-dire à l'échelle d'un millimètre pour 80 mètres.

Quand l'échelle est plus petite, les détails ne sont représentés que d'une manière sommaire ; par exemple, les villes sont figurées par un point ou un cercle. Ces cartes sont dites *chorographiques* : telle est la carte de France dressée à l'échelle du trois-cent-vingt-millième ($\frac{1}{320000}$) par le ministère de la guerre.

Quand l'échelle est plus petite encore, les cartes sont dites *cartes géographiques*. On y représente seulement les choses importantes pour le but qu'on se propose ; on le fait par des procédés et avec des signes conventionnels qui diffèrent de ceux des cartes topographiques.

Dans une carte d'atlas à l'échelle du soixante-millionième ($\frac{1}{60000000}$), comme la carte d'Asie ou celle d'Afrique de l'Atlas-scolaire, il faut donner au moins 1 millimètre aux points représentant les villes, bien qu'un millimètre équivaille à 60 kilomètres et qu'aucune ville n'ait de pareilles dimensions.

LA TERRE

1° La Terre est ronde. Par conséquent, la surface de la Terre et celle d'une contrée quelconque, c'est-à-dire d'une portion de la Terre, est une *surface courbe*.

Une surface courbe ne peut pas être représentée d'une manière absolument exacte sur une carte, c'est-à-dire sur une surface plane.

Au contraire, un **globe** représente exactement la Terre, parce qu'un globe ou sphère a précisément la forme de la Terre.

Comme la Terre a une *circonférence* de 40000 kilomètres, un globe, qui n'a guère que 1 à 2 mètres de tour, la représente toujours à une très petite échelle.

2° *La Terre tourne sur elle-même en un jour* dont la durée est de 24 heures. Pendant la moitié du jour une moitié de sa surface se trouve du côté que le soleil éclaire ; pendant ce temps, l'autre moitié est dans l'ombre. De là résultent le *jour* et la *nuit*.

Si la Terre présentait toujours de la même manière sa surface aux rayons du soleil, le jour et la nuit auraient toujours la même durée. Mais elle se présente inclinée tantôt dans un sens et tantôt dans un autre : de là vient l'*inégalité des jours et des nuits*.

3° La Terre tourne autour d'une ligne idéale. Cette ligne peut être comparée à une broche qui traverserait la Terre de part en part ; on la nomme **axe de la Terre** (voir la fig. 6).

L'axe d'une toupie est la ligne idéale qui s'étend du la tête au fer et qui est le centre de rotation de la toupie.

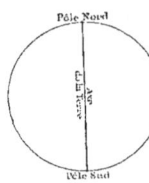
Fig. 6. — Axe de la Terre.

Aux deux extrémités de l'axe de la Terre sont des points qui forment les deux extrémités de la Terre et qui sont nommés **pôles** : *pôle nord* au nord, *pôle sud* au sud.

A égale distance des deux pôles est un grand cercle qui partage la terre en deux parties égales : ce cercle est **l'équateur** (voir la fig. 7).

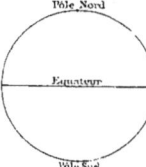
Fig. 7. — Équateur.

4° Entre l'équateur et chacun des deux pôles, est une série de cercles plus petits que le cercle de l'équateur; ils sont à égale distance les uns des autres. On les appelle **parallèles** (voir la fig. 8).

Ces lignes idéales sont tracées sur les globes et les cartes pour marquer la **latitude**, c'est-à-dire la distance d'un lieu à l'équateur.

Cette distance est dite *latitude nord* ou *boréale* quand le lieu est situé entre l'équateur et le pôle nord, et *latitude sud* ou *australe* quand il est situé entre l'équateur et le pôle sud.

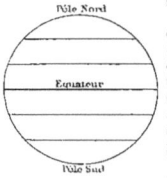
Fig. 8. — Parallèles.

Dans l'autre sens du globe, une série de demi-grands cercles est tracée d'un pôle à l'autre. On les nomme **méridiens** (voir la fig. 9). Il y a 360 degrés servant de méridiens, à savoir, 180 à l'est et 180 à l'ouest d'un premier méridien.

Ce sont aussi des lignes idéales, qui servent à mesurer la **longitude**, c'est-à-dire la distance d'un lieu au premier méridien dans la direction de *l'est* ou de *l'ouest*.

La Terre, en tournant, présente successivement chacune des parties de sa surface en face du soleil. *Il est midi quand le soleil passe au méridien d'un lieu.*

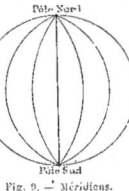
Fig. 9. — Méridiens.

5° La Terre ne tourne pas seulement sur elle-même en un jour. Elle se déplace aussi dans l'espace et *tourne autour du soleil* en une **année** (365 jours 1/4).

On se fait une idée de ce double mouvement de la Terre lorsqu'on regarde une toupie qui tourne sur elle-même et qui, en même temps, décrit de grands cercles sur le sol.

Le mouvement de rotation de la Terre autour du soleil produit les **saisons**.

Nous avons en Europe quatre saisons : le *printemps*, l'*été*, l'*automne*, l'*hiver*.

L'ORIENTATION

Pour dresser une carte ou pour s'en servir et pour se diriger en voyage, il faut *s'orienter*.

1° Le matin nous voyons le soleil apparaître d'un côté du ciel, à l'horizon. Le soir, nous le voyons disparaître aussi à l'horizon, mais du côté opposé. La nuit, il en est à peu près de même pour la lune, qui nous apparaît d'un côté du ciel et disparaît du côté opposé.

Le côté par lequel le soleil ou la lune se lève ou, pour parler plus exactement, apparaît, s'appelle *levant*, *orient* ou **est**.

Le côté par lequel le soleil ou la lune disparaît, s'appelle *couchant*, *occident* ou **ouest**.

Le côté du ciel où nous voyons le soleil à midi, c'est-à-dire au milieu du jour, est le *midi* ou **sud**.

Le côté opposé au sud, le *septentrion* ou **nord**.

Nord, est, sud, ouest sont les *quatre points cardinaux*.

Entre ces quatre points sont *quatre points collatéraux* : *nord-est*, *sud-est*, *sud-ouest*, *nord-ouest*. Les points cardinaux et les points collatéraux

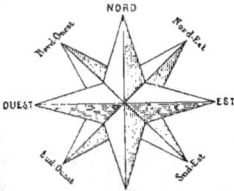
Fig. 10. — Points cardinaux.

servent à indiquer l'orientation (voir la fig. 10).

Quand on regarde le nord et qu'on étend les deux bras, on a *le nord devant soi, le sud derrière soi, l'est à main droite, l'ouest à main gauche*.

Si l'on fait cet exercice à midi et en plein air, on voit l'ombre de son corps se projeter dans la direction du nord (fig. 11).

Si l'on plante un bâton droit dans un jardin éclairé par le soleil, la ligne d'ombre que ce bâton projette sur le sol est dans la direction de l'ouest le matin, dans la direction du nord à midi, dans la direction de l'est le soir. C'est d'après ce principe que les cadrans solaires sont construits.

2° Quand on dresse un plan ou une carte, on l'oriente, c'est-à-dire qu'on place le nord en haut

Fig. 11. — Manière de s'orienter.

de la feuille de papier ; par conséquent, on place le sud au bas, l'est à droite, l'ouest à gauche.

Le plan de la figure 2 (voir plus haut) n'était pas orienté ; les autres plans et cartes le sont. Sur la figure 4, sont marqués les noms des quatre points cardinaux. On place souvent des girouettes aux lettres N, E, S, O, pour indiquer les quatre points cardinaux et faciliter l'orientation du lieu.

On peut dire, en regardant la carte (fig. 5, plus haut) : « L'embouchure du fleuve et les caps sont à l'ouest de la ville ; les montagnes couvertes de glaciers sont au nord de la ville. »

Si l'on dit à un élève : « Trouvez le bourg qui est à l'ouest de la ville sur la figure 5 » ; l'élève qui sait s'orienter cherchera à gauche de la ville ; s'il se promenait dans la campagne, il saurait qu'après avoir passé le pont, il doit tourner à gauche du côté où le soleil se couche.

3° Pendant les nuits étoilées, on trouve le nord en regardant *l'étoile polaire*. Cette étoile, située à l'extrémité de la constellation de la Petite Ourse, se trouve très près du pôle céleste ; elle indique le nord.

Pour trouver l'étoile polaire dans le ciel, il faut d'abord regarder la belle constellation de la Grande Ourse, qui est toujours très visible quand il n'y a pas de nuages. Menez par la pensée, à travers le ciel, une ligne partant des deux dernières étoiles de la Grande Ourse opposées à la queue. Cette ligne passe tout près de l'étoile polaire, qui est la troisième étoile d'une autre constellation, Petite Ourse, disposée de la même manière que la Grande Ourse, mais dans le sens inverse (voir fig. 12).

Fig. 12. — Manière de trouver l'étoile polaire.

On trouve également le nord à l'aide d'un instrument appelé **boussole** (fig. 13). La boussole est un cadran muni d'une aiguille aimantée dont la pointe (ordinairement bleuie) se dirige vers

Fig. 13. — Boussole.

le nord. C'est à l'aide d'un instrument de ce genre que les marins règlent la marche de leur navire.

LE SOL

Le relief du sol se présente sous trois aspects principaux : **régions de montagnes, régions de plateaux, régions de plaines.**

1° Une **montagne** ou **mont** est *une partie du sol très élevée et ayant des pentes longues et*

Fig. 14. — Montagne.

fortement accentuées (fig. 14). Tantôt ces pentes sont presque uniformes, relativement douces et revêtues de cultures, d'herbe ou de bois ; tantôt elles présentent des aspérités rocheuses ou des *parois* coupées à pic comme un mur.
Le bas de la pente est le *pied* de la montagne.
La partie la plus élevée est le *sommet* ou *cime*. Un sommet qui se prolonge par une ligne continue de hauteurs est une *crête*. Un sommet étroit porte, suivant sa forme, les noms de *dôme* ou *ballon*, quand il est arrondi ; d'*aiguille*, *pic*, *dent*, quand il est aigu.
Il y a des *dômes* dans les monts d'*Auvergne*, des *ballons* dans les *Vosges*, des *pics* et des *aiguilles* dans les *Alpes*.
Un **volcan** est une montagne d'un genre particulier, terminée à sa partie supérieure par une sorte de bouche, nommée *cratère*, d'où

Fig. 15. — Volcan.

jaillissent des matières enflammées, des gaz ou de la boue (fig. 15).
Le *Vésuve*, en Italie, est un des volcans d'Europe les plus célèbres. Il y a des volcans éteints en *Auvergne*.
Une longue suite de montagnes, réunies les

Fig. 16. — Chaîne de montagnes.

unes aux autres par leurs flancs ou par leur base, forme une **chaîne de montagnes** (fig. 16).
Les *Alpes* et les *Pyrénées* sont les deux plus hautes chaînes de montagnes de la France.

La partie la plus élevée d'une chaîne s'appelle *ligne de faîte* ou *crête*.
Des deux côtés de cette ligne, les chaînes de montagnes sont régulières, comme le toit d'une maison, deux pentes principales ou *versants* ; mais ces versants sont loin d'être réguliers comme l'est le toit d'une maison. Ils sont ordinairement hérissés de rochers et sillonnés d'étroites vallées.
Entre ces vallées, les montagnes se prolongent quelquefois bien loin de la crête principale. Elles forment ainsi d'autres crêtes qui sont comme les branches d'un tronc et qu'on nomme *contreforts* quand elles ont peu d'étendue, *rameaux* ou *ramifications* quand elles en ont davantage.
Dans les grandes chaînes de montagnes, il y a, indépendamment de la *chaîne principale*, des *chaînes secondaires* ou latérales.
Dans la vallée du Rhône, les *Cévennes* projettent vers l'est des contreforts. A l'ouest des *Alpes* se détachent des ramifications et des chaînes secondaires.
On désigne ordinairement sous le nom de *collines* des montagnes très peu élevées.
Il y a des *chaînes de collines* en Normandie.
Les crêtes présentent d'ordinaire une succession de sommets et de dépressions ; elles peuvent être comparées à une scie dont les dents seraient irrégulières. Les dépressions de la crête, c'est-à-dire les parties de la crête qui sont beaucoup plus basses que les parties voisines, sont les **cols** ; quand les cols sont accessibles, on les nomme aussi quelquefois *pas* ou *ports*.
Pour atteindre un col, il faut d'abord monter, mais moins que pour atteindre les sommets voisins, puis il faut descendre sur l'autre versant. Les routes et sentiers passent par les cols pour franchir les chaînes de montagnes (fig. 17).

Fig. 17. — Col.

Quelquefois les chaînes ou les plateaux sont coupés jusque vers leur base par des fentes étroites et profondes, ce sont des *gorges*, *cluses*

Fig. 18. — Défilé.

ou *défilés* (fig. 18). Il n'est pas nécessaire de monter pour passer un défilé, quoique l'accès en soit parfois difficile.
Il y a des défilés célèbres dans l'*Argonne*, des cluses pittoresques dans le *Jura*.

2° Les parties du sol qui sont élevées au-dessus du niveau général de la région et qui présentent une surface à peu près unie, sont des **plateaux** (fig. 19).

Fig. 19. — Montée et commencement de plateau.

Il y a de vastes contrées, comme le Jura, qui constituent un plateau. On trouve quelquefois de petits plateaux au sommet des montagnes.

3° Une **plaine** est une partie du sol qui présente une surface à peu près unie, horizontale, et qui n'est pas élevée au-dessus du reste de la région (fig. 20). Une plaine accidentée de lé-

Fig. 20. — Plaine.

gères ondulations ou sillonnée de certaines dépressions, ne cesse pas pour cela d'être considérée comme une plaine.
Les *Landes* et la *Champagne* sont au nombre des grandes plaines de la France.

4° La montée qui conduit d'une plaine à un plateau s'appelle *côte* ou *coteau*. On donne aussi ce nom au versant d'une colline et à la pente inférieure de certaines montagnes.
Il y a, près de Reims, des *coteaux* où sont les vignobles de Champagne et par lesquels on monte sur le plateau *de la Brie*.
Lorsqu'on s'élève sur un plateau ou sur une montagne par des gradins disposés à peu près comme des marches d'escalier, ces gradins se nomment *terrasses*.
Une **vallée** est une partie creuse du sol encadrée entre deux lignes de montagnes ou de

Fig. 21. — Vallée.

coteaux ; elle forme presque toujours une cuvette allongée (fig. 21). Dans les régions montagneuses, les vallées sont ordinairement profondes, étroites et très encaissées ; hors des régions montagneuses, les vallées se confondent souvent avec les plaines. On trouve presque toujours un cours d'eau dans la vallée.

LES EAUX

1° La chaleur du soleil transforme constamment en vapeur une partie de l'eau, surtout de l'eau de la mer.

Cette vapeur forme les nuages. Les vents poussent les nuages sur les terres. Le refroidissement réduit les nuages en *neige* ou en *pluie*.

La neige reste longtemps dans les hautes montagnes, parce qu'il y fait plus froid que dans les plaines. Dans les parties très élevées, d'épaisses couches persistent toute l'année sur le sol et constituent les *neiges perpétuelles*. Les neiges perpétuelles forment quelquefois des *glaciers* dans les hautes vallées.

Il y a de grands glaciers dans les *Alpes*.

Les neiges des montagnes et les glaciers sont, après la mer, au nombre des réservoirs d'eau les plus importants. Par la fonte, ils donnent naissance à des *torrents*.

La pluie arrose la terre. Elle s'écoule immédiatement à la surface du sol sur les *terrains imperméables*, tels que les terrains argileux. Dans les *terrains perméables*, comme les terrains calcaires, une petite partie coule à la surface; mais la plus grande partie pénètre dans le sol, puis en

Fig. 22. — Source.

sort peu à peu sous forme de *sources* ou fontaines (fig. 22), qui alimentent les cours d'eau.

Fig. 23. — Lit d'un cours d'eau.

2° Un **cours d'eau** est de l'eau qui coule. L'eau coule en descendant la pente du terrain, rapidement quand cette pente est forte, lentement quand elle est douce.

Fig. 24. — Le même cours d'eau débordé.

La plupart des grands cours d'eau ont leur origine dans des montagnes ou dans des terrains élevés où les pentes sont fortes; c'est pourquoi leur cours est presque toujours plus rapide à sa partie supérieure qu'à sa partie inférieure.

3° On appelle *lit* la partie creuse du sol que le cours d'eau remplit en temps ordinaire (fig. 23).

En temps de crue, le cours d'eau débordant de son lit inonde quelquefois sa vallée (fig. 24); pendant la sécheresse, le lit peut être à sec (fig. 25).

Fig. 25. — Le même cours d'eau presque à sec.

Quand sur un point le lit est beaucoup plus incliné que sur les autres points, il y a un *rapide*. Quand le lit est à pic, il y a une *cascade* (fig. 26).

Fig. 26. — Cascade.

Il y a beaucoup de cascades dans les *Alpes*.

4° Quand on suit la pente en s'éloignant de la source, on va dans le sens même où coule l'eau : on *descend* le cours d'eau. On le *remonte* quand on va contre le courant, c'est-à-dire dans la direction de la source.

Un objet placé sur un cours d'eau plus près de la source qu'un autre objet est situé *en amont* de ce dernier, c'est-à-dire du côté de la montée; un objet placé plus loin de la source est situé *en aval*, c'est-à-dire du côté de la descente.

La *rive droite* est à la droite d'une personne qui descend le cours d'eau, tournant ainsi le dos à la source; la *rive gauche* est à sa gauche.

Un *ruisseau* est un très petit cours d'eau. Un *torrent* est un petit cours d'eau très rapide (fig. 27) : c'est surtout dans les régions montagneuses que sont les torrents, parce que la pente du terrain y est très forte. Une *rivière* est un cours d'eau plus important.

Fig. 27. — Torrent.

5° Quand l'eau rencontre un obstacle qui l'empêche de couler, elle reste stagnante.

C'est ce qui a lieu dans une vallée dont le débouché est obstrué, ou, lorsqu'après avoir coulé, l'eau parvient dans une plaine sans pente.

L'eau stagnante, ayant peu de profondeur, forme un *marais* : le sol d'un marais est ordinairement fangeux. Elle forme un *étang*, si la profondeur est un peu plus grande. Elle forme un *lac*, si l'étendue est considérable ou la profondeur grande (fig. 28).

Il y a de beaux lacs dans les *Alpes*.

6° Lorsque deux cours d'eau se réunissent,

Fig. 28. — Lac.

point où leurs eaux se confondent est le *confluent*. Celui des deux qui se jette dans l'autre est *affluent*. L'affluent d'un affluent est un sous-*affluent*.

Par la réunion successive de plusieurs ruisseaux et rivières, il se forme de grands cours d'eau qui parviennent le plus souvent jusqu'à la mer.

Tout *cours d'eau d'une certaine importance qui* se jette directement dans la mer est un *fleuve*.

L'*embouchure* est le *lieu où un cours d'eau finit* en se jetant dans la mer ou dans un lac.

Fig. 29. — Estuaire.

Une large embouchure est un *estuaire* (fig. 29). Une embouchure comprenant plusieurs branches ou *bouches*, qui séparent des îles basses formées par le limon du fleuve, est un *delta*.

La *Gironde* est un *estuaire*; le *Rhône* a un *delta*.

Un étang et un lac peuvent recevoir des affluents. Leur trop-plein, en s'écoulant, forme un cours d'eau.

Un cours d'eau peut former un lac, y entrant d'un côté et en sortant de l'autre.

C'est ainsi que le *Rhône* forme le *lac de Genève*.

7° L'ensemble des eaux, torrents, ruisseaux, rivières, lacs, étangs, qui se réunissent dans un fleuve constitue un *système fluvial*.

Le territoire arrosé et drainé par un système fluvial est un *bassin fluvial*.

On appelle **ceinture du bassin** la limite du bassin. Chaque portion de la ceinture d'un bassin sert en même temps de ceinture à un bassin voisin. La ceinture est donc une *ligne de partage des eaux*, lesquelles coulent dans des directions opposées sur l'un et l'autre versant de cette ligne.

La ligne de partage est formée tantôt par des chaînes de montagnes, tantôt par le bord d'un plateau ou même d'une plaine.

Ainsi, les *Alpes* servent de ceinture orientale au bassin du Rhône et le dos de la *Beauce*, qui est un plateau, forme la ligne de partage entre le bassin de la Loire et celui de la Seine.

Dans un même bassin, les cours d'eau sont séparés par des *lignes de partage* secondaires. On peut y rencontrer des montagnes plus élevées que dans la ceinture du bassin.

Ainsi, les *Vosges*, entre le Rhin et la Moselle son affluent, sont plus élevées que les coteaux de la ceinture occidentale du bassin du Rhin.

LA MER ET LES CÔTES

1° La **mer** est une *immense étendue d'eau salée*

Fig. 30. — Mer agitée.

qui couvre la plus grande partie du globe.
Quand on est sur le bord, on n'aperçoit devant soi, aussi loin que la vue puisse porter, que de l'eau. La surface de cette eau est quelquefois presque unie ; plus souvent, elle se soulève en formant des ondulations appelées *vagues* (fig. 30).

Un navire à vapeur, quoique marchant plus vite qu'un cheval au trot, peut naviguer en ligne droite sur la mer dans certaines directions pendant des semaines et des mois entiers sans apercevoir la terre. On peut faire par mer le tour entier du globe terrestre ; on ne peut pas le faire sans traverser la mer.

Deux fois par jour (dans les 24 heures), le niveau de la mer s'élève ; deux fois, il s'abaisse. Ce phénomène s'appelle **marée**.

2° La mer se divise en plusieurs **océans** ; les océans comprennent les **mers** secondaires. La mer Caspienne ne communique pas avec l'Océan.

3° Le bord de la mer s'appelle **côte**. Une *plage* est une côte basse, en pente douce ; une *falaise* est une côte élevée et escarpée que rongent les vagues. Une *côte rocheuse* est une côte bordée de rochers quelquefois élevés et escarpés comme des falaises, mais résistant davantage à l'érosion des vagues. Les *dunes* sont de petits monticules de sable sur la côte.

Fig. 31. — Cap.

Il y a des falaises près du *Havre*, des dunes dans les *Landes*.

Fig. 32. — Petite île rocheuse.

Une partie de la côte, basse ou escarpée, qui s'avance en pointe dans la mer est un **cap** (fig. 31).

Le *cap de la Hague* est un des caps importants de France.
4° Une **île** est *une terre entourée d'eau de tous les côtés* (fig. 32). Il y a des îles dans les fleuves et rivières, comme en mer.

Fig. 33. — Détroit.

Une île peut être considérée comme l'opposé d'un lac ; car l'île est une portion de terre tout entourée d'eau, de même que le lac est une *portion d'eau tout entourée de terre*.
Un *groupe d'îles* est un **archipel**.
5° Un **détroit** est une *partie de mer étroite, resserrée entre deux terres* (fig. 33).
On peut opposer un détroit à un **isthme**

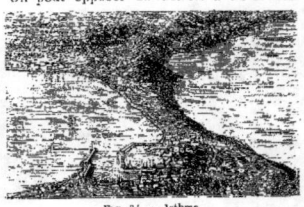

Fig. 34. — Isthme.

(fig. 34), qui est *une partie de terre étroite, resserrée entre deux mers*.
Le *pas de Calais* est un détroit entre la France et l'Angleterre.

Fig. 35. — Baie.

6° Un **golfe** est une *partie de mer qui s'avance dans la terre* et qui se trouve ainsi entourée de terre de plusieurs côtés.
Une *baie* est un petit golfe (fig. 35).

Fig. 36. — Presqu'île.

La *baie du mont Saint-Michel* est une partie du *golfe de Saint-Malo*.

Une *anse* est un espace de mer encore plus étroit ; on l'appelle *havre* ou *port* quand il peut fournir un abri aux navires.
Une *rade* est une partie de mer, voisine des côtes, plus ou moins abritée, où les navires peuvent jeter l'ancre sans entrer dans le port.
Le *port de Toulon* est précédé d'une belle *rade*.
Le golfe peut être considéré comme l'opposé de la **presqu'île** (fig. 36) ou **péninsule**, qui est une *partie de terre s'avançant dans la mer*.
Quelquefois la presqu'île est réunie à la terre par un isthme, comme le golfe l'est à la mer par un détroit.

LA GÉOGRAPHIE POLITIQUE

1° La **géographie** est la description de la Terre. Cette description comprend :
La **géographie physique**, à laquelle se rattache la *géographie mathématique*. Elle décrit la Terre telle que l'a faite la *nature*, avec ses mers, ses terres, le relief de son sol, ses eaux, etc.
La **géographie politique** décrit les États tels qu'ils sont aujourd'hui avec leurs circonscriptions administratives. Elle comprend la *géographie historique* qui traite de l'état géographique dans les temps passés, et la *géographie administrative* qui étudie les diverses administrations d'un pays et leurs circonscriptions.
La **géographie économique** traite de la production agricole et industrielle, du commerce et de la population.

2° On appelle **État** un *territoire qui est soumis à un même gouvernement et dont les habitants obéissent aux mêmes lois générales*. Dans certains États, le gouvernement est **monarchique**, et, dans ce cas, l'État est un *royaume*, un *empire* ou une *principauté* ; dans d'autres États le gouvernement est **républicain** et l'État est une *république*. On appelle *république fédérative* une république composée de plusieurs États républicains fédérés, c'est-à-dire unis sous un même gouvernement général.
La *Belgique* est un royaume. La **France** est une *république*. Les *États-Unis* sont une république fédérative.

Les habitants d'un même État composent la **nation**. Le territoire de l'État est et doit être considéré par eux comme leur *patrie*, quand ils ne sont pas rattachés à cet État par la force et malgré leur volonté. Ils sont entre eux des *concitoyens*.

3° On appelle **frontière** la *limite qui sépare un État d'un autre État*. La frontière est *naturelle* quand elle est marquée par quelque trait suffisamment important de géographie physique, montagne ou cours d'eau. Les guerres et les traités modifient les frontières des États.
Les *Pyrénées* forment une frontière naturelle entre la France et l'Espagne.

4° Le territoire d'un État est divisé en un certain nombre de parties ayant chacune une administration spéciale, sous l'autorité générale du gouvernement. On les nomme, suivant les États, *gouvernements*, *provinces*, *comtés*, *départements*. Ces circonscriptions administratives sont elles-mêmes presque toujours subdivisées en circonscriptions plus petites.
C'est ainsi que la France est divisée en **départements** ; les départements en *arrondissements* ; les arrondissements en *cantons* ; les cantons en *communes*.

Nous sommes ici dans la commune de............
qui dépend du canton de............
Ce canton est situé dans l'arrondissement de....
lequel fait partie du département de............
Le chef-lieu de notre département est............

LA GÉOGRAPHIE ÉCONOMIQUE

I. — 1° Les *cours d'eau flottables* sont ceux sur lesquels on fait flotter des bûches ou des trains de bois; les *cours d'eau navigables* sont ceux qui permettent la navigation continue par bateau. Les uns et les autres sont du nombre des *voies de communication*.

Ce sont des chemins préparés par la nature sur lesquels le transport est peu coûteux. On les améliore par divers travaux d'art : endiguements, chemins de halage, dragage, barrages, écluses.

2° On peut faire communiquer les cours d'eau d'un bassin avec ceux d'un bassin voisin par un canal. Un *canal* est un *cours d'eau artificiel*, c'est-à-dire creusé de main d'homme.

Un *canal latéral* sert à faciliter la navigation du cours d'eau le long duquel il est construit. Il a une pente.

Un *canal de jonction* réunit deux cours d'eau en traversant une ligne de partage; il a presque toujours deux pentes. Il doit être alimenté au point de partage par une quantité suffisante d'eau.

On fait descendre d'ordinaire cette eau des hauteurs voisines à l'aide de *rigoles* et de *réservoirs*.

Pour ménager l'eau et rompre le courant sur la pente, on ferme de distance en distance le lit du canal par une écluse.

Une *écluse* est une petite portion de canal fermée aux deux extrémités par des portes qui communiquent, l'une avec la partie inférieure, l'autre avec la partie supérieure du canal.

Lorsqu'un bateau se présente à la montée,

Fig. 37. — Écluse ouverte pour communiquer avec le bassin inférieur.

on ouvre la porte inférieure (fig. 37) ; l'eau du bassin se met de niveau avec la partie inférieure du canal et le bateau entre sans peine. On ferme alors la porte inférieure et on ouvre, avec certaines précautions, la porte su-

Fig. 38. — Écluse ouverte pour communiquer avec le bassin supérieur.

périeure (fig. 38). L'eau du bassin s'élève, se met de niveau avec la partie supérieure du canal et le bateau monte sans peine.

Une manœuvre de l'écluse dans le sens inverse fait, sans plus d'effort, descendre un bateau.

Il y a un *canal latéral à la Loire*. Le *canal de Bourgogne* est un canal à écluses réunissant le bassin de la Seine et celui du Rhône.

3° Comme les canaux, les chemins sont faits par les hommes.

Pour tracer un *sentier*, chemin étroit et accessible seulement aux piétons et aux bêtes de somme, il suffit de le fouler aux pieds en y passant.

Les chemins accessibles aux voitures exigent un travail de construction. On distingue, en France, les **routes nationales**, entretenues aux frais de l'État et par les soins des ingénieurs des ponts et chaussées; les **routes départementales**, entretenues aux frais du département; les *chemins de grande communication* et les *chemins vicinaux ordinaires*, et qui sont entretenus par les communes, sous la direction des agents voyers ; enfin, les *chemins ruraux* qui appartiennent également aux communes.

Il importe d'avoir partout de bonnes routes, bien entretenues; elles contribuent beaucoup à la prospérité d'une contrée, en facilitant les voyages et le transport des denrées de la campagne et des marchandises de la ville.

4° Les **chemins de fer** consistent en rails de fer ou d'acier posés sur une voie suffisamment aplanie. Ils sont devenus, de notre temps, les voies de communication les plus importantes dans l'intérieur des terres.

Pour avoir une voie suffisamment plane, les

Fig. 39. — Tunnel.

ingénieurs suivent les vallées, les plaines ou les plateaux ; ils contournent les coteaux, percent des *tunnels* (fig. 39) ou souterrains sous les montagnes, traversent les vallées sur des

Fig. 40. — Viaduc.

viaducs (fig. 40) ou ponts d'une grande longueur.

Sur les rails circulent des trains remorqués par des locomotives.

Les premiers chemins de fer datent de 1830 ; ils constituent le moyen de transport le plus rapide, souvent le plus économique, quoiqu'ils coûtent plus cher à établir que les routes.

5° La **poste** est un service public, organisé par toute la France et dans tous les pays civilisés. Elle transporte les lettres, les imprimés, les petits paquets.

6° Le **télégraphe** électrique consiste en un fil métallique qui *transmet*, instantanément et à n'importe quelle distance, l'influence électrique et, par elle, les dépêches. Presque tous les pays civilisés sont reliés aujourd'hui par des fils télégraphiques.

On enferme ces fils dans des *câbles* en gutta-percha pour leur faire traverser les mers.

7° Les **ports** servent à abriter les navires et à en faciliter le chargement et le déchargement. Ils sont construits de main d'homme et placés en général dans une anse ou dans un estuaire.

Ils exigent de grands travaux : *jetées* en pierre ou en bois qui, se prolongeant dans la mer, facilitent l'entrée des navires; *avant-port*, où entrent d'abord les navires ; *quais*; *bassins à flot*, dans lesquels, grâce à des écluses, les navires restent à flot, même quand la marée basse a laissé le port presque à sec ; *docks*, magasins pour déposer les marchandises; feux de port et *phares* dont la lumière, projetée au loin, permet aux pilotes de se diriger pendant la nuit.

Marseille est le principal port de France.

II. — 1° L'homme tire de la terre, par la chasse, la pêche, la culture et l'exploitation du sol, l'élevage des animaux, ses aliments et une grande partie des matières premières que son industrie emploie.

Il y a des régions où l'aridité du sol, causée d'ordinaire par l'absence de pluie, ne permet aucune culture : ce sont les **déserts**. L'homme ne s'y établit pas, excepté sur quelques points que la présence de sources rend cultivables et qu'on appelle *oasis*. Il traverse d'ordinaire les déserts en formant des troupes dites *caravanes*.

Le *Sahara* est un désert, au sud de l'Algérie.

2° Il y a des régions où il ne pousse que des herbes dans la saison humide et qui sont arides le reste de l'année : on les appelle **steppes**, *savanes, pampas*. Les steppes sont surtout propres à l'élevage du bétail. Plusieurs sont habitées par des populations *nomades*, c'est-à-dire n'ayant pas de demeure fixe.

Il y a des steppes en *Algérie*.

3° La plupart des autres régions sont le domaine de l'**agriculture**. Elles comprennent :

Les **forêts**, dont l'homme exploite surtout le bois et où il chasse ;

Les **prairies** et pâturages qui nourrissent des troupeaux ;

Les **terres arables**, qu'on laboure et sur lesquelles on récolte les céréales et la plupart des plantes utiles à l'alimentation et à l'industrie ;

Les **vignobles**, les *vergers* et les *jardins*.

4° L'homme extrait de l'intérieur de la terre du sel et des matériaux pour l'industrie. Les **carrières** fournissent principalement des *pierres*. Les **mines**, que l'on exploite en creusant des puits et des galeries souterraines, fournissent *la houille* et *les métaux*.

Le *bassin de Valenciennes* contient les plus importantes mines de *houille* de la France.

La *mer* fournit aussi des aliments et des matières premières.

5° Avec les matières premières, l'**industrie** fabrique tous les objets utiles à la consommation. Elle s'exerce partout, principalement dans les villes. On appelle *ville manufacturière* une ville qui a une industrie développée.

Il y a un très grand nombre d'industries : parmi les plus importantes sont *l'industrie métallurgique* qui travaille les métaux, *l'industrie chimique* qui prépare les substances chimiques, *l'industrie mécanique* qui fait les outils et les machines, *l'industrie alimentaire* qui prépare les aliments, *l'industrie textile* qui fabrique les tissus.

6° Le **commerce** transporte et vend les produits de l'agriculture, de la pêche et de l'industrie. Il emploie à cet effet les moyens de communication. Il s'exerce principalement sur les *marchés*, dans les *foires* et dans les *villes*. Le *commerce extérieur* est celui que les habitants d'un pays font avec les pays étrangers.

TERRE
par É. Levasseur

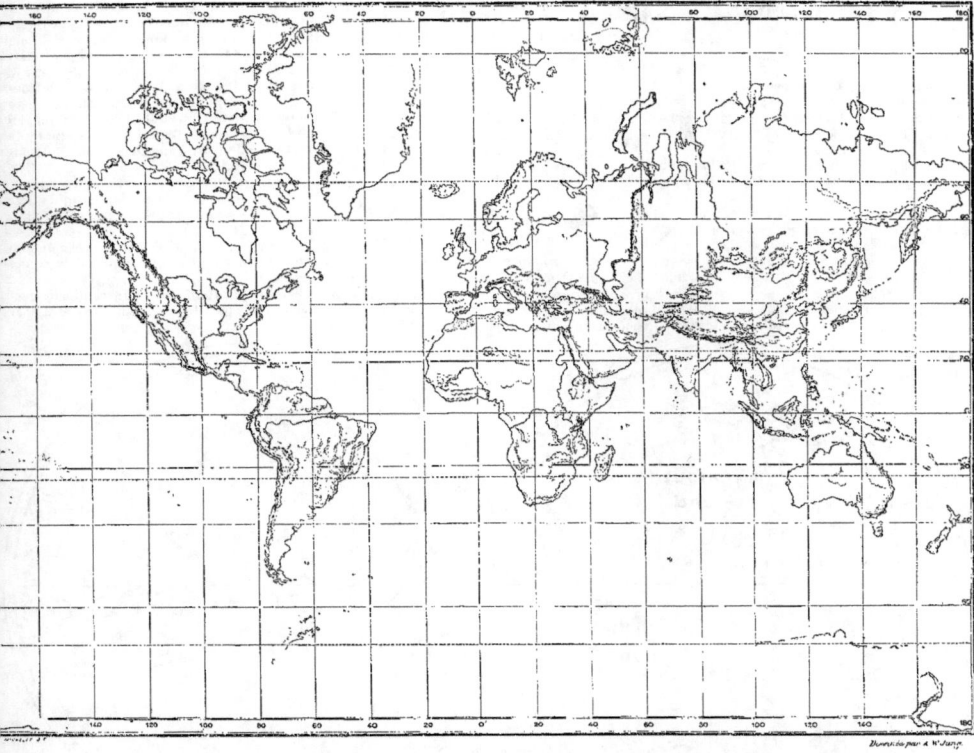

QUESTIONNAIRE

19ᵉ leçon. — Quelle est la forme de la Terre ? — Quelle est la manière de la représenter exactement ? — Qu'arrive-t-il quand on la représente sur une carte ? — N'est-il pas nécessaire cependant de la représenter par des cartes dites mappemondes ou planisphères, et ceux qui connaissent ces altérations inévitables n'usent-ils pas de ces cartes sans inconvénient ? — En combien de temps la Terre tourne-t-elle sur elle-même ? — A quelle division du temps correspondent les 24 heures ? — Faites tourner le globe (ou une boule quelconque) dans le sens où tourne la Terre. — Montrez sur le globe le pôle nord ? — Pouvez-vous montrer les pôles sur la mappemonde en deux hémisphères ? — Pouvez-vous les montrer sur un planisphère Mercator ?

20ᵉ leçon. — Qu'est-ce que l'équateur ? — Ce cercle qu'on voit tracé sur le globe peut-il être figuré par une ligne droite sur une carte ? — Que signifie le mot hémisphère ? — Comment la première carte insérée dans le texte de l'Atlas-scolaire représente-t-elle la Terre ? — Pourquoi sont-ils nommés hémisphère occidental et hémisphère oriental ? — Qu'entend-on par hémisphère boréal ? — Par hémisphère austral ? — Que signifie le mot torride ? — Pourquoi appelle-t-on zone torride les régions voisines de l'équateur ? — Quelles sont les limites de la zone torride au nord et au sud ? — Où est située la zone glaciale du nord ? — Pourquoi dit-on zones glaciales ? — Où est située la zone tempérée du nord ? — Montrez l'équateur sur le globe. — Montrez-le sur le planisphère. — Montrez les deux zones glaciales sur le globe et sur le planisphère. — Montrez les zones tempérées sur les figures 41 et 42. — Pourquoi les zones ne sont-elles pas semblables sur les deux figures ? — La mer occupe-t-elle sur la surface du globe plus de place que la terre ?

21ᵉ leçon. — Combien y a-t-il d'océans ? — Où est situé l'océan Glacial du nord ? — Par quel océan est formée la mer Blanche ? — Nommez les mers et le principal golfe à l'est de l'océan Atlantique.

22ᵉ leçon. — Entre quels continents s'élève le Grand océan ? — Quel est le détroit qui le fait communiquer avec l'océan Glacial du nord ? — Par quel océan sont formées la mer de la Chine et la mer du Corail ? — De quel océan dépend la mer Rouge ? — Quelles mers le canal de Suez fait-il communiquer ? — Montrez sur le globe et sur la carte muette le golfe de Bengale, la mer des Antilles, le détroit de Bab-el-Mandeb, etc. — Dites et montrez sur la carte muette la route que suivrait un navire venant de l'océan Atlantique par le détroit de Béring pour se rendre dans l'océan Indien.

23ᵉ leçon. — Qu'est-ce qu'un continent ? — Quelle différence y a-t-il entre une île et un continent ? — Si l'on compare une île à un lac, à quoi peut-on, dans le même genre, comparer un continent ? — Combien y a-t-il de continents ? — Montrez-les sur la carte muette et nommez-les. — Ne donne-t-on pas un autre nom au continent Américain ? — N'est-ce pas parce qu'il a été découvert longtemps après que l'Ancien continent était civilisé ? — Pourquoi le continent Austral porte-t-il ce nom ? — Nommez et montrez sur la carte les cinq parties du monde. — Le canal de Suez, qui est un canal creusé de main d'homme, empêche-t-il que l'Afrique fasse partie de l'Ancien continent ? — Pourquoi l'Océanie porte-t-elle ce nom ?

24ᵉ leçon. — Nommez les plus grandes plaines de l'Europe. — De l'Asie. — Où est située la Pampa ? — Où est situé le Caucase ? — Quelle est, en dehors du Caucase, la plus haute montagne de l'Europe ? — Où est situé l'Himalaya ? — Qu'a-t-il de particulièrement remarquable ? — Quelle en est la plus haute montagne et quelle hauteur a-t-elle ? — Quelle est la plus longue suite de chaînes de montagnes sur la Terre ? — Qu'est ce que le Grand massif central de l'Asie.

25ᵉ leçon. — Nommez les fleuves de l'Afrique ? — Où se jette le Yang-tse-kiang ? — Quels sont les plus grands fleuves du monde tributaires de l'océan Atlantique ?

26ᵉ leçon. — Récapitulation des notions sur la Terre.

Nota. Le questionnaire de la Terre est divisé en 8 leçons pour les commençants dans le cours élémentaire ; avec des élèves plus avancés dans le cours moyen et le cours supérieur il peut ne former que 2 leçons.

Devoirs. — Écrire sur une carte muette de la Terre, sans regarder la carte écrite, les noms des océans, des principales mers, des principaux golfes et des détroits qu'ils forment. (Écrire les noms des océans en grosses lettres ; les autres noms en lettres plus fines.)

Écrire sur une carte muette de la Terre, sans regarder la carte écrite, les noms des continents et des parties du monde.

Écrire sur une carte muette de la Terre les noms des grandes plaines, des grandes chaînes de montagnes, des principaux plateaux et des principaux cours d'eau.

II. LA TERRE

FORME GÉNÉRALE DE LA TERRE (carte n° 1).

Nous savons que **la Terre est ronde**. C'est un énorme globe *qui tourne sur lui-même en un jour* (24 heures), tout en se déplaçant de manière à tourner *en une année* (365 jours 1/4) *autour du soleil* qui l'éclaire.

Les pôles sont les deux extrémités du globe terrestre : le **pôle nord** au nord, le **pôle sud** au sud.

L'**équateur** est un grand cercle, également distant des deux pôles, qui *partage la terre en deux parties égales* ou moitiés.

Quand on regarde un globe ou sphère, on n'en voit qu'une moitié ; hémisphère signifie moitié de sphère.

On peut représenter sur une carte la Terre en deux hémisphères : **hémisphère oriental** situé à l'est du méridien ou ligne de partage des deux hémi-

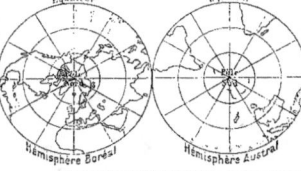

Hémisphère boréal, hémisphère austral et zones.

sphères, et **hémisphère occidental** situé à l'ouest de ce méridien fig. 41. L'un et l'autre hémisphère s'étend d'un pôle à l'autre et se trouve coupé au milieu par l'équateur.

On peut la diviser d'une autre manière, en **hémisphère boréal ou du nord** et **hémi-**

Hémisphère occidental, hémisphère oriental et zones.

sphère austral ou du sud, ayant tous deux pour centre un pôle et pour circonférence l'équateur fig. 42.

La région voisine de l'équateur est la partie du globe terrestre où le soleil a le plus d'action et où il fait *le plus chaud*. On appelle **zone torride** celle qui s'étend entre les **deux tropiques** : *tropique du Cancer* au nord et *tropique du Capricorne* au sud (fig. 41 et 42). L'équateur marque le milieu entre les tropiques.

Les deux *pôles* sont les parties du globe où le soleil a le moins d'action et où il fait *le plus froid*. On appelle **zones glaciales** les deux régions qui s'étendent de l'un ou de l'autre pôle jusqu'à l'un des deux *cercles polaires* : cercle

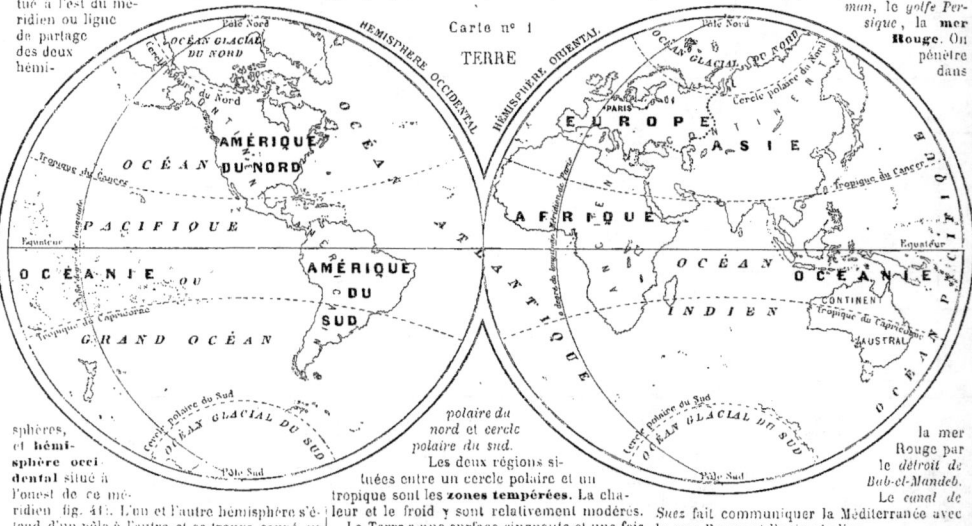

Carte n° 1
TERRE

polaire du nord et cercle polaire du sud.

Les deux régions situées entre un cercle polaire et un tropique sont les **zones tempérées**. La chaleur et le froid y sont relativement modérés.

La Terre a une surface cinquante et une fois grande comme celle de l'Europe.

Près des *trois quarts* de la surface de la Terre sont couverts par la **mer** ; un quart environ est occupé par les **terres**.

OCÉAN (carte n° 2).

La **mer** ou **océan** se divise en **cinq océans**. Les océans forment des *mers secondaires*, des *golfes*, des *baies*, des *détroits* (fig. 35 et 33).

L'**océan Glacial du nord**, situé dans la zone glaciale, est ainsi nommé parce qu'il est presque entièrement couvert de glaces pendant la plus grande partie de l'année. Il forme la **mer Blanche**, en Europe, la *mer de Baffin*, en Amérique, et beaucoup de détroits situés entre les nombreuses îles dont il est semé.

A l'autre extrémité de la Terre, dans la zone glaciale du sud, est l'**océan Glacial du sud**. Il a été peu exploré par les navigateurs.

L'**océan Atlantique** s'étend entre l'ancien continent à l'est et le continent américain à l'ouest (voir plus loin). Il forme, à l'est, la plupart des mers d'Europe, telles que la *mer du Nord*, la *mer Baltique* et la **Méditerranée**, la plus grande des mers secondaires ; en Afrique, le grand **golfe de Guinée**. A l'ouest, il forme le **golfe du Mexique** et la **mer des Antilles**.

Le **Grand océan** ou *océan Pacifique* est le plus grand des océans. Il s'étend entre le continent américain à l'est, l'ancien continent et le continent austral à l'ouest. Il communique, au nord, avec l'océan Glacial par le **détroit de Béring**, qui sépare l'ancien continent du continent américain.

Il forme, au nord, la *mer de Béring* ; à l'ouest, la *mer d'Okhotsk*, la *mer du Japon*, la *mer Orientale*, la **mer de Chine**, la *mer de la Sonde*, la *mer du Corail*.

Le *canal de Panama* que l'on creuse doit faire communiquer l'océan Atlantique et le Grand océan.

L'**océan Indien** s'étend du continent austral à l'Afrique. Il est borné, au nord, par l'Asie. Il forme le *golfe du Bengale*, la mer d'Oman, le *golfe Persique*, la **mer Rouge**. On pénètre dans la mer Rouge par le *détroit de Bab-el-Mandeb*.

Le *canal de Suez* fait communiquer la Méditerranée avec la mer Rouge et l'océan Indien.

Au nord-est, l'océan Indien communique avec le Grand océan par *plusieurs détroits* ; le plus important est le **détroit de Malacca**.

CONTINENTS.

Les *terres*, qui occupent un peu plus du quart de la surface du globe, se composent de **continents** et d'**îles**.

Un continent est une très vaste étendue de terre enveloppée par la mer, tandis qu'une **île** est une étendue de terre beaucoup plus petite, également entourée d'eau.

Un continent peut être comparé pour l'importance à un océan, comme une île peut être comparée à un lac (fig. 28 et 32).

La Terre se compose de **trois continents**, avec de nombreuses îles, et se divise en **cinq parties du monde**.

1° L'ancien continent comprend trois parties du monde :

1. **Europe**, au nord-ouest, la plus petite des cinq parties du monde, a une superficie de

millions de kilomètres carrés, c'est-à-dire x-neuf fois la grandeur de la France.

L'**Afrique**, au sud-ouest, est à peu près trois is grande comme l'Europe. Elle se termine sud par le *cap de Bonne-Espérance*.

L'**Asie**, à l'est, est quatre fois plus grande que Europe. Elle se rattache à l'Afrique par l'*isthme* e *Suez*, à l'Europe par le *Caucase* et par l'*Oural* euve Oural et monts Ourals).

2° Le **continent américain** ou *nouveau continent* constitue une seule partie du monde. L'**Amérique** est quatre fois plus grande comme Europe. Elle est divisée par l'*isthme de Panama* en deux parties, *Amérique du nord* et *Amérique du sud*, terminée au sud par le *cap Horn*.

3° Le **continent austral**, ou *Australie*, est un peu plus petit que l'Europe. Il dépend de la cinquième partie du monde, nommée **Océanie**

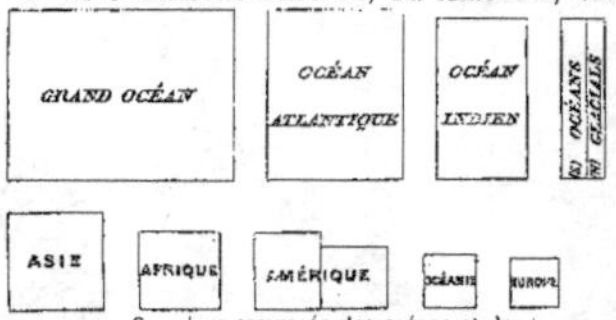

Grandeur comparée des océans et des terres.

Carte n° 2. — TERRE.

parce qu'elle est composée d'un grand nombre d'îles situées dans le Grand océan.

RELIEF GÉNÉRAL DU SOL

La surface de la Terre se compose de *plaines* ou terres basses, de collines, de *plateaux* ou plaines hautes et de *montagnes*.

Les plus grandes *plaines* du monde sont :
En Europe, l'*Allemagne du nord* et la *Russie*.
En Asie, la *Sibérie* et le *Bas-Turkestan*.
En Amérique, la *plaine de l'océan Glacial* et du *Mississipi*, la *plaine de l'Amazone*, les *Pampas*.

Les plus hautes *montagnes* sont :
En Europe, les *Alpes*, dont le *mont Blanc* est le principal sommet, et le *Caucase*, qui

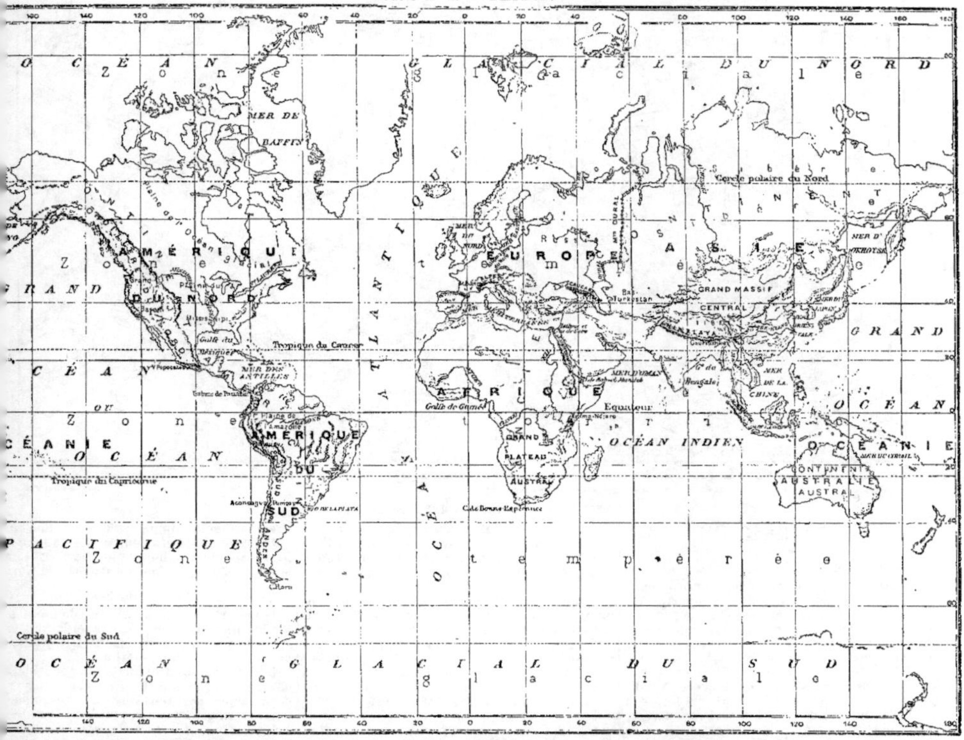

t situé sur la limite de l'Europe et de l'Asie. En *Afrique*, le *Kilima-Ndjaro* et le *massif Abyssinie*.

En Asie, l'**Himalaya**, la plus haute chaîne e la Terre : le *Gourisankar* (8,840 mètres) en st le sommet le plus élevé.

En Amérique, la **Cordillère**, *Cordillera du ord*, dans laquelle se trouve le *Popocatepetl*, olcan du Mexique ; *Cordillère du sud* ou chaîne es *Andes*, dont l'*Aconcagua* est un des plus uts sommets. La Cordillère forme, du nord u sud de l'Amérique, la plus longue suite de aînes de montagnes de la Terre.

Les principaux plateaux sont :
En Asie, le **Grand massif central**, vaste gion composée de plusieurs plateaux dont le

plus élevé est le *Tibet* ; l'Himalaya s'y rattache.
En Afrique, le **Grand plateau austral** ;
En Amérique, le **grand Bassin** dans la Cordillère du Nord, le **plateau du Pérou et de la Bolivie** dans les Andes.

PRINCIPAUX COURS D'EAU

Les plus grands fleuves du monde sont :
En Afrique, le **Nil**, tributaire de la Méditerranée ; le *Niger* et le **Congo**, qui se jettent dans l'océan Atlantique.
En Asie, l'*Iénisséi*, le plus long des cours d'eau qui se jettent dans l'océan Glacial ; l'*Amour*, le **Yang-tsé-kiang**, le principal fleuve de l'Asie, le *Mé-kong* ou *Cambodge*, tributaires du Grand océan.
En Amérique, le *Saint-Laurent*, le **Mississipi**,

grossi du Missouri, l'**Amazone**, le *rio de la Plata*, tributaires de l'océan Atlantique.
Le plus grand fleuve de l'Europe, le *Volga*, est bien moins long que les principaux fleuves des quatre autres parties du monde.

RACES

Les hommes qui peuplent la Terre appartiennent tous à la même espèce, l'*espèce humaine*. On distingue trois grandes races : **race blanche**, occupant l'Europe, une partie de l'Asie et de l'Afrique, presque toute l'Amérique ; **race jaune**, occupant l'Asie ; **race noire**, occupant l'Afrique, l'Océanie, quelques parties de l'Amérique. Les autres races, comme la race rouge en Amérique, la race malaise ne sont Océanie, sont des mélanges des trois premières.

E. Levasseur. — ATLAS-SCOLAIRE.

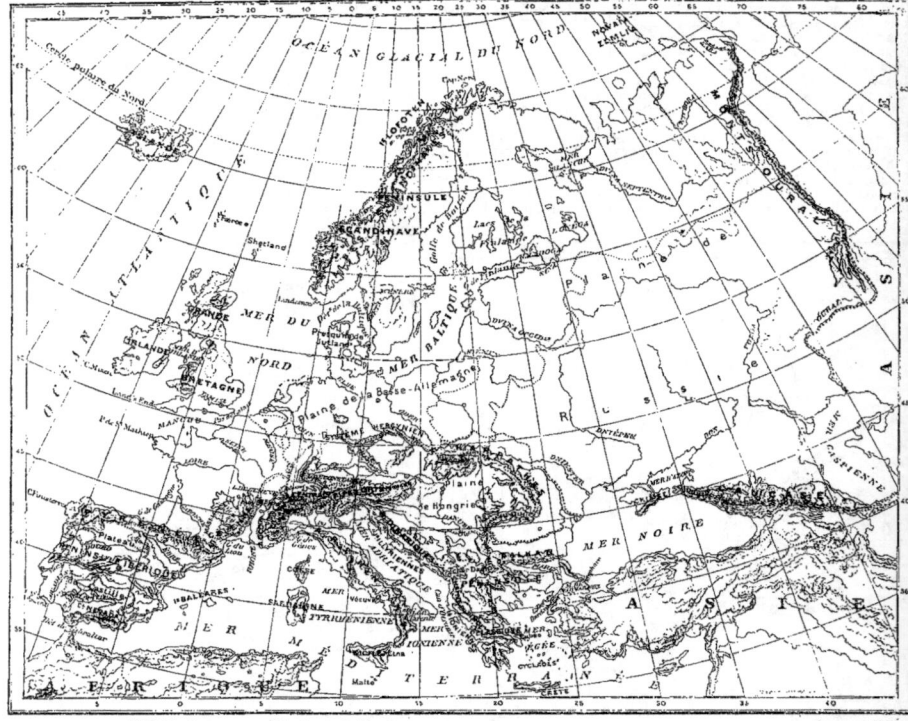

Carte n° 3. — Carte physique de l'Europe.

III. L'EUROPE

CONTOURS, MERS, CÔTES, ILES (carte n° 3)

L'**Europe** est comprise dans l'*ancien continent*. C'est la plus petite des cinq parties du monde, mais la plus importante par la richesse et par l'activité de sa nombreuse population. Elle a une superficie de 10 *millions de kilomètres carrés*; elle compte 330 *millions d'habitants*.

1° Le côté septentrional de l'Europe s'étend de l'embouchure du fleuve *Kara* au **cap Nord**; il est baigné par l'**océan Glacial**, qui forme la **mer Blanche**. Une partie de cet océan reste gelée plus de la moitié de l'année.

L'île principale est la *Nowaïa-Zemlia*.

2° Les deux *côtés du nord-ouest* et de l'*ouest* sont baignés par l'**océan Atlantique**, depuis le **cap Nord** jusqu'au **détroit de Gibraltar**.

Les mers secondaires et principaux golfes sont: la **mer du Nord**, située entre la Grande-Bretagne, la presqu'île du Jutland et la péninsule Scandinave; la **mer Baltique**, dans laquelle on pénètre par les **détroits de la Baltique** et où se trouvent le *golfe de Bothnie* et le *golfe de Finland*; la **Manche**, qui sépare la Grande-Bretagne de la France, et que le détroit nommé **pas de Calais** fait communiquer avec la mer du Nord; la *mer d'Irlande*, située entre la Grande-Bretagne et l'Irlande; le *golfe de Gascogne*.

Les côtes de cette partie de l'Europe sont très découpées; on y trouve:

Deux grandes presqu'îles: **péninsule Scandinave**, presqu'île *du Jutland*.

De nombreuses îles: *îles Lofoten* sur la côte de la péninsule Scandinave, *îles Danoises* à l'entrée de la mer Baltique, **îles Britanniques** (comprenant la *Grande-Bretagne* et l'*Irlande*), les *Shetland*, les *Feroé*, l'**Islande**.

Les principaux caps sont: *Lindesnæs* au sud-ouest de la péninsule Scandinave, *Land's end* au sud-ouest de la Grande-Bretagne, *cap Mizen* au sud-ouest de l'Irlande, *pointe de Saint-Mathieu* à l'ouest de la France, *cap Finisterre* et *cap Saint-Vincent* dans la péninsule Ibérique.

3° Les deux côtés du *sud-ouest* et du *sud-est* sont baignés par la **mer Méditerranée**.

Les mers secondaires sont: le *golfe du Lion*, le *golfe de Gênes*, la **mer Tyrrhénienne**; la **mer Ionienne**, *le golfe de Tarente*, la **mer Adriatique**, dans laquelle on pénètre par le *canal d'Otrante*; la **mer Égée**; la **mer Noire**, dans laquelle on pénètre par le **détroit des Dardanelles**, par la petite *mer de Marmara* et par le **Bosphore**; la *mer d'Azov*, que la presqu'île de Crimée sépare de la mer Noire.

L'Europe méridionale se compose de trois grandes péninsules: à l'ouest, la **péninsule Ibérique**; au centre, l'**Italie**; à l'est, le **péninsule Pélasgique**, dite aussi péninsule Hellénique et terminée par la presqu'île dite **Péloponèse**, à l'extrémité de laquelle est le *cap Matapan*.

Les îles y sont nombreuses: **Baléares, Corse, Sardaigne, Sicile, Malte, îles Illyriennes, îles Ioniennes, Crète, Cyclades, Eubée**.

Entre la mer d'Azov et la presqu'île d'Apchéron, est la haute chaîne de montagnes du **Caucase**, formant la limite de l'Europe et de l'Asie.

4° Le côté *oriental* a pour limites la **mer Caspienne**, qui ne communique pas avec l'Océan, le fleuve *Oural*, les **monts Oural**, le *Kara*.

RELIEF DU SOL

1° Les **Alpes** sont le système de montagnes le plus important de l'Europe et le plus élevé après le Caucase. Elles forment un grand arc de cercle au nord de l'Italie.

Elles se composent d'un nombre considérable de chaînes et de massifs répartis en trois groupes: **Alpes occidentales**, dans lesquelles se trouve le **mont Blanc**, le plus haut sommet des Alpes (4,810 mèt.); **Alpes centrales**, dans lesquelles le *mont Rose* égale presque le mont Blanc; **Alpes orientales**, moins élevées; les neiges perpétuelles couvrent les plus hauts sommets.

À l'ouest des Alpes, est le massif Central de la France, bordé par les *Cévennes*.

À l'est, de la Bohême, les **Karpathes** forment aussi un grand arc de cercle qui enveloppe la *plaine de Hongrie*.

Au nord du système Hercynien, s'étend la vaste *plaine de la Basse-Allemagne*.

2° Les *monts Grampian* sont la principale chaîne de la Grande-Bretagne.

Au nord de l'Europe, les **Alpes scandinaves** sont une longue suite de plateaux et de sommets.

mets qui s'étendent d'une extrémité à l'autre de la péninsule Scandinave.

4° Les péninsules du sud de l'Europe sont en général des terres élevées et montagneuses.

La péninsule Ibérique est séparée de la France par la haute chaîne des **Pyrénées**, qui se prolonge jusqu'au cap Finisterre. Le centre de cette péninsule constitue le grand **plateau de Castille** ; au sud est la sierra **Nevada**.

La péninsule Italique est traversée, du nord au sud, par la chaîne des **Apennins**. Le **Vésuve**, en Italie, et l'**Etna**, en Sicile, sont deux volcans.

La péninsule Pélasgique est très accidentée. Elle se rattache aux Alpes par les *Alpes Dinariques* et le *Tchar dagh*. Les **Balkans** s'étendent de l'ouest à l'est jusqu'à la mer Noire ; la **chaîne du Pinde** partage, du nord au sud, la péninsule en deux versants.

Au nord-est des Karpathes, la vaste **plaine de Russie** fait suite à celle de la Basse-Allemagne à laquelle elle se rattache ; elle occupe environ la moitié de la superficie de l'Europe.

Cette plaine est bornée, du côté de l'est, par la chaîne des **monts Ourals**, médiocrement élevée, et, au sud-est, par la chaîne, très élevée, du **Caucase**.

En Europe, les parties hautes dominent dans les régions des Alpes, des Karpathes et des grandes péninsules ; les parties basses dominent dans le nord et nord-ouest de l'Europe (Scandinavie non comprise) et dans l'Europe orientale.

COURS D'EAU ET LACS

1° Les Alpes, constituant le principal relief de l'Europe centrale, donnent naissance à des cours d'eau dont les eaux se rendent à la mer par quatre grands fleuves coulant dans des directions opposées.

Le **Rhône** sort d'un grand glacier. Il coule vers l'ouest ; il forme le **lac de Genève**. Il se retourne vers le sud au point où les Cévennes lui barrent le passage, arrose Lyon, et se jette dans la Méditerranée.

Le **Rhin** coule vers le nord, puis vers l'ouest le nord-ouest. Il forme le **lac de Constance**, arrose Bâle, longe la plaine d'Alsace, arrose Mayence et Cologne, puis la plaine des Pays-Bas, et se jette dans la mer du Nord.

Le **Danube**, qui prend sa source dans la Forêt-Noire et qui est le second fleuve de l'Europe par sa longueur est grossi de nombreuses rivières venues des Alpes. Après avoir arrosé Vienne, Budapest, Belgrade, il se jette dans la mer Noire.

Le **Pô**, qui arrose Turin, coule vers l'est dans la riche plaine de l'Italie septentrionale. Son bassin est borné, au nord, par les Alpes, dont les vallées méridionales, en partie occupées par des **lacs**, lui envoient un grand nombre d'affluents. Il se jette, ainsi que l'*Adige*, dans la mer Adriatique.

Ces fleuves forment chacun un delta.

2° Les fleuves de la France et de l'Europe centrale coulent, comme le Rhin, dans la direction du nord-ouest : **Garonne, Loire, Seine**, qui arrose Paris, **Meuse**, quatre fleuves situés à l'ouest du Rhin ; **Elbe**, qui arrose Dresde, **Oder**,

Carte n° 4. — Carte politique de l'Europe.

Vistule, qui arrose Varsovie, à l'est du Rhin.
3° La *Tamise*, qui arrose Londres, est le principal fleuve de la Grande-Bretagne.

Dans la péninsule Scandinave, toute semée de *lacs*, le principal cours d'eau est le **Gœta**, qui sort du **lac Wenern**.

4° Les fleuves des péninsules européennes sont peu navigables.

Dans la péninsule Ibérique, le *Douro*, le **Tage**, qui arrose Lisbonne, la *Guadiana*, le *Guadalquivir* coulent à l'ouest et se jettent dans l'océan Atlantique ; l'*Èbre* coule à l'est et se jette dans la Méditerranée.

Dans la péninsule Italique, le *Tibre* arrose Rome ; dans la péninsule Pélasgique, la *Maritza*.

5° Les grands fleuves de la vaste plaine de Russie coulent dans trois directions.

Le **Niémen**, la **Dvina occidentale**, la **Néva**, qui arrose St-Pétersbourg et qui sert de débouché aux lacs **Ladoga** et **Onéga**, coulent vers l'ouest dans la Baltique. La Finlande a beaucoup de lacs.

Au nord du lac Ladoga, la **Finlande** est une région en grande partie couverte de *lacs*.

La *Dvina septentrionale* coule vers le nord dans la mer Blanche.

Le **Don**, le **Dniéper**, le **Dniester**, coulent vers le sud, le premier dans la mer d'Azov, les deux autres dans la mer Noire.

Le **Volga**, le plus grand fleuve de l'Europe, et l'*Oural* coulent également vers le sud et se jettent dans la mer Caspienne.

Dans l'ensemble, il y a deux grands versants pour l'écoulement des eaux en Europe : le versant de l'**Océan** (océan Glacial et océan Atlantique) et le versant de la **Méditerranée** (avec la Caspienne).

ÉTATS (carte n° 4)

Les États de l'Europe sont :

1° Dans l'Europe occidentale, le **Royaume-Uni de Grande-Bretagne et d'Irlande**, désigné aussi sous le nom d'**Angleterre** ou d'*Iles Britanniques*, cap. *Londres* ; les **Pays-Bas**, cap. *Amsterdam*, et le grand-duché de *Luxembourg* ; la **Belgique**, cap. *Bruxelles* ; la **France**, cap. *Paris* ; la principauté de *Monaco*.

2° Dans l'Europe centrale : l'**Empire allemand**, composé de plusieurs États, cap. *Berlin* ; la **Suisse**, cap. *Berne* ; la principauté de *Liechtenstein* ; l'**Autriche-Hongrie**, cap. *Vienne*.

3° Dans l'Europe méridionale : le **Portugal**, cap. *Lisbonne* ; l'**Espagne**, cap. *Madrid*, la république d'*Andorre*, comprise dans la péninsule Ibérique ; l'**Italie**, cap. *Rome*, et la république de *Saint-Marin* ; la **Grèce**, cap. *Athènes*, la **Turquie**, cap. *Constantinople*, la **Bulgarie**, le **Monténégro** et la **Serbie**, comprise dans la péninsule Pélasgique ; la **Roumanie**, cap. *Bucarest*.

4° Dans l'Europe orientale : la **Russie**, cap. *Saint-Pétersbourg*.

5° Dans l'Europe septentrionale : la **Suède**, cap. *Stockholm*, et la **Norvège**, cap. *Christiania*, comprises dans la péninsule Scandinave ; le **Danemark**, cap. *Copenhague*, avec l'Islande.

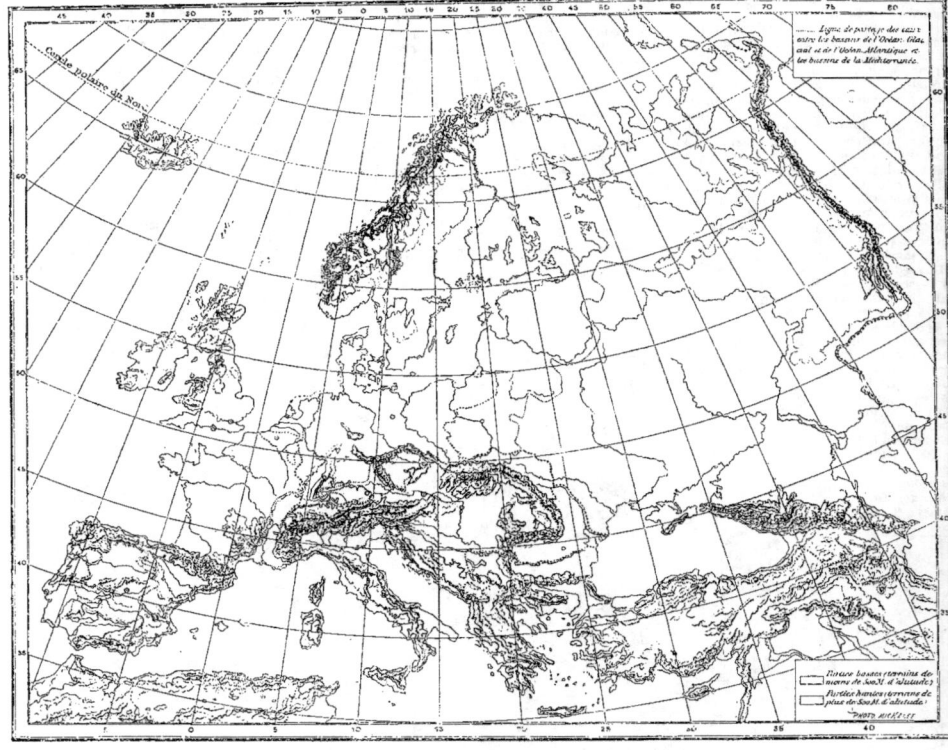

Carte muette pour l'étude de l'Europe.

QUESTIONNAIRE

29ᵉ leçon. — De quel continent l'Europe fait-elle partie? — Pourquoi l'appelle-t-on ancien continent? — Qu'est-ce que l'Europe? — Quelle différence y a-t-il entre continent et partie du monde? — Savez-vous s'il existe un continent qui n'est qu'une portion de partie du monde? — A l'aide de quelle figure géométrique peut-on commencer à dessiner une carte d'Europe? — Pouvez-vous faire la figure? — Quelle est la superficie de l'Europe? — Qu'entend-on par un kilomètre carré? — Savez-vous combien le territoire de notre commune a de kilomètres carrés? — Par quoi l'Europe est-elle la partie du monde la plus importante? — Combien y a-t-il d'habitants en Europe? — Montrez le cap Nord. — De quel océan dépend la mer Blanche? — Qu'est-ce que la Novaia Zemlia? — L'océan Glacial s'étend-il jusqu'au cap Nord? — Quelles sont les limites orientale et occidentale de la mer du Nord? — Nommez et montrez sur la carte les principaux détroits de l'Europe. — Par quelle mer et quels détroits un navire passe-t-il pour aller de la mer du Nord dans la mer Noire? montrez-les en les montrant sur la carte muette. — Où est situé le cap Finisterre? — Quelles sont les trois grandes péninsules de l'Europe méridionale? — Quel est le cap le plus méridional de l'Europe continentale? — Quelle est la position de la Sicile par rapport à la Sardaigne? — Où est située l'île de Malte? — Quelles sont les limites de l'Europe à l'est?

30ᵉ leçon. — Quel est le système de montagnes le plus important de l'Europe? — Les Alpes forment-elles une seule chaîne? — Par quoi sont séparées les différentes chaînes des Alpes? — Puisque vous savez qu'il y a beaucoup de neiges perpétuelles dans les Alpes, qu'en concluez-vous relativement à leur hauteur? — Quelles sont les trois grandes divisions des Alpes? — Quels sont les deux plus hauts sommets des Alpes? — Pourriez-vous raconter l'ascension du mont Blanc par Saussure? — Quelles sont les chaînes situées immédiatement au nord des Alpes? — Où sont situées les Karpathes? — Nommez et montrez la plaine qu'elles enveloppent. — Quelles sont, au nord et au sud, les limites de la plaine de la Basse-Allemagne? — Quelle est la principale chaîne de la Grande-Bretagne? — Où sont situées les Alpes scandinaves? — Qu'est-ce qui constitue la partie centrale de la péninsule ibérique? — Quels sont les deux principaux volcans de l'Europe? — Rappelez ce qu'on entend par volcan. — Où est situé le Tchar-dagh? — Quelle est la chaîne qui traverse, de l'est à l'ouest, presque toute la péninsule pélasgique? — Quelle est la presqu'île qui termine la péninsule pélasgique? — Quel espace occupe la plaine de Russie? — Quelles sont les mers qui la baignent au nord et au sud? — Pourquoi beaucoup de cours d'eau importants ont-ils leur source dans les Alpes? — Quel est le lac que forme le Rhône? — Montrez et suivez sur la carte le cours du Rhin. — Pourquoi peut-il être considéré comme une dépendance du système alpestre? — Quelles sont les capitales d'État qu'il arrose? — Où se jette-t-il? — Dans quelle direction coule le Pô? — Indiquez et montrez la direction des quatre grands fleuves qui servent d'écoulement aux eaux des Alpes. — L'Adige ne peut-il pas être considéré comme un dépendance du bassin du Pô? — Tous les quatre ne se terminent-ils pas par un delta? — Rappelez ce qu'on entend par delta. — Nommez et montrez sur la carte les fleuves de l'Europe centrale qui sont à l'ouest du Rhin. — Quelle est la direction de leur cours? — Quel est le principal cours d'eau de la Grande-Bretagne? — Où est situé le lac Wener? — Où est situé le lac Ladoga? — N'y a-t-il pas d'autres lacs dans cette région? — A quel lac la Néva sert-elle de débouché? — Dans quelles mers se jettent les deux plus grands fleuves de l'Europe? — Pourquoi y a-t-il en Russie des cours d'eau plus longs qu'en Grande-Bretagne? — Tous les cours d'eau de la Russie ont-ils leur source dans des montagnes?

31ᵉ leçon. — Enumérez les États de l'Europe occidentale? — Montrez sur la carte la Suisse, la Serbie. — Sur quel fleuve est située la capitale du Portugal? — Quels sont les cours d'eau qui arrosent l'Empire allemand? — Dans quels États ou sur les limites de quels États sont les Karpathes? — Quels sont les États qui arrosent le Danube? — Où est située la Suède? — Nommez les États arrosés par la mer Baltique. — A quel État appartiennent la Sicile et la Sardaigne? — Par quels États passe-t-on et quels fleuves traverse-t-on pour aller en ligne droite d'Amsterdam à Constantinople?

Carte muette pour l'étude de la France physique.

QUESTIONNAIRE

32ᵉ leçon. — Qu'est-ce que la France ? — Par quelle figure géométrique peut-on faciliter le dessin d'une carte de France ? — Quelle est la superficie de la France ? — Quelle est la population ? — Quel est à peu près le rapport de la population de la France à la population de l'Europe ? — Par quoi est baignée la côte nord-ouest de la France ? — Quelles sont les baies formées par la Manche ? — Où est le Gris-Nez ? — Quels sont les caps à l'extrémité du Cotentin ? — Où est le Morbihan ? — Quelles sont les îles voisines de la côte de Bretagne ? — Où est le golfe du Lion ? — Quel est l'aspect général de la Corse ? — Des six côtes du contour de la France, quels sont ceux que baigne la mer ?

33ᵉ leçon. — Quelles montagnes séparent la France de l'Espagne ? — A quelle époque la France a-t-elle perdu l'Alsace ? — Quels sont les États qui sont limitrophes de la France ? — La France peut-elle être regardée comme un pays très montagneux ? — N'y a-t-il pas cependant de hautes montagnes ? — Quelles sont les parties élevées ? — Le Jura est-il plus élevé que le plateau de Langres ? — Qu'est-ce que le Massif central ? — Quelles sont, après les Alpes, les montagnes les plus hautes de France ?

34ᵉ leçon. — Quelles sont les limites du versant de la Méditerranée ? — Quelle est la direction la plus générale des eaux qui se rendent à l'Océan ? — Combien y a-t-il de grands bassins en France ? — Qu'est-ce qu'un bassin fluvial ? — Quelle est la ceinture du bassin de la Loire ? — Un bassin a-t-il une pente générale ? — Toutes les pentes n'y sont-elles pas dans le sens de la pente générale ? — Quel est le principal affluent de la Garonne ? — Qu'est-ce qu'un affluent ? — Nommez les fleuves tributaires de la mer du Nord. — Dans la chaîne principale, comment se divisent les Alpes occidentales ? — Quels sont les principaux massifs des Alpes de Savoie ? — Par où passe le chemin de fer de France en Italie ? — Où est situé le massif du Pelvoux ? — Décrivez le Jura. — Où commencent les Cévennes méridionales ? — Quelles sont les deux principales directions du Rhône ? — Pourquoi ne continue-t-il pas à couler vers l'ouest ? — D'où vient le principal affluent du Rhône ? — Qu'est-ce que le Drac ? — Quels sont les affluents de la Saône ? — Nommez les fleuves côtiers à l'est du Rhône. — Quelle est la plus haute montagne des Pyrénées ? — Est-elle bien moins élevée que le mont Blanc ? — Quels sont les principaux sommets des monts d'Auvergne ? — Qu'est-ce que les Causses ? — Expliquez pourquoi la Garonne coule d'abord vers le nord ? — Pourquoi incline-t-elle vers le nord-est ?

Carte n° 5. — Carte du relief du sol de la France.

IV. LA FRANCE

1. — NOTIONS GÉNÉRALES (carte n° 5)

ÉTENDUE ET POPULATION

Notre patrie, la **France**, est un des **États de l'Europe occidentale**. Elle a une longueur d'environ 1000 kilomètres, du nord au sud. Elle a une superficie de **528,000 kilomètres carrés** ou 52,800,000 hectares. La population est de **37 millions d'habitants**.

Trois côtés de la France sont baignés par la mer ; trois côtés sont des frontières de terre.

CÔTES

1° Le côte nord-ouest est baigné par la **mer du Nord**, par le **pas de Calais**, détroit qui sépare la France de l'Angleterre, par la **Manche**. La Manche forme la **baie de la Seine**, la **baie de Saint-Malo**, la baie de Saint-Brieuc.

Les caps sont : **Gris-Nez** dans le pas de Calais, cap d'Antifer, **cap de la Hève** à l'embouchure de la Seine, pointe de Barfleur et **cap de la Hague** à l'extrémité du **Cotentin**, cap Fréhel et sillon de Talbert en Bretagne.

Dans la baie de la Seine, près de la côte, sont les rochers du Calvados.

Dans la baie de Saint-Malo, les îles Anglo-Normandes sont à l'Angleterre ; les îles Chausey et le mont Saint-Michel sont à la France.

2° Le côté occidental est baigné par l'**océan Atlantique** qui forme la baie de Douarnenez, le golfe du Morbihan, le golfe de Gascogne.

Les caps sont : pointe de Corsen, pointe de **Saint-Mathieu**, pointe du Raz, pointe de Penmarch à l'ouest de la **presqu'île de Bretagne**, pointe du Croisic et de Saint-Gildas à l'embouchure de la Loire, pointes de la Coubre et de Grave à l'embouchure de la **Gironde**.

Les îles sont : **Ouessant**, à l'extrémité occidentale de la France, Glénans, **Groix**, **Belle-Ile**, **Noirmoutier**, île d'**Yeu**, **Ré**, **Oléron**. Entre Ré et Oléron est le détroit ou pertuis d'Antioche ; au nord de Ré, le pertuis Breton.

3° Le côté sud-est est baigné par la mer **Méditerranée**. Cette mer forme le **golfe du Lion** et le **golfe de Gênes**.

Les caps sont : cap de Creus situé en Espagne, cap Cerbère, **cap Sicié**, **cap Sepet**.

Près de ce dernier cap sont les **îles d'Hyères**.

La côte du golfe du Lion est bordée d'étangs : étang de Valcares, étang de Thau, étang de Leucate. Plus à l'est se trouve l'étang de Berre.

À 170 kilomètres en mer, est la **Corse**, grande île couverte de montagnes : la plus haute est le mont Cinto. Au nord de l'île est le cap **Corse** ; au sud, le détroit dit **Bouches de Bonifacio** la sépare de la Sardaigne.

FRONTIÈRES DE TERRE

4° Sur le *côté sud-ouest*, la France est séparée de l'**Espagne** par les *Pyrénées*.

5° *Sur le côté oriental*, la France est séparée de l'**Italie** par les *Alpes*, de la **Suisse** par les *Alpes* et le *Jura*, de l'**Alsace** par les *Vosges*. En 1870, la France a perdu l'Alsace qui fait aujourd'hui partie de l'**Empire allemand**.

6° Le *côté nord-est* n'est étendu par aucune chaîne de montagnes. La France y est bornée par l'**Empire allemand**, par le **Grand-Duché de Luxembourg** et par la **Belgique**.

RELIEF GÉNÉRAL DU SOL

En France, les plaines dominent.

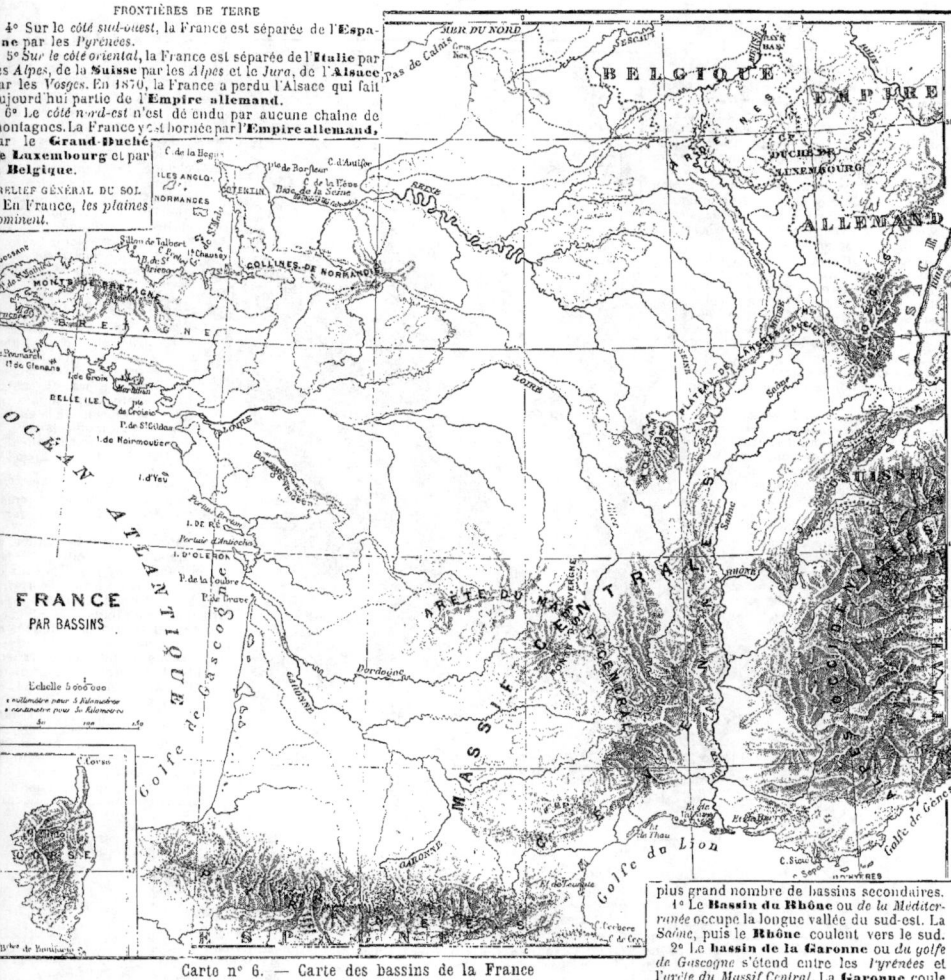

Carte n° 6. — Carte des bassins de la France

Dans la région du *nord-ouest* et de l'*ouest*, le sol est peu élevé ; l'altitude n'est supérieure à 400 mètres que sur certains points : *monts de Bretagne*, *collines de Normandie*, *Bocage vendéen*.

Dans le *centre*, le *sud* et l'*est*, le sol est élevé ; il y a des *plateaux* et des *chaînes de montagnes*.

Au *sud-est*, les **Alpes occidentales** forment le massif le plus élevé. Elles couvrent presque tout l'espace compris entre la frontière et le Rhône.

Le **Jura**, situé au nord des Alpes, est un vaste plateau bien moins haut que les Alpes.

Au nord du Jura, les **Vosges** forment une chaîne de montagnes presqu'aussi haute que le Jura.

Au sud-ouest des Vosges, les *monts Faucilles*, puis le **Plateau de Langres** sont peu élevés.

Ce dernier est voisin des monts du **Morvan**.

Au nord-ouest des Vosges, est le plateau de *l'Ardenne*.

Au centre de la France, est le **Massif central**, vaste région de plateaux et de montagnes ; les plus élevés sont les **monts d'Auvergne**, compris en partie dans l'*arête du Massif*. Les **Cévennes**, qui font suite au Plateau de Langres, bordent le Massif à l'est et au sud.

Au sud-ouest, les **Pyrénées** constituent une longue et haute barrière. Elles sont, après les Alpes, les montagnes les plus hautes de France.

BASSINS (carte n° 6)

A l'est *des Cévennes* et du Plateau de Langres et au *sud des Vosges*, une longue vallée s'étend jusqu'à la Méditerranée. Les pentes générales y dirigent les eaux vers le *sud*. C'est le **versant de la Méditerranée**.

A l'ouest *des Cévennes* et du Plateau de Langres, les pentes dirigent les eaux vers l'*ouest* et le *nord-ouest*. C'est le **versant de l'Océan**.

Il y a en France **cinq grands bassins** et un plus grand nombre de bassins secondaires.

1° Le **Bassin du Rhône** ou *de la Méditerranée* occupe la longue vallée du sud-est. La *Saône*, puis le **Rhône** coulent vers le sud.

2° Le **bassin de la Garonne** ou *du golfe de Gascogne* s'étend entre les *Pyrénées* et *l'arête du Massif Central*. La **Garonne** coule vers le nord-ouest. Elle reçoit, à gauche, les rivières des Pyrénées ; à droite, les rivières du Massif central. La plus importante est la *Dordogne*.

3° Le **bassin de la Loire** ou *de l'Océan Atlantique* s'étend entre l'arête du Massif Central, le Morvan, les *coteaux* et le dos des hautes plaines qui sont entre ce bassin et celui de la Seine. La **Loire** coule d'abord vers le nord, comme l'*Allier*, son affluent, puis vers le nord-ouest et l'ouest.

4° Le **bassin de la Seine** ou *de la Manche* est moins montagneux que les précédents. Il est limité, au sud-est, par les *monts du Morvan* et le *plateau de Langres*. La **Seine**, comme la *Marne*, y coule vers le *nord-ouest*.

5° La pente des **bassins de la mer du Nord**, *Escaut*, *Meuse*, *Rhin*, est vers le *nord*. La France en possède la partie méridionale.

II. — BASSIN DU RHÔNE

CEINTURE DU BASSIN (carte n° 7)

Le **bassin du Rhône**, avec ses bassins secondaires, constitue le *bassin français de la Méditerranée*. Il est borné par les Alpes, le Jura, le pied des Vosges, les Faucilles, le Plateau de Langres, les Cévennes, les Pyrénées.

1° Les **Alpes occidentales** s'étendent entre la plaine du Pô, située en Italie, et la vallée du Rhône. Elles forment une vaste région de hautes chaînes et de vallées profondes.

La chaîne principale est la ligne de partage des eaux ; elle sert de frontière entre la France et l'Italie. Elle se divise en :

Alpes maritimes, du *col de Tende* au mont Viso : on y trouve le *col de Larche* ;

Alpes Cottiennes, du mont Viso au col dit mont Cenis ; on y trouve le col dit mont Genèvre, le mont *Thabor*, le *tunnel de Fréjus* ; par ce tunnel, dit aussi *tunnel de Modane*, passe le chemin de fer de France en Italie ;

Alpes Graies, très hautes et très rocheuses ; le col dit *petit Saint-Bernard* les traverse ;

Mont Blanc ; c'est le massif le plus élevé et un des plus pittoresques des Alpes (4 810 mètres au-dessus du niveau de la mer) ; il doit son nom à ses neiges perpétuelles et à ses grands glaciers.

A l'ouest de cette chaîne principale, les Alpes prennent le nom des provinces qu'elles couvrent :

Alpes de Savoie ; elles renferment les massifs de la *Vanoise* et de la *Grande Chartreuse* ;

Alpes du Dauphiné ; elles renferment le massif du *Pelvoux*, presque aussi élevé que le mont Blanc, le *Dévoluy*. Au sud de ce massif est le mont *Ventoux* ;

Alpes de Provence. Au sud, sont l'*Estérel* et les *monts des Maures*.

Carte n° 7. — Carte physique du bassin du Rhône.

2° Le **Jura** est un vaste plateau. Il se termine, à l'ouest, du côté de la Saône, par une ligne de coteaux ; à l'est, du côté de la Suisse, par une crête de montagnes boisées. Ses plus hauts sommets, qui n'atteignent pas la moitié de la hauteur de ceux des Alpes, sont : le *Grand Colombier*, le *Reculet*, le *crêt de la Neige*, le *Suchet*.

3° La **Trouée de Belfort** est une plaine étroite située entre le Jura et les Vosges. Elle fournit un passage facile de l'Alsace dans la plaine de la Saône.

Les **Faucilles** sont des montagnes très peu élevées et des collines qui s'étendent à l'ouest du pied méridional des Vosges.

4° Le **plateau de Langres** n'a guère que le dixième de la hauteur du mont Blanc. Il se termine par des pentes rapides du côté de la Saône. Au sud-est, est la *Côte-d'Or*, riche en vignobles.

5° Les **Cévennes** forment la bordure orientale et méridionale du Massif central. Elles ont leur versant le plus long sur la vallée de la Saône et du Rhône. Elles s'étendent depuis le col du *canal du Centre* jusqu'au *passage de Naurouse*, par lequel passe le *canal du Midi*.

Elles se divisent en Cévennes septentrionales et Cévennes méridionales.

Les **Cévennes septentrionales** comprennent les *monts du Charollais*, les *monts du Beaujolais*, les *monts du Lyonnais*, les *monts du Vivarais*. Ces derniers renferment d'anciens volcans, depuis longtemps éteints ; on y trouve le *Mezenc*, le plus haut sommet des Cévennes, qui est un peu plus élevé que les cimes du Jura.

Les **Cévennes méridionales** commencent au mont *Lozère*. Elles comprennent les *Cévennes* proprement dites, les *Garrigues*, la *Montagne noire*.

6° Une partie des **Pyrénées orientales**, du pic de *Carlitte* au cap de *Creus*, borne le bassin français de la Méditerranée. On y trouve le mont *Canigou*, le col dit *Perthus*.

Les monts *Corbières* en sont une dépendance.

FLEUVE

Le **Rhône** est le fleuve le plus rapide de France. Il prend sa source en Suisse dans un glacier des Alpes. (Voir la figure à la page suivante.) Il coule d'abord comme un torrent entre les hautes montagnes du Valais ; il se perd dans le beau lac de Genève. Après avoir arrosé Genève, il entre en France ; il y traverse une suite de défilés que domine le Jura.

Lyon est situé au confluent de la Saône, dans une position importante. C'est là que le fleuve, rencontrant le Massif central qui l'arrête, change brusquement de direction. Il coule vers le sud en passant de très près le pied des Cévennes ; il baigne *Valence* et *Avignon*.

A partir du confluent de la Durance, il arrose une plaine basse.

Il forme un *delta* et se jette dans la Méditerranée.

AFFLUENTS

1° Les affluents de rive gauche du Rhône sont presque tous des torrents. Ils descendent des Alpes et coulent dans de profondes vallées, entre les rameaux de la chaîne.

L'*Arve* vient du mont Blanc.

L'*Isère* arrose la riche vallée de Graisivaudan et la ville de Grenoble ; il reçoit le *Drac*.

La *Drôme*.

La *Sorgues* a pour source la remarquable *fontaine de Vaucluse* et reçoit l'*Ouvèze*.

La *Durance* prend sa source au mont Genèvre et reçoit le *Verdon*.

Le Rhône reçoit les eaux du *lac d'Annecy* et du *lac du Bourget*.

2° Les affluents de la rive droite forment trois groupes.

L'*Ain* est le principal affluent du groupe du Jura.

La **Saône** est une grande rivière. Elle prend sa source dans les monts Faucilles. Elle coule lentement, du nord au sud, dans une belle plaine, et arrose Mâcon. Elle reçoit le *Doubs* qui vient du Jura, l'*Ouche* et la *Dheune* qui prêtent leur eau à des canaux.

3° L'*Ardèche* et le *Gard* prennent leur source dans les Cévennes. Les affluents de ce troisième groupe sont des torrents ; leur cours est peu étendu.

BASSINS SECONDAIRES

Les petits fleuves qui se jettent, comme le Rhône, dans la Méditerranée, sont :

A l'est, venant des Alpes : l'*Arc* qui débouche dans l'étang de *Berre* ; l'*Argens* ; le **Var** ; la *Roya*, qui coule en France et en Italie.

A l'ouest : l'*Hérault*, l'*Orb*, venant des Cévennes ; l'*Aude*, qui passe à *Carcassonne*, et le *Tet*, venant des Pyrénées.

Le principal torrent de la Corse est le *Golo*.

CÔTE

Sur la côte, à l'ouest du Rhône, dans le golfe du Lion, sont : les *caps de Creus*, *Cerbère* et *d'Agde*, les *étangs de Leucate* et de *Thau*, le golfe d'*Aigues-Mortes* ; à l'est du Rhône sont : les *caps Sicié* et *Sepet*, la *presqu'île de Giens*, les *îles d'Hyères* et de *Lérins*, l'*étang de Berre*, les golfes de *Saint-Tropez*, de la *Napoule* et de *Jouan*

III. — BASSIN DE LA GARONNE

CEINTURE DU BASSIN (carte n° 8)

Le **bassin de la Garonne**, avec ses bassins secondaires, constitue le *bassin français du golfe de Gascogne*. Il est borné par les Pyrénées, les Cévennes méridionales, l'arête du Massif central, le Bocage vendéen.

1° Les **Pyrénées** sont, après les Alpes, la plus haute chaîne de montagnes de la France. La crête des Pyrénées est partout très élevée; on n'a construit de routes carrossables que vers les deux extrémités.

Les *Pyrénées occidentales* s'étendent du *col de Vélate* au *val d'Aran*; les principales montagnes sont le *pic du Midi d'Ossau*, le *Vignemale*, le plus haut sommet des Pyrénées françaises, le *pic du Midi de Bigorre*, le massif de la *Maladetta*, qui s'élève à 3,404 mètres et qui est plus élevé que le Vignemale, est sur le territoire espagnol. Le *Cirque de Gavarnie* est un des sites les plus pittoresques des Pyrénées.

Au nord des Pyrénées sont les *coteaux d'Armagnac*.

Les *Pyrénées orientales* renferment le *Montvallier*. Leur extrémité orientale, depuis le *pic de Carlitte*, appartient au bassin de la Méditerranée.

2° Les **Cévennes méridionales** séparent le bassin de la Garonne du bassin de la Méditerranée. (Voir la ceinture du bassin du Rhône.)

3° L'**arête du Massif central** comprend la *montagne de la Margeride*, la chaîne volcanique des **monts d'Auvergne** où se trouvent le *Plomb du Cantal* et le *mont Dore*, le plus haut sommet de la France centrale (1,886 mètres), les *monts du Limousin*, dont les plateaux sont couverts de pâturages.

Entre l'arête du Massif central et les Cévennes méridionales est la partie méridionale du Massif Central. On y trouve les *monts d'Aubrac* et de vastes plateaux presque stériles, désignés sous le nom de *Causses*.

A l'ouest des monts du Limousin s'étendent les *collines de l'Angoumois*.

Au nord-ouest, se trouve le bassin du golfe de Gascogne qui est limité par une partie de la *plaine du Poitou* et par les collines du **Bocage vendéen**, dont le point le plus élevé n'a pas 300 mètres d'altitude.

FLEUVE

La **Garonne** prend sa source dans le *Val d'Aran*, en Espagne. Elle entre en France par la gorge du Pont-du-Roi.

Elle coule vers le nord et le nord-est en contournant le pied des coteaux d'Armagnac. Elle arrose *Toulouse*, ville bâtie comme Lyon, dans une situation favorable au commerce, au principal coude du fleuve, près du passage de Naurouse, qui conduit dans le bassin de la Méditerranée.

La Garonne est arrêtée par les dernières pentes du Massif central, comme le Rhône est arrêté par les Cévennes. Elle se détourne, depuis Toulouse, vers le nord-ouest, en longeant les dernières pentes du Massif central, et elle arrose une plaine fertile, en baignant *Agen* et *Bordeaux*.

Elle prend le nom de **Gironde** au bec d'Ambez, endroit où est le confluent de la Dordogne. Elle se termine dans le golfe de Gascogne par un long estuaire, c'est-à-dire par une large embouchure ressemblant à une baie.

AFFLUENTS

1° Les affluents de la rive gauche sont peu importants : le *Gers* qui passe à *Auch*; la *Baïse*.

2° La Garonne reçoit à droite :

D'abord l'*Ariège*, torrent venu des Pyrénées, qui arrose *Foix*;

Ensuite, de grandes rivières qui coulent, à l'est à l'ouest, encaissées dans les étroites vallées du Massif central : le **Tarn** qui arrose *Albi* et *Montauban* et qui est grossi de l'*Agout* et de l'*Aveyron*; l'Aveyron arrose *Rodez*; le **Lot** qui passe à *Mende* et à *Cahors*; la **Dordogne** qui reçoit la *Vézère*, grossie de la *Corrèze* arrosant *Tulle*, et l'*Isle* qui passe à *Périgueux*.

BASSINS SECONDAIRES

Les petits fleuves tributaires du golfe de Gascogne sont :

Au sud : la *Bidassoa*, qui coule sur la frontière de la France et de l'Espagne; l'*Adour*, qui passe à *Tarbes* et qui est grossi de la *Midouze* passant à *Mont-de-Marsan* et du *gave de Pau* passant à *Pau*; la *Leyr*, qui se jette dans le bassin d'Arcachon.

Au nord : la **Charente**, qui arrose *Angoulême*; la *Sèvre Niortaise*, qui arrose *Niort*; le *Lay* grossi de l'*Yon*, qui arrose *La Roche-sur-Yon*.

Sur la côte, au sud du golfe de Gascogne, sont *les pointes de Grave et de la Coubre*, à l'embouchure de la Gironde; les *îles d'Oléron et de Ré*, avec les deux détroits nommés *pertuis d'Antioche* et *pertuis Breton*.

Carte n° 8. — Carte physique du bassin de la Garonne.

Cirque de Gavarnie.

Glacier du Rhône (voir le texte à la page précédente).

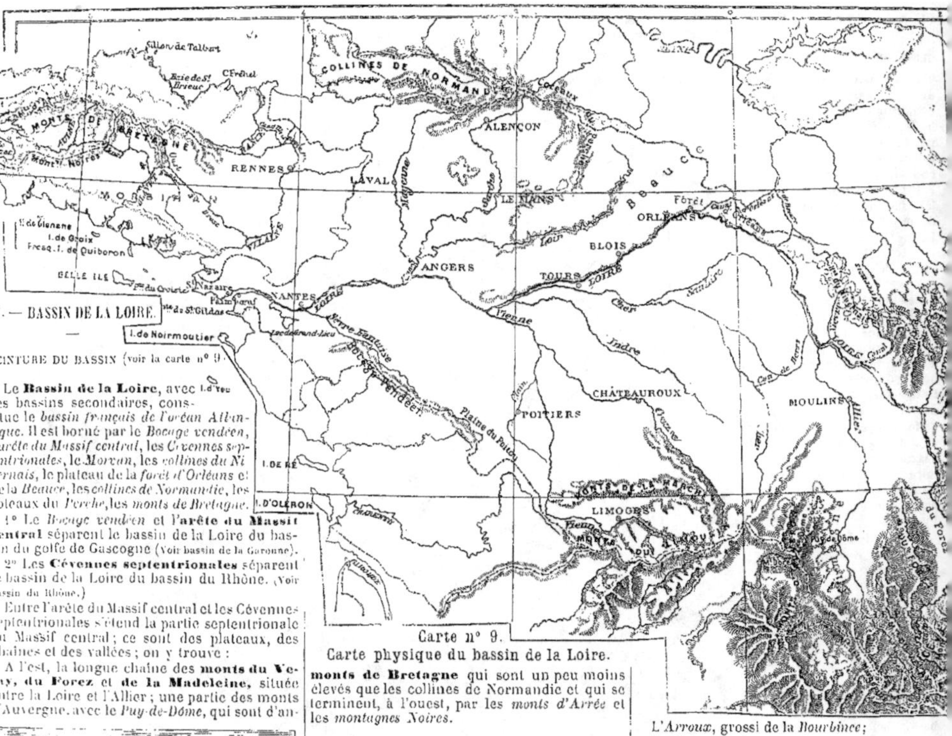

IV. — BASSIN DE LA LOIRE.

CEINTURE DU BASSIN (voir la carte n° 9).

Le **Bassin de la Loire**, avec ses bassins secondaires, constitue le *bassin français de l'océan Atlantique*. Il est borné par le *Bocage vendéen*, l'arête du *Massif central*, les *Cévennes septentrionales*, le *Morvan*, les *collines du Nivernais*, le plateau de la *forêt d'Orléans* et de la *Beauce*, les *collines de Normandie*, les coteaux du *Perche*, les monts de Bretagne.

1° Le *Bocage vendéen* et l'**arête du Massif central** séparent le bassin de la Loire du bassin du golfe de Gascogne (voir bassin de la Garonne).

2° Les **Cévennes septentrionales** séparent le bassin de la Loire du bassin du Rhône. (Voir bassin du Rhône.)

Entre l'arête du Massif central et les Cévennes septentrionales s'étend la partie septentrionale du Massif central; ce sont des plateaux, des chaînes et des vallées; on y trouve :

A l'est, la longue chaîne des **monts du Velay, du Forez et de la Madeleine**, située entre la Loire et l'Allier; une partie des monts d'Auvergne, avec le *Puy-de-Dôme*, qui sont d'an-

Puy de Dôme.

ciens volcans éteints; les *monts de la Marche*.

3° Le *Morvan* est composé de roches couvertes de bois et de pâturages; il forme un massif important sur la limite des bassins de la Loire et de la Seine.

4° Au nord-ouest du Morvan, sont les *collines du Nivernais*, puis le plateau où sont la *forêt d'Orléans* et la *Beauce*.

De ce côté, il n'y a ni montagnes ni collines qui séparent le bassin de la Loire du bassin de la Seine; la pente générale du sol fait couler vers la Seine la plus grande partie des eaux de la Beauce.

5° A l'ouest de la Beauce, les coteaux du *Perche* se rattachent aux **collines de Normandie**.

Ces collines, dont le plus haut sommet ne dépasse guère 100 mètres, s'étendent de l'ouest à l'est au sud de la Normandie.

6° A l'ouest des collines de Normandie, la presqu'île de Bretagne est traversée par les

Carte n° 9.
Carte physique du bassin de la Loire.

monts de Bretagne qui sont un peu moins élevés que les collines de Normandie et qui se terminent, à l'ouest, par les *monts d'Arrée* et les *montagnes Noires*.

FLEUVE

La Loire est le plus long fleuve de la France; elle a environ 1000 kilomètres de cours.

Elle prend sa source dans le Vivarais, au *mont Gerbier-de-Jonc*. Elle coule vers le nord dans une étroite vallée du Massif central, passe près du *Puy* et arrose la petite plaine du Forez.

Elle se détourne ensuite vers le nord-ouest, pour contourner le massif du Morvan. Elle baigne *Nevers*, *Orléans*, ville bâtie au point le plus septentrional du fleuve.

Elle se replie ensuite vers le sud-ouest et l'ouest. Elle arrose de belles plaines; elle baigne *Blois*, *Tours*, *Nantes* et se jette dans l'océan Atlantique, entre *Paimbœuf* et *Saint-Nazaire*.

AFFLUENTS

Les principaux affluents de la rive gauche de la Loire viennent presque tous du Massif central.

L'**Allier** coule vers le nord comme la Loire; il arrose la plaine de Limagne et passe à *Moulins*.

Le **Loiret** est un cours d'eau remarquable par ses sources; il ne sort pas du Massif central.

Le **Cher** reçoit la *Sauldre*.

L'**Indre** arrose *Châteauroux*.

La **Vienne** arrose *Limoges* et reçoit la *Creuse* et le *Clain* qui passe à *Poitiers*.

Le Cher, la Creuse et la Vienne descendent de l'extrémité septentrionale du Massif central.

La **Sèvre nantaise** a sa source dans la région du Bocage vendéen.

La Loire reçoit aussi l'eau du *lac de Grand-Lieu*.

Les affluents de la rive droite forment plusieurs groupes :

Source du Loiret.

L'*Arroux*, grossi de la *Bourbince*;
La *Nièvre*, qui arrose *Nevers*.

Le groupe de la *Maine*, qui est formée de la réunion de la *Mayenne* et de la *Sarthe* grossie du *Loir*. La Sarthe arrose *Alençon* et le *Mans*; la Mayenne arrose *Laval*; la Maine arrose *Angers*.

BASSINS SECONDAIRES

Les petits fleuves du bassin de l'Atlantique qui arrosent le sud de la Bretagne sont : la **Vilaine**, qui passe à *Rennes* et reçoit l'*Oust*; le *Blavet*. L'*Aulne* arrose l'ouest de la Bretagne et se jette au fond de la rade de Brest.

Sur la côte, on trouve au sud de la Loire l'*île d'Yeu*, l'*île de *Noirmoutier*, la *pointe de Saint-Gildas*; au nord de la Loire la *pointe du Croisic*; en Bretagne, *Belle Ile*, l'*île de Groix*, les *îles de Glénans*, le *Morbihan*, la *presqu'île de Quiberon*, la *pointe de Penmarch*, la *pointe du Raz*.

V. — BASSIN DE LA SEINE

CEINTURE DU BASSIN (carte n° 10)

Le **bassin de la Seine**, avec ses bassins secondaires, constitue le *bassin français de la Manche*. Il est borné par les *monts de Bretagne*, les *collines de Normandie*, les coteaux du *Perche*, le plateau de la *forêt d'Orléans* et de la *Beauce*, les collines du *Nivernais*, le *Morvan*, le plateau de *Langres*, l'*Argonne*, l'*Ardenne*, le *plateau d'Artois*.

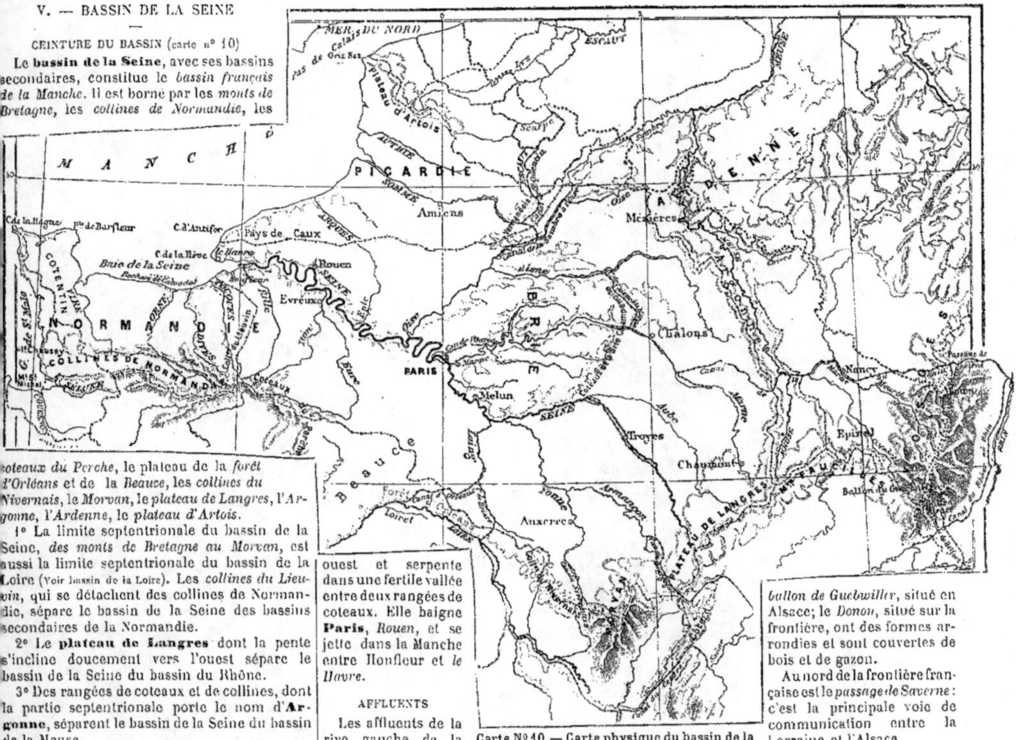

1° La limite septentrionale du bassin de la Seine, *des monts de Bretagne au Morvan*, est aussi la limite septentrionale du bassin de la Loire (voir bassin de la Loire). Les *collines du Lieuvin*, qui se détachent des collines de Normandie, séparent le bassin de la Seine des bassins secondaires de la Normandie.

2° Le **plateau de Langres** dont la pente s'incline doucement vers l'ouest sépare le bassin de la Seine du bassin du Rhône.

3° Des rangées de coteaux et de collines, dont la partie septentrionale porte le nom d'**Argonne**, séparent le bassin de la Seine du bassin de la Meuse.

4° L'extrémité occidentale du grand plateau de l'*Ardenne*, la plaine du *Vermandois* et le *plateau d'Artois* séparent au nord le bassin de la Manche du bassin de la mer du Nord.

Le *pays de Caux* est un plateau qui borde au nord le bassin de la Seine et qui le sépare des bassins secondaires.

Dans l'intérieur du bassin, les *coteaux de la Brie-Champenoise* forment la bordure orientale du *plateau de la Brie*.

FLEUVE

La **Seine** prend sa source dans un vallon du plateau de Langres. Elle coule vers le nord-ouest sur une pente douce et arrose *Troyes*.

La Seine au delà de Rouen, près de Caud-bec.

Elle se recourbe ensuite vers le sud-ouest pour longer le pied des coteaux de la Brie champenoise et arrose *Melun*.

Elle reprend ensuite son cours vers le nord-ouest et serpente dans une fertile vallée entre deux rangées de coteaux. Elle baigne **Paris**, *Rouen*, et se jette dans la Manche entre *Honfleur* et le *Havre*.

AFFLUENTS

Les affluents de la rive gauche de la Seine sont : l'*Yonne* qui vient du Morvan, arrose *Auxerre* et reçoit l'*Armançon*; le *Loing*; l'*Eure* grossie de l'*Iton*, qui arrose *Évreux*; la *Rille*.

Les affluents de la rive droite sont : l'*Aube*, la **Marne**, qui arrose *Chaumont* et *Châlons*; l'**Oise**, qui prend sa source en Belgique et qui reçoit l'*Aisne*; l'*Epte*.

BASSINS SECONDAIRES

Les petits fleuves qui se jettent dans la Manche au sud-ouest de la Seine sont : la *Rance* et le *Couesnon* en Bretagne; la *Sélune*, la *Vire*, l'**Orne**, qui arrose *Caen*, la *Dives*, la *Touques* en Normandie.

Ceux qui se jettent au nord de la Seine sont : l'*Arques*, qui coule dans le pays de Caux; la **Somme**, qui arrose *Amiens*; l'*Authie*.

VI. — BASSINS DE LA MER DU NORD

CEINTURE DES BASSINS

La France ne possède que la partie méridionale de ces bassins.

La limite méridionale est formée par le *plateau d'Artois*, la *plaine du Vermandois*, l'*Ardenne*, l'*Argonne*, le *plateau de Langres* et les *Faucilles*: cette limite les sépare des bassins de la Seine et du Rhône.

Dans l'intérieur du bassin se trouve la chaîne importante des **Vosges**; elle sépare les eaux de la Moselle de celles du Rhin. Les principales montagnes des Vosges, le *ballon d'Alsace*, le

Carte N° 10. — Carte physique du bassin de la Seine et des bassins de la mer du Nord.

ballon de Guebwiller, situé en Alsace; le *Donon*, situé sur la frontière, ont des formes arrondies et sont couvertes de bois et de gazon.

Au nord de la frontière française est le *passage de Saverne* : c'est la principale voie de communication entre la Lorraine et l'Alsace.

FLEUVES ET AFFLUENTS

L'**Escaut** a sa source dans la plaine du Vermandois.

Ses principaux affluents en France sont la *Scarpe* et la *Lys*.

La **Meuse** a sa source à l'extrémité du plateau de Langres. Elle coule vers le nord dans un bassin étroit, bordé par des coteaux. Elle arrose *Mézières* et traverse l'Ardenne par un long défilé.

Ses principaux affluents en France sont :
A droite, le *Chiers*; et à gauche, la *Sambre*, dont le confluent est en Belgique.

Le *Rhin*, qui prend sa source dans le massif du Saint-Gothard, arrose la Suisse, l'Allemagne et les Pays-Bas. Il ne coule plus sur la frontière de France depuis la guerre de 1870.

Le seul affluent de ce fleuve qui arrose encore le territoire français est la Moselle.

La **Moselle** prend sa source dans les Vosges; elle coule en Lorraine et arrose *Épinal*. Elle reçoit la *Meurthe* qui passe à *Nancy*.

Sur la côte, on trouve : en Bretagne, la **pointe de Saint-Mathieu**, la *pointe de Corsen* et l'*île d'Ouessant*, le sillon de Talbert, la baie de Saint-Brieuc et le cap *Fréhel*; **golfe de Saint-Malo** avec le mont Saint-Michel et les îles Chausey; le cap de la *Hague* et la pointe de *Barfleur* à l'extrémité du Cotentin, la **baie de la Seine** avec les *rochers du Calvados*, le cap de la Hève et le cap d'*Antifer*; le *Gris-Nez* dans le **pas de Calais**.

— 20 —

Carte n° 11. — Carte politique de la France.

VII. — PROVINCES ET DÉPARTEMENTS
(Voir la carte n° 11)

Avant 1789, la France était divisée, sous le rapport militaire, en *gouvernements* ou *provinces*; il y avait 33 *provinces*, y compris la Corse.

Le territoire de la France avait été considérablement agrandi pendant la première République et l'Empire. Les conquêtes faites à cette époque ont été perdues à la fin de l'Empire, en 1814 et en 1815, excepté le *Comtat Venaissin* et quelques petits territoires.

Depuis 1815, la France s'est agrandie, en 1860, de deux provinces : la *Savoie* et le *comté de Nice*. Mais elle a perdu, en 1870, presque toute l'Alsace et le nord de la Lorraine.

Depuis 1790, la France est divisée en **départements**. Il y avait 89 départements avant la guerre de 1870-1871. Il y a aujourd'hui 86 départements et un territoire.

Une **commune** est une partie du territoire français. Un certain nombre de communes sont des villes; la plupart sont des communes rurales, composées de plusieurs villages ou hameaux. La commune est administrée par le *conseil municipal* et par le *maire* assisté d'un ou de plusieurs adjoints. Le conseil municipal est élu par les citoyens. Le maire est élu par le conseil municipal.

Il y a environ 36,000 communes. Avant la guerre de 1870, on en comptait environ 37,500.

Plusieurs communes forment un **canton**. Au chef-lieu canton, réside le juge de paix et a lieu le tirage au sort pour le recrutement de l'armée.

Plusieurs cantons forment un **arrondissement** : le *chef-lieu de l'arrondissement* s'appelle aussi *sous-préfecture*. L'arrondissement est administré par le *conseil d'arrondissement* qu'élisent les citoyens, et par le *sous-préfet*, fonctionnaire dépendant du préfet. Il y a 362 arrondissements.

Plusieurs arrondissements forment un **département**: le *chef-lieu du département* s'appelle aussi *préfecture*. Le département est administré par le *conseil général* qu'élisent les citoyens et par le *préfet*, que nomme le Président de la République.

Les administrations communales, départementales et autres sont subordonnées au **gouvernement de la République**, lequel comprend :

1° Deux chambres qui font les lois, votent les impôts et les dépenses :

Le **Sénat**, composé de sénateurs dont les uns sont élus à vie par le sénat et dont les autres sont nommés pour six ans par des délégués au suffrage universel et renouvelés par tiers;

La **Chambre des députés**, composée de députés élus directement par le suffrage universel pour six ans;

2° Le **Président de la République**, nommé par les Chambres pour sept ans, qui exerce le pouvoir exécutif avec les **ministres**, choisis par lui et responsables devant les Chambres.

ANCIENNES PROVINCES	DÉPARTEMENTS formés EN TOTALITÉ OU EN MAJEURE PARTIE du territoire de ces provinces.	CHEFS-LIEUX des DÉPARTEMENTS	ANCIENNES PROVINCES	DÉPARTEMENTS formés EN TOTALITÉ OU EN MAJEURE PARTIE du territoire de ces provinces.	CHEFS-LIEUX des DÉPARTEMENTS
RÉGION DU NORD ET DU NORD-OUEST			**RÉGION DU SUD-EST** (*Suite*)		
1. FLANDRE	Nord	*Lille.*		Bouches-du-Rhône	*Marseille.*
2. ARTOIS	Pas-de-Calais	*Arras.*	18. PROVENCE	Var	*Draguignan.*
3. PICARDIE	Somme	*Amiens.*		Basses-Alpes	*Digne.*
	Seine-Inférieure	*Rouen.*	19. COMTÉ DE NICE	Alpes-Maritimes	*Nice.*
4. NORMANDIE	Eure	*Évreux.*	20. CORSE	Corse	*Ajaccio.*
	Calvados	*Caen.*		Haute-Loire	*Le Puy.*
	Orne	*Alençon.*		Ardèche	*Privas.*
	Manche	*Saint-Lô.*		Lozère	*Mende.*
	Ille-et-Vilaine	*Rennes.*	21. LANGUEDOC	Gard	*Nîmes.*
5. BRETAGNE	Côtes-du-Nord	*Saint-Brieuc.*		Hérault	*Montpellier.*
	Finistère	*Quimper.*		Aude	*Carcassonne.*
	Morbihan	*Vannes*		Tarn	*Albi.*
	Loire-Inférieure	*Nantes.*		Haute-Garonne	*Toulouse.*
6. ANJOU	Maine-et-Loire	*Angers.*	22. ROUSSILLON	Pyrénées-Orientales	*Perpignan.*
7. MAINE	Mayenne	*Laval.*	23. COMTÉ DE FOIX	Ariège	*Foix.*
	Sarthe	*Le Mans.*			
	Seine-et-Oise	*Versailles.*	**RÉGION DU SUD-OUEST**		
	Seine	*Paris.*			
8. ILE-DE-FRANCE	Seine-et-Marne	*Melun.*		Hautes-Pyrénées	*Tarbes.*
	Oise	*Beauvais.*		Gers	*Auch.*
	Aisne	*Laon.*		Tarn-et-Garonne	*Montauban.*
			24. GUYENNE ET GASCOGNE	Aveyron	*Rodez.*
RÉGION DU NORD-EST				Lot	*Cahors.*
	Ardennes	*Mézières.*		Dordogne	*Périgueux.*
9. CHAMPAGNE	Marne	*Châlons-sur-Marne.*		Lot-et-Garonne	*Agen.*
	Aube	*Troyes.*		Gironde	*Bordeaux.*
	Haute-Marne	*Chaumont.*		Landes	*Mont-de-Marsan.*
	Meuse	*Bar-le-Duc.*	25. BÉARN	Basses-Pyrénées	*Pau.*
10. LORRAINE	Meurthe-et-Moselle	*Nancy.*	26. ANGOUMOIS, AUNIS ET SAINTONGE	Charente	*Angoulême.*
	Vosges	*Épinal.*		Charente-Inférieure	*La Rochelle.*
11. ALSACE	Territoire de Belfort	*Belfort.*		Vendée	*La Roche-sur-Yon.*
	Haute-Saône	*Vesoul.*	27. POITOU	Vienne	*Poitiers.*
12. FRANCHE-COMTÉ	Doubs	*Besançon.*		Deux-Sèvres	*Niort.*
	Jura	*Lons-le-Saunier.*			
	Ain	*Bourg.*	**RÉGION DU CENTRE**		
13. BOURGOGNE	Saône-et-Loire	*Mâcon.*			
	Côte-d'Or	*Dijon.*	28. TOURAINE	Indre-et-Loire	*Tours.*
	Yonne	*Auxerre.*		Loir-et-Cher	*Blois.*
			29. ORLÉANAIS	Eure-et-Loir	*Chartres.*
RÉGION DU SUD-EST				Loiret	*Orléans.*
	Loire	*Saint-Étienne.*	30. BERRI	Cher	*Bourges.*
14. LYONNAIS	Rhône	*Lyon.*		Indre	*Châteauroux.*
	Isère	*Grenoble.*	31. MARCHE	Creuse	*Guéret.*
15. DAUPHINÉ	Drôme	*Valence.*	32. LIMOUSIN	Haute-Vienne	*Limoges.*
	Hautes-Alpes	*Gap.*		Corrèze	*Tulle.*
16. SAVOIE	Savoie	*Chambéry.*	33. AUVERGNE	Cantal	*Aurillac.*
	Haute-Savoie	*Annecy.*		Puy-de-Dôme	*Clermont-Ferrand.*
17. COMTAT VENAISSIN	Vaucluse	*Avignon.*	34. BOURBONNAIS	Allier	*Moulins.*
			35. NIVERNAIS	Nièvre	*Nevers.*

— 22 —

N° 12. BASSIN DU RHÔNE (Carte politique)

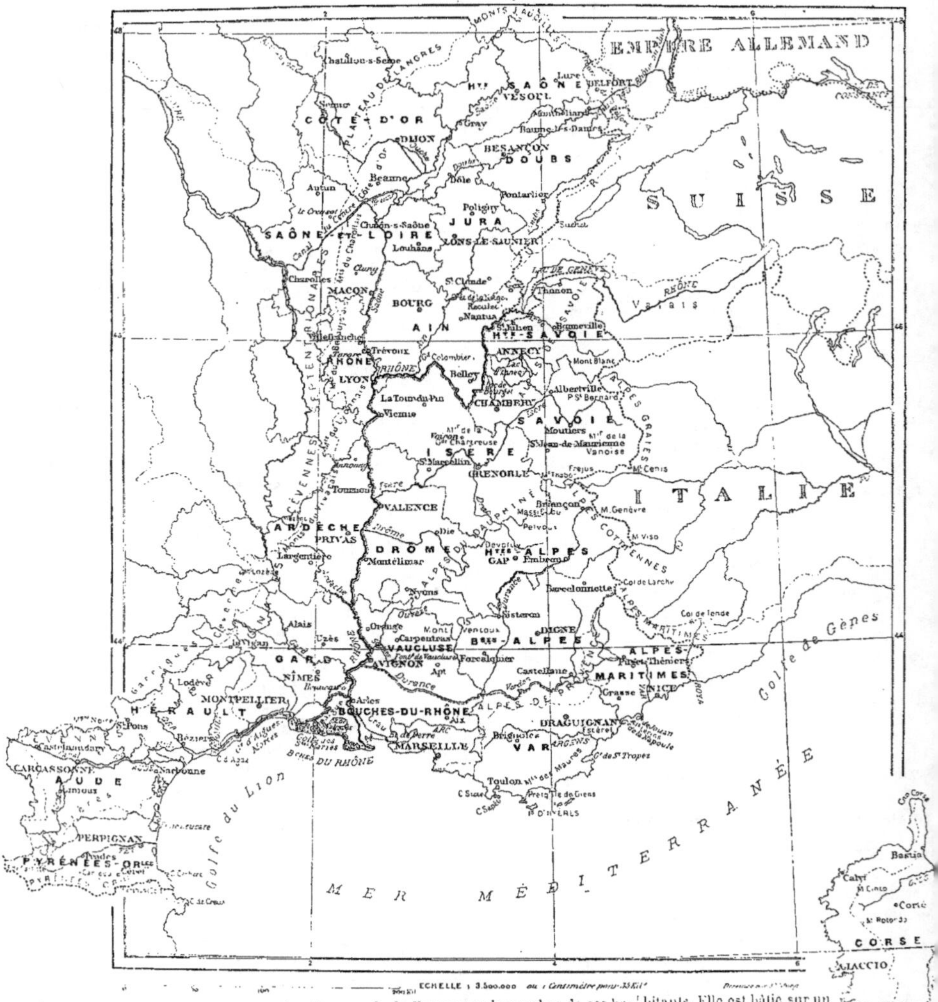

VIII - DÉPARTEMENTS ET VILLES DU BASSIN DU RHÔNE

(Voir la carte n° 12)

Vingt-trois départements et un territoire sont compris, en totalité ou en majeure partie, dans le bassin de la Méditerranée.

Dix sont bordés ou traversés par le fleuve.
Sur ces dix départements, quatre sont sur la rive droite :

1. AIN, dép. traversé par le Jura, arrosé aussi par l'Ain et la Saône. — Chef-lieu **Bourg**, en Bresse. — Chefs-lieux d'arrondissement : Gex ; Nantua ; Trévoux sur la Saône ; Belley.

2. RHÔNE, dép. traversé par les Cévennes. — Ch.-l. **Lyon** 372,000 hab. pour la population totale de la commune). La ville de Lyon est la seconde de France par le nombre de ses habitants. Elle est bâtie sur un terrain bas, étroit et allongé entre la Saône à l'ouest et le Rhône à l'est ; le confluent marque l'extrémité méridionale de la ville. Sa position a une grande importance militaire et commerciale, parce qu'elle commande les routes qui conduisent vers le nord de la France par la Saône, vers le sud par le Rhône, vers l'Italie par les vallées des Alpes ; c'est pourquoi les Romains l'avaient choisie pour y construire la métropole des Gaules. C'est aujourd'hui le centre principal de l'industrie de la soie en France et un foyer très actif d'industries diverses et de commerce. La ville est régulièrement bâtie dans ses quartiers neufs ; on y remarque

Lyon.

que les longs quais du Rhône, la place Bellecour, la place des Terreaux, la Bourse, la Préfecture, le palais Saint-Pierre. Au nord, la ville est dominée par le quartier de la Croix-Rousse, avec ses nombreux ateliers de soieries ; à l'ouest, de

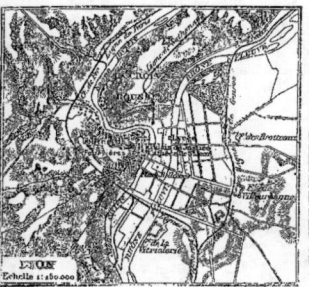
Plan de Lyon.

autre côté de la Saône, par la colline de Fourvières surmontée d'une remarquable église. A est, de l'autre côté du Rhône, les quartiers neufs de la Guillotière et des Brotteaux s'étendent dans une plaine. — Ch.-l. d'arrondissement : *Villefranche*. — Autre ville : *Tarare*, fabrique de mousseline.

3. ARDÈCHE, dép. couvert par les monts du Vivarais, arrosé aussi par l'Ardèche. — Ch.-l. **Privas**. — Ch.-l. d'arr.: *Tournon*, sur le Rhône ; *Largentière*. — Autre ville : *Annonay*, importante par ses papeteries.

4. GARD, dép. traversé par les Cévennes méridionales, arrosé aussi par le Gard. — Ch.-l. **Nîmes** (62,000 hab.), célèbre par son industrie et par ses monuments romains, dont le plus important est les Arènes. Toute la contrée est riche en souvenirs de l'antiquité : près de là, est

Pont du Gard.

le célèbre aqueduc romain connu sous le nom de Pont du Gard. — Ch.-l. d'arr. : *A'aïs*, importante par ses usines ; *Uzès* ; *le Vigan*. — Autre ville : *Beaucaire*, sur le Rhône.

Sur ces dix départements, six sont sur la rive gauche :

5. HAUTE-SAVOIE, dép. tout couvert par les Alpes, arrosé aussi par l'Arve. — Ch.-l. **Annecy**, au bord du lac. — Ch.-l. d'arr.: *Thonon*; *Saint-Julien*; *Bonneville*, sur l'Arve.

6. SAVOIE, dép. tout couvert par les Alpes, arrosé aussi par l'Isère. — Ch.-l. **Chambéry**. — Ch.-l. d'arr.: *Albertville* et *Moutiers*, sur l'Isère ; *Saint-Jean-de-Maurienne*.

7. ISÈRE, dép. couvert en partie par les Alpes, arrosé aussi par l'Isère et le Drac. — Ch.-l. **Grenoble** (30,000 hab.), place forte sur l'Isère. — Ch.-l. d'arr.: *La Tour-du-Pin* ; *Vienne*, sur le Rhône ; *Saint-Marcellin*. — Autre ville : *Voiron*, fabrique de toiles.

8. DRÔME, dép. en partie couvert par les Alpes, arrosé aussi par la Drôme et l'Isère. — Ch.-l. **Valence**, sur le Rhône. — Ch.-l. d'arr. : *Die*, sur la Drôme ; *Montélimar* ; *Nyons*.

9. VAUCLUSE, dép. couvert en partie par les Alpes et limité au sud par la Durance ; il doit son nom à la fontaine de Vaucluse. — Ch.-l. **Avignon**, sur le Rhône, ancienne résidence des papes. — Ch.-l. d'arr. : *Orange* ; *Carpentras* ; *Apt*.

10. BOUCHES-DU-RHÔNE, dép. comprenant le delta du Rhône, limité par la Durance, arrosé par l'Arc et baigné par la Méditerranée. — Ch.-l. **Marseille** (357,000 hab.)

Marseille.

Marseille, fondée dans l'antiquité par des Grecs, a toujours été un grand port. Elle sert de débouché au bassin du Rhône et est le principal marché du commerce de la France avec les pays de la Méditerranée. C'est une ville ornée de boulevards et de belles promenades et de plusieurs monuments remarquables, tels que la cathédrale et surtout le Château d'Eau.

Plan de Marseille.

La rue principale, comprenant l'avenue de Noailles et la Cannebière, débouche sur le Vieux port. Au sud, ce port est dominé par la colline et l'église de Notre-Dame-de-la-Garde ; au nord, il est continué par une série de bassins qu'abrite une longue digue et dont le premier est le port de la Joliette. On travaille à étendre et à améliorer les bassins de Marseille. — Ch.-l. d'arr. : *Arles*, sur le Rhône ; *Aix*, siège de la cour d'appel et de deux facultés.

Cinq départements et un territoire appartiennent au bassin de la Saône.

11. TERRITOIRE DE BELFORT, ch.-l. **Belfort**, seule partie de l'Alsace (dép. du Haut-Rhin) qui soit restée à la France en 1870.

12. HAUTE-SAÔNE, dép. arrosé par la Saône. — Ch.-l. **Vesoul**. — Ch.-l. d'arr. : *Lure* ; *Gray*, sur la Saône.

13. CÔTE-D'OR, dép. couvert en partie par la Côte d'or et le plateau de Langres, arrosé par la Saône, l'Ouche et la Seine. — Ch.-l.

Dijon (33,000 hab.), ancienne capitale de la Bourgogne. — Ch.-l. d'arr. : *Châtillon-sur-Seine* ; *Semur*, sur l'Armançon ; *Beaune*.

14. SAÔNE-ET-LOIRE, dép. couvert en partie par les monts du Charollais et du Morvan, arrosé par la Saône, la Dheune, l'Arroux et la Bourbince. — Ch.-l. **Mâcon**, sur la Saône. — Ch.-l. d'arr.: *Autun* ; *Châlon-sur-Saône* ; *Louhans* ; *Charolles*. — Autres villes : *le Creusot*, la plus importante usine à fer de France ; *Cluny*, école normale de l'enseignement secondaire spécial.

15. DOUBS, dép. couvert par le Jura, arrosé par le Doubs. — Ch.-l. **Besançon** (57,000 hab.), sur le Doubs, ville forte. — Ch.-l. d'arr. : *Montbéliard* ; *Baume-les-Dames* ; *Pontarlier*.

16. JURA, dép. couvert en partie par le Jura, arrosé par le Doubs et l'Ain. — Ch.-l. **Lons-le-Saunier**. — Ch.-l. d'arr.: *Dôle*, sur le Doubs ; *Poligny* ; *St-Claude*, important par ses fabriques d'objets en bois.

Quatre départements sont dans la région alpestre :

17. HAUTES-ALPES, dép. tout couvert par les Alpes, arrosé par la Durance. — Ch.-l. **Gap**. — Ch.-l. d'arr. : *Briançon* et *Embrun*, sur la Durance.

18. BASSES-ALPES, dép. tout couvert par les Alpes, arrosé par la Durance et le Verdon. — Ch.-l. **Digne**. — Ch.-l. d'arr. : *Barcelonnette* ; *Sisteron* ; *Forcalquier* ; *Castellane*, sur le Verdon.

19. VAR, dép. couvert par les Alpes, l'Estérel et les monts des Maures, baigné par la Méditerranée, arrosé par l'Argens. Il n'est plus arrosé par le Var depuis que l'arrondissement de Grasse en a été détaché (en 1860). — Ch.-l. **Draguignan**. — Ch.-l. d'arr. : *Brignoles* ; **Toulon** (69,000 hab.), port militaire de la France sur la Méditerranée. La ville est située au pied de la montagne du Faron, au fond d'une bonne rade qu'abrite la presqu'île de Sépet ; le port militaire, séparé du reste de la ville, renferme de vastes bassins et les ateliers de la marine.

20. ALPES-MARITIMES, dép. couvert par les Alpes, arrosé par le Var et la Roya, baigné par la Méditerranée. — Ch.-l. **Nice** (57,000 hab.), ancienne capitale du Comté, qui s'est beaucoup agrandie depuis qu'elle est française. Cette ville, située au pied des Alpes, sur la côte de la Méditerranée, attire de nombreux voyageurs l'hiver par la chaleur de son climat et la beauté du site. — Ch.-l. d'arr. : *Puget-Théniers*, sur le Var ; *Grasse*.

Trois départements appartiennent aux bassins secondaires de la rive droite et sont baignés par la Méditerranée :

21. HÉRAULT, dép. en partie couvert par les Cévennes méridionales, arrosé par l'Hérault et l'Orb. — Ch.-l. **Montpellier** (61,000 hab.). — Ch.-l. d'arr. : *Lodève*, fabrique de draps ; *Saint-Pons* ; *Béziers*.

22. AUDE, dép. en partie couvert par les Cévennes méridionales et les Corbières, arrosé par l'Aude. — Ch.-l. **Carcassonne**, remarquable par ses anciennes fortifications. — Ch.-l. d'arr. : *Castelnaudary* ; *Limoux*, sur l'Aude ; *Narbonne*.

23. PYRÉNÉES-ORIENTALES, dép. en partie couvert par les Pyrénées, arrosé par le Têt. — Ch.-l. **Perpignan**, sur le Têt, ville forte. — Ch.-l. d'arr. : *Prades*, sur le Têt ; *Céret*.

Un département dans une île :

24. CORSE, dép. formé par l'île de ce nom ; il est couvert de montagnes et arrosé par le Golo. — Ch.-l. **Ajaccio**, port de mer. — Ch.-l. d'arr. : *Bastia* et *Calvi*, ports de mer ; *Corte* ; *Sartène*.

N° 13. BASSIN DE LA GARONNE (Carte politique).

IV. — DÉPARTEMENTS ET VILLES DU BASSIN DE LA GARONNE
(Voir la carte n° 13)

Vingt départements sont compris, en totalité ou en majeure partie, dans le *bassin du golfe de Gascogne*.

Quatre départements sont arrosés par le fleuve :

1. HAUTE-GARONNE, dép. frontière, bordé par les Pyrénées, arrosé par l'Ariège. — Chef-lieu du département : **Toulouse** (136,000 hab.). Toulouse, bâtie au coude de la Garonne sur les deux rives du fleuve, en communication facile avec le bassin de la Méditerranée, était déjà une grande ville du temps des Romains ; elle a été au moyen âge une des capitales du Midi, florissante par le commerce et renommée par la culture des lettres. Elle est encore aujourd'hui un centre très important de commerce et d'études. — Chefs-lieux d'arrondissement : *Saint-Gaudens* et *Muret* sur la Garonne ; *Villefranche*. — Autre ville : *Bagnères de Luchon*, une des stations thermales les plus fréquentées des Pyrénées.

2. TARN-ET-GARONNE, dép. arrosé aussi par le Tarn et l'Aveyron. — Ch.-l. **Montauban**, sur le Tarn. — Ch.-l. d'arr. : *Moissac*, sur le Tarn ; *Castelsarrasin*.

3. LOT-ET-GARONNE, dép. arrosé aussi par le Lot, le Gers et la Baïse. — Ch.-l. **Agen**, sur la Garonne. — Ch.-l. d'arr. : *Nérac*, sur la Baïse ; *Villeneuve-sur-Lot* ; *Marmande*, sur la Garonne.

4. GIRONDE, dép. baigné par la mer, arrosé aussi par la Dordogne et l'Isle. — Ch.-l. **Bordeaux** (220,000 hab.). Bordeaux est, comme Toulouse, une ville importante dès l'antiquité ; c'est le grand port du bassin de la Garonne ; des navires d'un fort tonnage peuvent remonter, avec la marée, jusque-là. La ville, bâtie sur la rive gauche du fleuve et réunie par un beau pont au faubourg de la Bastide, qui est sur la rive droite, possède de larges quais animés par le mouvement du commerce maritime, et de vastes promenades. — Ch.-l. d'arr. : *Bazas*, *la Réole*, sur la Garonne ; *Libourne*, port sur la Dordogne ; *Blaye*, sur la Gironde ; *Lesparre*. — Autres localités : *Coutras* et *Castillon*, lieux célèbres par des batailles.

Deux départements sont arrosés par les affluents de la rive gauche :

5. HAUTES-PYRÉNÉES, dép. frontière, couvert en partie par les Pyrénées, arrosé par la Baïse, le Gers, l'Adour. — Ch.-l. **Tarbes**, sur l'Adour. — Ch.-l. d'arr. : *Argelès* ; *Bagnères-de-Bigorre*, sur l'Adour.

6. GERS, dép. arrosé par le Gers, la Baïse, l'Adour. — Ch.-l. **Auch**, sur le Gers. — Ch.-l. d'arr. : *Mirande* et *Condom*, sur la Baïse ; *Lectoure* ; *Lombez*.

Huit départements sont arrosés par les affluents de la rive droite :

7. ARIÈGE, dép. qui doit son nom à l'Ariège, couvert en partie par les Pyrénées. — Ch.-l. **Foix**, sur l'Ariège. — Ch.-l. d'arr. : *Pamiers* ; *Saint-Girons*.

8. LOZÈRE, dép. qui doit son nom au mont Lozère, arrosé par le Tarn, le Lot, l'Allier. — Ch.-l. **Mende**, sur le Lot. — Ch.-l. d'arr. : *Marvejols* ; *Florac*, sur le Tarn.

9. AVEYRON, dép. situé dans le Massif central, arrosé par le Lot, le Tarn et l'Aveyron. — Ch.-l. **Rodez**, sur l'Aveyron. — Ch.-l. d'arr. : *Espalion*, sur le Lot ; *Villefranche*, sur l'Aveyron ; *Millau*, sur le Tarn ; *Saint-Affrique*. — Autres localités : *Aubin* et *Decazeville* important par la houille et le fer ; *Roquefort*, célèbre par ses fromages.

10. TARN, situé dans le Massif central, arrosé par le Tarn et l'Agout. — Ch.-l. **Albi**, sur le Tarn. — Ch.-l. d'arr. : *Gaillac*, sur le Tarn ; *Castres* et *Lavaur*, sur l'Agout. — Autres localités : *Carmaux*, bassin houiller ; *Mazamet*, fabriques de draps.

11. LOT, situé dans le Massif central. — Ch.-l. **Cahors**, sur le Lot. — Ch.-l. d'arr. : *Gourdon* ; *Figeac*.

12. CANTAL, dép. qui doit son nom à une des principales montagnes de l'Auvergne. — Ch.-l. **Aurillac**. — Ch.-l. d'arr. : *Mauriac* ; *Murat* ; *Saint-Flour*.

13. CORRÈZE, dép. situé dans le Massif central, arrosé par la Dordogne, la Corrèze et la Vézère. — Ch.-l. **Tulle**, sur la Corrèze. — Ch.-l. d'arr. : *Ussel* ; *Brive*, sur la Corrèze.

14. DORDOGNE, dép. arrosé par la Dordogne, la Vézère, l'Isle. — Ch.-l. **Périgueux**, sur l'Isle. — Ch.-l. d'arr. : *Nontron* ; *Ribérac* ; *Sarlat* ; *Bergerac*, sur la Dordogne.

Deux départements sont dans le bassin de l'Adour :

15. BASSES-PYRÉNÉES, dép. frontière, baigné par la mer et bordé par les Pyrénées. — Ch.-l. **Pau**, sur le gave de Pau. — Ch.-l. d'arr. : *Mauléon* ; *Oloron* ; *Orthez* ; *Bayonne*. — Autre localité : *Eaux-Bonnes*, eaux minérales.

16. LANDES, dép. baigné par la mer ; il a son nom à cause des vastes landes dont il est en partie formé. — Ch.-l. **Mont-de-Marsan**, sur la Midouze. — Ch.-l. d'arr. : *Saint-Sever* et *Dax*, sur l'Adour.

Quatre départements appartiennent aux bassins secondaires situés au nord de la Garonne :

17. CHARENTE, dép. arrosé par la Charente et la Vienne. — Ch.-l. **Angoulême**, sur Charente. — Ch.-l. d'arr. : *Ruffec* ; *Confolens*, sur la Vienne ; *Cognac*, sur la Charente ; *Barbezieux*.

18. CHARENTE-INFÉRIEURE, dép. baigné par la mer, arrosé par la Charente. — Ch.-l. **La Rochelle**, port de mer. — Ch.-l. d'arr. : *Saint-Jean-d'Angely* ; *Saintes* et *Rochefort*, sur la Charente ; *Marennes*, port de mer ; *Jonzac*. — Autre localité : *Tonnay-Charente*, commerce d'eau-de-vie.

19. DEUX-SÈVRES, dép. arrosé par Sèvre Niortaise et la Sèvre Nantaise. — Ch.-l. **Niort**, sur la Sèvre Niortaise. — Ch.-l. d'arr. : *Bressuire* ; *Parthenay* ; *Melle*. — Autre localité : *Chizé*, bataille de la guerre de Cent ans.

20. VENDÉE, dép. baigné par la mer, arrosé par la Vendée. — Ch.-l. **La Roche-sur-Yon**, sur l'Yon. — Ch.-l. d'arr. : *Les Sables-d'Olonne*, port de mer ; *Fontenay-le-Comte*, sur la Vendée. — Autre localité : *Luçon*, ancien évêché.

— 23 —

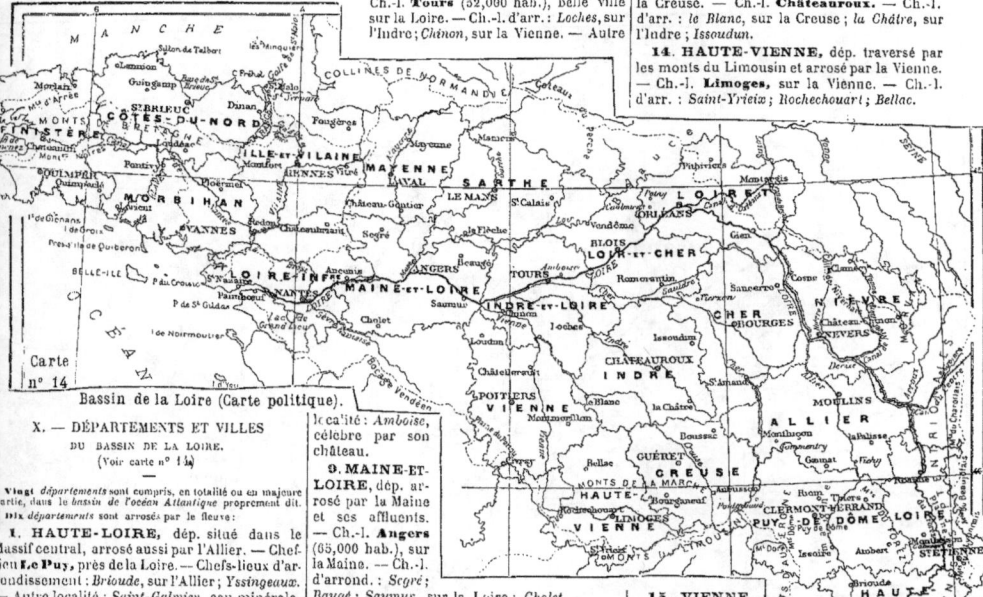

Carte n° 14. Bassin de la Loire (Carte politique).

Nantes.

X. — DÉPARTEMENTS ET VILLES DU BASSIN DE LA LOIRE.
(Voir carte n° 14.)

Vingt départements sont compris, en totalité ou en majeure partie, dans le bassin de l'océan Atlantique proprement dit.

Dix départements sont arrosés par le fleuve :

1. HAUTE-LOIRE, dép. situé dans le Massif central, arrosé aussi par l'Allier. — Chef-lieu **Le Puy**, près de la Loire. — Chefs-lieux d'arrondissement : *Brioude*, sur l'Allier ; *Yssingeaux*. — Autre localité : *Saint-Galmier*, eau minérale.

2. LOIRE, dép. bordé par les monts du Forez. — Ch.-l. **Saint-Étienne** (120,000 hab.). Saint-Étienne était au siècle dernier une petite bourgade. L'exploitation de la houille en a fait un grand centre d'industries métallurgiques et a contribué à y développer le tissage des rubans de soie. La ville est plus remarquable par l'activité de sa population que par ses monuments. — Ch.-l. d'arr. : *Montbrison*, autrefois chef-lieu du département ; *Roanne*, sur la Loire.

3. ALLIER, dép. arrosé aussi par l'Allier et le Cher. — Ch.-l. **Moulins**, sur l'Allier. — Ch.-l. d'arr. : *Gannat* ; *la Palisse* ; *Montluçon*, sur le Cher. — Autres localités : *Vichy*, important par ses eaux minérales ; *Commentry*, par ses forges.

4. NIÈVRE, dép. traversé par les monts du Morvan et les collines du Nivernais, arrosé aussi par l'Allier, la Nièvre, l'Yonne. — Ch.-l. **Nevers**, au confluent de la Loire et de la Nièvre. — Ch.-l. d'arr. : *Cosne*, sur la Loire ; *Château-Chinon* ; *Clamecy*, sur l'Yonne. — Autre localité : *Decize*, bassin houiller.

5. CHER, dép. bordé par la Loire et l'Allier, arrosé par le Cher. — Ch.-l. **Bourges**. — Ch.-l. d'arr. : *Saint-Amand*, sur le Cher ; *Sancerre*. — Autre localité : *Vierzon*, ville de fabriques.

6. LOIRET, dép. arrosé aussi par le Loiret et le Loing. — Ch.-l. **Orléans** (57,000 hab.), situé au point le plus septentrional du cours de la Loire. — Ch.-l. d'arr. : *Gien*, sur la Loire ; *Montargis*, sur le Loing ; *Pithiviers*. — Autres localités : *Patay* et *Coulmiers*, souvenirs militaires.

7. LOIR-ET-CHER, dép. arrosé aussi par le Loir et le Cher. — Ch.-l. **Blois**, avec un château sur la Loire. — Ch.-l. d'arr. : *Vendôme*, sur le Loir ; *Romorantin*.

8. INDRE-ET-LOIRE, dép. arrosé aussi par le Cher, l'Indre, la Vienne, la Creuse. — Ch.-l. **Tours** (32,000 hab.), belle ville sur la Loire. — Ch.-l. d'arr. : *Loches*, sur l'Indre ; *Chinon*, sur la Vienne. — Autre localité : *Amboise*, célèbre par son château.

9. MAINE-ET-LOIRE, dép. arrosé par la Maine et ses affluents. — Ch.-l. **Angers** (65,000 hab.), sur la Maine. — Ch.-l. d'arrond. : *Segré* ; *Baugé* ; *Saumur*, sur la Loire ; *Cholet*.

10. LOIRE-INFÉRIEURE, dép. baigné par la mer, arrosé aussi par la Sèvre Nantaise. — Ch.-l. **Nantes** (122,000 hab.). Nantes, ancienne capitale de la Bretagne, ville située sur la rive droite de la Loire, à un endroit où la marée permet aux bâtiments de remonter le fleuve. Le quai, qui sert de port, est le centre du mouvement commercial ; maisons et les maisons se sont étendues sur les îles du sud et en couvrent une grande partie. — Ch.-l. d'arr. : *Châteaubriant* ; *Ancenis* ; *Saint-Nazaire* et *Paimbœuf*, sur la Loire.

Cinq départements appartiennent aux bassins des affluents de la rive gauche :

11. PUY-DE-DÔME, dép. qui doit son nom à un des principaux sommets des montagnes d'Auvergne, arrosé par l'Allier. — Ch.-l. **Clermont-Ferrand**. — Ch.-l. d'arr. : *Issoire* ; *Ambert* ; *Thiers* ; *Riom*. — Autre localité : *Pontgibaud*, mine de plomb.

12. CREUSE, dép. compris en partie dans le Massif central et arrosé par la Creuse. — Ch.-l. **Guéret**. — Ch.-l. d'arr. : *Bourganeuf* ; *Aubusson*, sur la Creuse ; *Boussac*.

13. INDRE, dép. arrosé par l'Indre et la Creuse. — Ch.-l. **Châteauroux**. — Ch.-l. d'arr. : *le Blanc*, sur la Creuse ; *la Châtre*, sur l'Indre ; *Issoudun*.

14. HAUTE-VIENNE, dép. traversé par les monts du Limousin et arrosé par la Vienne. — Ch.-l. **Limoges**, sur la Vienne. — Ch.-l. d'arr. : *Saint-Yrieix* ; *Rochechouart* ; *Bellac*.

15. VIENNE, dép. arrosé par la Vienne, le Clain, la Charente. — Ch.-l. **Poitiers** (63,000 hab.), sur le Clain, ville dans les environs de laquelle de grandes batailles ont été livrées au moyen âge. — Ch.-l. d'arr. : *Civray*, sur la Charente ; *Montmorillon* ; *Châtellerault*, sur la Vienne ; *Loudun*.

Deux départements appartiennent aux bassins des affluents de droite :

16. SARTHE, dép. arrosé par la Sarthe et le Loir. — Ch.-l. **le Mans** (55,000 hab.), sur la Sarthe. — Ch.-l. d'arr. : *Mamers* ; *Saint-Calais* ; *la Flèche*, sur le Loir.

17. MAYENNE, dép. arrosé par la Mayenne. — Ch.-l. **Laval**, sur la Mayenne. — Ch.-l. d'arr. : *Mayenne* et *Château-Gontier*, sur la Mayenne.

Trois départements appartiennent aux bassins de la Bretagne :

18. ILLE-ET-VILAINE, dép. baigné par la Manche, arrosé par la Vilaine, l'Ille et la Rance. — Ch.-l. **Rennes** (60,000 hab.), sur la Vilaine. — Ch.-l. d'arr. : *Saint-Malo*, port à l'embouchure de la Rance ; *Fougères* ; *Montfort* ; *Vitré* et *Redon*, sur la Vilaine.

19. MORBIHAN, dép. baigné par l'Océan, tirant son nom du golfe dit Morbihan, arrosé par la Vilaine, l'Oust, le Blavet. — Ch.-l. **Vannes**. — Ch.-l. d'arr. : *Ploërmel* ; *Pontivy* et *Lorient*, port militaire, sur le Blavet. — Autre localité : *Auray*, pèlerinage célèbre.

20. FINISTÈRE, dép. baigné de trois côtés par la mer et ainsi nommé parce qu'il est situé pour ainsi dire à la fin de la terre. — Ch.-l. **Quimper**. — Ch.-l. d'arr. : *Quimperlé* ; *Châteaulin*, sur l'Aulne ; **Brest** (64,000 hab.), un des cinq ports militaires de France ; *Morlaix*, port de mer.

E. Levasseur. — ATLAS-SCOLAIRE.

N° 15. BASSIN DE LA SEINE ET DE LA MER DU NORD (Carte politique)

XI. DÉPARTEMENTS & VILLES DU BASSIN DE LA MANCHE
(Voir la carte n° 15)

Dix-sept départements sont, en totalité ou en partie, compris dans le bassin de la Manche.

Six départements sont arrosés par la Seine (sans compter la Côte-d'Or. — Voir le bassin du Rhône).

1. AUBE, dép. arrosé aussi par l'Aube. — Chef-lieu **Troyes**, sur la Seine. — Chefs-lieux d'arrondissement : *Bar-sur-Aube ; Arcis-sur-Aube ; Bar-sur-Seine ; Nogent-sur-Seine*.

2. SEINE-ET-MARNE, dép. arrosé aussi par la Marne et l'Yonne. — Ch.-l. **Melun**, sur la Seine. — Ch.-l. d'arr. : *Meaux*, sur la Marne ; *Coulommiers ; Provins ; Fontainebleau*, remarquable par son château et par sa belle forêt. — Autre ville : *Montereau*, au confluent de la Seine et de l'Yonne, célèbre par la bataille de 1814.

3. SEINE-ET-OISE, dép. arrosé aussi par la Marne, l'Oise, l'Epte et le Loing. — Ch.-l. **Versailles**, ancienne résidence des rois de France et du gouvernement républicain en 1871 ; célèbre par son château, son parc et son musée. — Ch.-l. d'arr. : *Pontoise*, sur l'Oise ; *Corbeil* et *Mantes* sur la Seine ; *Rambouillet ; Etampes*.

4. SEINE, dép. arrosé aussi par la

Vue de Paris.

Marne. — Ch.-l. **Paris**, capitale de la France.

— Ch.-l. d'arr. : *Saint-Denis*, sur la Seine, remarquable par son église et par ses usines ; *Sceaux*.

Paris (2,225,000 habitants), est la ville la plus peuplée de l'Europe

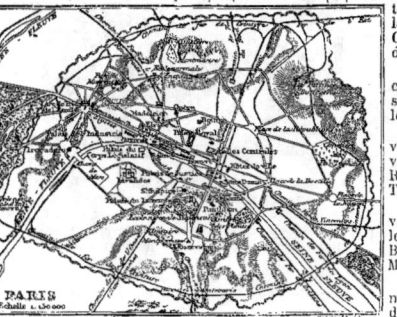

PARIS
Échelle 1:130 000
Plan de Paris.

après Londres ; c'est la ville la plus renommée par ses monuments, par ses collections artistiques, par les ressources variées qu'elle offre à l'étude, à l'industrie et au commerce.

La Seine, qui traverse Paris de l'est à l'ouest, divise la ville en deux parties inégales : la rive gauche et la rive droite ; elle forme un arc de cercle et enveloppe plusieurs îles. La principale, la *Cité*, contenait tout Paris au commencement du moyen âge : on y trouve aujourd'hui le Palais de justice, avec la Sainte-Chapelle, et Notre-Dame, une des plus belles cathédrales de France.

Paris a la forme d'une ellipse, entourée d'une enceinte fortifiée. Les anciens boulevards extérieurs, les boulevards intérieurs et le boulevard Saint-Germain y forment deux ellipses intérieures. De grandes avenues traversent la ville dans plusieurs sens ; la plus remarquable est l'avenue des Champs-Élysées qui fait suite à la place de la Concorde et au jardin des Tuileries.

Les principaux édifices de la rive gauche sont le Panthéon, la Sorbonne, l'Observatoire, le Luxembourg, Saint-Sulpice, le palais du Corps Législatif, les Invalides.

Ceux de la rive droite sont : l'Hôtel de ville, nouvellement reconstruit ; le Louvre, avec ses riches musées ; le Palais Royal, la Madeleine, l'Opéra, l'Arc de Triomphe de l'Étoile.

Aux quatre extrémités de Paris sont de vastes parcs : le bois de Boulogne à l'ouest, le bois de Vincennes à l'est, le parc des Buttes-Chaumont au nord, le parc de Montsouris au sud.

Paris est divisé en vingt arrondissements. Comme capitale, Paris est le siège de toutes les grandes administrations ; est aussi le foyer le plus actif de la science et de l'étude et le centre le plus important du commerce et de l'industrie en France.

Cinq grands réseaux de chemin de fer y ont leur point de départ.

5. EURE, dép. arrosé aussi par l'Epte, l'Eure, la Rille. — Ch.-l. **Évreux**, sur l'Iton. — Ch.-l. d'arr. : *Les Andelys ; Pont-Audemer*, sur la Rille *Louviers*, sur l'Eure, fabriques de draps ; *Bernay*

6. SEINE-INFÉRIEURE, dép. arrosé aussi par l'Arques et baigné par la Manche. — Ch.-l. **Rouen** (104,000 habitants). Rouen port situé sur la Seine, à 120 kilomètres de l'embouchure du fleuve, à un point où la marée se fait sentir et facilite aux navires la remonte du fleuve, est l'ancienne capitale de la Normandie. Rouen possède de beaux monuments du moyen âge. Elle est aujourd'hui le centre principal de l'industrie du coton et une

Rouen.

des plus grandes places de commerce de la France. — Ch.-l. d'arr. : **Dieppe**, port de mer; *Neufchâtel*; *Yvetot*; **le Havre**, situé à l'embouchure de la Seine, le port de commerce le plus

Le Havre.

important de France après Marseille. — Autres localités : *Eu*, célèbre par son château ; *le Tréport*, bains de mer ; *Fécamp*, port de mer; *Elbeuf*, fabrique de draps.

Deux départements sont arrosés seulement par des affluents de la rive gauche :

7. YONNE, dép. formé en partie par le Morvan, arrosé par l'Yonne et l'Armançon. — Ch.-l. **Auxerre**, sur l'Yonne. — Ch.-l. d'arr. : *Sens*, archevêché, sur l'Yonne ; *Joigny*, sur l'Yonne ; *Tonnerre*, sur l'Armançon ; *Avallon*.

8. EURE-ET-LOIR, dép. faisant partie de la grande plaine de Beauce, arrosé par l'Eure et par le Loir (bassin de la Loire). — Ch.-l. **Chartres**, sur l'Eure. — Ch.-l. d'arr. : *Dreux*; *Nogent-le-Rotrou*; *Châteaudun*, sur le Loir.

Quatre départements sont arrosés seulement par des affluents de la rive droite :

9. MARNE, dép. formé en partie par la plaine de Champagne, arrosé par la Marne et l'Aisne. — Ch.-lieu **Châlons-sur-Marne**. — Ch.-l. d'arrondissement : *Reims* (93,000 hab.), archevêché, ville célèbre par sa belle cathédrale, par ses nombreuses fabriques de tissus de laines et par son vin de Champagne ; *Sainte-Ménehould*, sur l'Aisne ; *Épernay* et *Vitry-le-François*, sur la Marne.

Cathédrale de Reims.

10. HAUTE-MARNE, dép. formé en partie par le plateau de Langres, arrosé par la Marne, l'Aube et la Meuse. — Ch.-l. **Chaumont**. — Ch.-l. d'arr. : *Vassy* ; *Langres*, position militaire importante. — Autre ville : *Saint-Dizier*, important par ses usines à fer.

11. AISNE, dép. arrosé par l'Oise, l'Aisne, la Somme, la Marne. — Ch.-l. **Laon**, situé sur une éminence, remarquable par sa forte position et par sa belle cathédrale. — Ch.-l. d'arr. : **Saint-Quentin**, sur la Somme, ville très importante par ses fabriques de cotonnades et par ses blanchisseries ; *Vervins* ; *Soissons* sur l'Aisne ; *Château-Thierry* sur la Marne. — Autres localités : *Saint-Gobain* et *Chauny*, manufacture de glaces et de produits chimiques.

12. OISE, dép. arrosé par l'Oise et l'Aisne. — Ch.-l. **Beauvais**, qui possède une grande fabrique de tapis. — Ch.-l. d'arr. : *Clermont* ; *Compiègne* sur l'Oise ; *Senlis*.

Quatre départements font partie des bassins secondaires situés à l'ouest de la Seine :

13. CÔTES-DU-NORD, dép. traversé par les monts de Bretagne, baigné par la Manche et arrosé par la Rance. — Ch.-l. **Saint-Brieuc**, près de la mer. — Ch.-l. d'arr.: *Lannion* ; *Guingamp* ; *Loudéac* ; *Dinan*, sur la Rance.

14. MANCHE, dép. formé par la presqu'île du Cotentin, baigné de trois côtés par la Manche. — Ch.-l. **Saint-Lô**, sur la Vire. — Ch.-l. d'arr. : **Cherbourg**, le port militaire de la France sur la Manche, remarquable par ses ateliers de la marine et par la grande digue qui abrite la rade et qui a été construite à grands frais en pleine mer entre l'île Pelée et

Plan de Cherbourg, au 150000e (c'est-à-dire que 1 millimètre sur la carte représente 150 mètres, sur le terrain, 1 centimètre pour 1 kilomètre 1/2).

le fort de Querqueville ; *Valognes* ; *Coutances* ; *Avranches* ; *Mortain*. — Autre ville : *Granville*, port de mer.

15. CALVADOS, dép. qui doit son nom aux rochers du Calvados ; il est baigné par la Manche, traversé par les collines de Normandie, arrosé par la Vire, l'Orne, la Dives, la Touques. — Ch.-l. **Caen**, sur l'Orne. — Ch.-l. d'arr. : *Bayeux*, *Vire*, *Pont-l'Évêque* ; *Falaise*. — Autres localités : *Trouville*, *Cabourg*, bains de mer.

16. ORNE, dép. traversé par les collines de Normandie, baigné par l'Orne, la Sarthe. — Ch.-l. **Alençon**, sur la Sarthe. — Ch.-l. d'arr. : *Argentan*, sur l'Orne ; *Domfront* ; *Mortagne*. — Autres villes : *Flers*, important par ses fabriques de cotonnades ; *Séez*, évêché ; *Laigle*, fabrique d'aiguilles.

Un département fait partie des bassins secondaires situés au nord de la Seine :

17. SOMME, dép. baigné par la Manche, arrosé par la Somme. — Ch.-l. **Amiens** (73,000 hab.), sur la Somme, grande ville d'industrie, possède une très remarquable cathédrale. — Ch.-l. d'arr. : *Abbeville* et *Péronne*, sur la Somme ; *Doullens* ; *Montdidier*.

XII. — DÉPARTEMENTS & VILLES DES BASSINS DU NORD
(Voir la carte n° 15)

Six départements sont, en totalité ou en majeure partie, dans les bassins de la mer du Nord.

Deux appartiennent au bassin de l'Escaut.

1. PAS-DE-CALAIS, baigné par la mer, arrosé par la Lys et la Scarpe. — Ch.-l. **Arras**, sur la Scarpe. — Ch.-l. d'arr. : **Boulogne**, port de mer, *Saint-Omer* ; *Béthune* ; *Montreuil* ; *Saint-Pol*. — Autres villes : *Calais*, port que des services journaliers de bateaux à vapeur mettent en communication régulière avec l'Angleterre ; *Saint-Pierre-lès-Calais*, fabrique de tulle.

2. NORD, dép. frontière, baigné par la mer du Nord, arrosé par l'Escaut et par la Sambre. — Ch.-l. **Lille** (177,000 habitants). Lille est une ville forte protégée par une citadelle ; elle est bâtie dans une plaine fertile, et possède de nombreuses voies de communications par canaux et par chemins de fer ; elle est remarquable non par ses monuments, mais par ses riches industries du lin, du coton, des machines et par l'importance de son commerce. — Ch.-l. d'arr. : **Dunkerque**, le principal port de la France sur la mer du Nord ; *Hazebrouck* ; *Douai*, sur la Scarpe ; *Valenciennes*, sur l'Escaut ; *Cambrai*, archevêché, sur l'Escaut ; *Avesnes*. — Autres villes : *Armentières*, **Roubaix** (90,000 hab.) ; *Tourcoing* (30,000 hab.), qui possèdent de nombreux ateliers de filature et de tissage de laine ; *Denain*, *Maubeuge*, importants par leurs fabriques et leurs usines.

Deux départements appartiennent au bassin de la Meuse.

3. MEUSE, dép. frontière, arrosé par la Meuse et l'Ornain. — Ch.-l. **Bar-le-Duc**. — Ch.-l. d'arr. : *Montmédy* ; *Verdun* et *Commercy*, sur la Meuse.

4. ARDENNES, dép. frontière, arrosé par la Meuse et l'Aisne. — Ch.-l. **Mézières**, sur la Meuse. — Ch.-l. d'arr. : *Rocroi*, célèbre par la victoire de Condé en 1643 ; *Sedan*, sur la Meuse, ville rendue fameuse par la défaite de 1870, importante par ses fabriques de draps ; *Rethel* et *Vouziers*, sur l'Aisne.

Deux sont dans le bassin de la Moselle.

5. VOSGES, dép. frontière bordé par les Vosges et les Faucilles, arrosé par la Moselle, la Meurthe, la Saône et la Meuse. — Ch.-l. **Épinal**, sur la Moselle, fabrique de cotonnades. — Ch.-l. d'arr. : *Neufchâteau* sur la Meuse ; *Mirecourt* ; *Remiremont* sur la Moselle ; *Saint-Dié*, sur la Meurthe.

6. MEURTHE-ET-MOSELLE, dép. frontière, arrosé par la Meurthe et la Moselle. — Ch.-l. **Nancy** (71,000 hab.), sur la Meurthe, ancienne capitale de la Lorraine, importante par son industrie et par ses établissements scientifiques et littéraires. — Ch.-l. d'arr. : *Briey* ; *Toul*, sur la Moselle ; *Lunéville*, sur la Meurthe.

Avant la guerre de 1870, la France possédait :

1° La Lorraine septentrionale qui formait le dép. de la *Moselle*, ch.-l. **Metz** ;

2° L'Alsace qui formait les départements du *Haut-Rhin*, ch.-l. *Colmar* et du *Bas-Rhin*, ch.-lieu **Strasbourg**.

Ces parties du territoire français sont devenues aujourd'hui des dépendances de l'Empire allemand, ainsi qu'un canton du département des Vosges.

De l'Alsace, la France ne possède plus que le Territoire de Belfort qui appartient au bassin du Rhône.

Carte muette pour l'étude de la France politique, économique et administrative.

QUESTIONNAIRE

35e à 45e Leçon. — Qu'entend-on par les anciennes provinces de France ? — Quelles divisions administratives y a-t-il entre le département et la commune ? — Montrez sur la carte et nommez les provinces du nord et du nord-ouest. — Quels sont les départements formés de l'ancienne Bretagne ? — Quel est le chef-lieu du département de l'Aisne ? — Et Saint-Étienne ? — Nommez les départements riverains de la Manche en allant du nord au sud. — Dans quelle province était l'Allier ? — Quels sont les départements traversés par le Doubs ? — Quels sont le chef-lieu et les sous-préfectures du département de Saône-et-Loire ? — Y a-t-il d'autres localités importantes dans le département ? — Toutes les sous-préfectures du département de Saône-et-Loire sont-elles dans le bassin du Rhône ? — Nommez et montrez sur la carte muette le chef-lieu et les sous-préfectures du département de l'Isère. — Quels sont les départements arrosés par le Lot ? — D'où vient le nom de département du Tarn-et-Garonne ? — Nommez et montrez sur la carte muette la préfecture et les sous-préfectures des Basses-Pyrénées ? — Montrez sur la carte muette et nommez les villes arrosées par le Tarn. — Nommez la préfecture et les sous-préfectures du département d'Indre-et-Loire. — De la Sarthe. — Sur quel cours d'eau sont le Mans et Laval ? — Dans quel département est Romorantin ? — Quel est le chef-lieu que l'Indre arrose ? — Nommez et montrez les départements que la Seine arrose depuis sa source. — Quels sont les cours d'eau qui arrosent la Haute-Marne ? — Quels sont les départements du bassin de la Manche dont une partie appartient au bassin de la Loire ? — Sur quel cours d'eau est Auxerre ? — Quelles autres villes y a-t-il sur l'Yonne dans le bassin de la Seine ? — Qu'est-ce qu'Avesnes ?

46e, 47e, 48e Leçon. — Nommez les climats de la France. — Quel est le caractère du climat armoricain ? — Quelles sont les céréales cultivées en France ? — A quoi sert principalement la betterave et où la cultive-t-on ? — Nommez les grandes régions de vignobles. — Dans quelle partie de la France les pommiers à cidre sont-ils nombreux ? — Où trouve-t-on le plus de chevaux ? — Quelles sont les régions et les localités les plus importantes par leurs eaux thermales et minérales ? — Citez une région où l'on exploite beaucoup de marbre. — Où est situé le bassin houiller de la Loire ? — Qu'est-ce que le bassin de Montluçon ? — Quels sont les principaux centres de l'industrie de la soie ? — Pourquoi l'industrie de la soie est-elle exercée principalement à Lyon et dans les départements voisins ?

49e, 50e, 51e, 52e Leçon. — Montrez le canal des Ardennes et dites quels cours d'eau il fait communiquer. — Qu'est-ce que le canal du Centre ? — Nommez les chefs-lieux de département que desservent les chemins de fer de l'Est. — Quels chemins de fer aboutissent à Cette ? — Quels chemins de fer suivrez-vous et par quels chefs-lieux passerez-vous pour aller du Havre à Marseille ? — Qu'est-ce que le bolage ? — Où est situé le port de Bayonne ? — Quels sont les deux principaux ports de la Loire ? — Quelle est la valeur totale du commerce français ?

53e, 54e Leçon. — Quelles sont les régions militaires situées au nord de la Loire ? — Quel est le chef-lieu de la 1re division territoriale ? — Regardez sur la carte écrite et dites quels sont les corps d'armée dont la circonscription s'étend jusqu'à Paris.
— Qu'est-ce qu'un arrondissement maritime ? — Qu'est-ce que Cherbourg ? — Quelles sont les attributions du juge de paix ? — Regardez sur la carte écrite et nommez les départements qui sont du ressort de la cour d'appel de Paris. — De quel Conseil d'appel ressortit le département de la Vendée ? — Nommez les académies qui sont situées en totalité ou en partie dans le bassin de la Garonne. — Nommez les archevêchés dont les provinces s'étendent jusque sur la frontière nord et nord-est de la France. — Quels sont les départements compris dans la province de Chambéry ?

GÉOGRAPHIE ÉCONOMIQUE

XIII. AGRICULTURE (Voir la carte n° 16)

Le *climat* de la France est généralement doux : la *température moyenne* est d'environ 11 *degrés* centigrades au-dessus de zéro.

N° 16. — Carte agricole.

Nota. — Les cartes n°s 16, 17, 19, 20, 21, 22, 23, sont à l'échelle de 1 : 11,000,000, soit 1 millimètre pour 14 kilomètres.

Cependant il y a de notables différences entre les régions. Au nord-ouest, le *climat armoricain* est le plus *tempéré* et le plus humide, à cause du voisinage de la mer ; au nord-est, le *climat vosgien* est le plus froid en hiver. Entre les deux, le *climat séquanien* est tempéré, mais médiocrement pluvieux. Au sud-est le *climat rhodanien* est très pluvieux *dans les montagnes* ; au sud, le *climat méditerranéen* est le plus chaud de tous ; au sud-ouest, le *climat girondin* occupe le second rang sous ce rapport. Au centre, le *climat du Massif central* est froid, à cause de l'altitude du sol.

La France est un des États de l'Europe où l'agriculture est le plus florissante.

Sur terres arables, elle récolte beaucoup de *céréales* : environ 100 millions d'hectolitres de froment et 80 millions d'hectolitres d'*avoine*. Le *seigle*, l'*orge*, le *sarrasin*, le *maïs* sont récoltés en moindre quantité.

La *pomme de terre*, les *légumes*, les *fruits* sont du nombre des richesses agricoles.

Les *régions du nord-ouest et du nord*, depuis la Loire jusqu'à la frontière de Belgique, sont celles où la production agricole est la plus abondante. En second lieu, viennent la région de la Basse-Loire, la plaine de la Saône, celles du Dauphiné, la vallée de la Garonne. C'est surtout dans cette dernière région que le *maïs* est cultivé.

Les principales plantes industrielles sont : la *betterave*, cultivée dans la *région du nord* pour la fabrication du sucre ; le *colza*, avec la graine duquel on fait de l'huile et qu'on cultive en Normandie ; le *lin* et le *chanvre*, cultivés surtout dans les régions du nord-ouest et du nord pour la fabrication du fil.

La *vigne* donne le vin. C'est une des richesses caractéristiques de l'agriculture française. Les grandes régions de vignobles sont : la **Bourgogne** (*Côte-d'Or, Mâconnais, Beaujolais*, etc.), la **vallée du Rhône**, le **Midi** (*Hérault, Roussillon, Provence*, etc.), la **Guyenne et Gascogne** (*vin de Bordeaux, eau-de-vie d'Armagnac*, etc.), les **Charentes** (*eau-de-vie de Cognac*, etc), le *Centre* avec les coteaux de la Loire, la **Champagne** (vins mousseux).

Les *pommiers à cidre* sont nombreux, surtout dans le *nord-ouest*.

La **bière**, fabriquée avec l'orge et le *houblon*, est une boisson très usitée dans le *nord* et dans *les grandes villes*.

Le *châtaignier* pousse surtout dans le *centre* ; l'*olivier*, sur les bords de la Méditerranée ; le *mûrier*, dans le bassin de la Méditerranée. La feuille du mûrier nourrit les **vers à soie**.

La France a beaucoup de *forêts*, surtout dans la **région du nord-est**, dans **les montagnes** et dans les **Landes**.

Le *bétail* contribue beaucoup à la richesse de la terre. Il faut des prairies pour le nourrir. Les **prairies naturelles** se trouvent surtout dans les régions humides de l'*ouest*, du *nord-ouest* et du *Massif central*, ainsi que dans les *vallées*. Les **prairies artificielles**, qu'on crée en semant le trèfle ou la luzerne sur les terres arables, se trouvent surtout dans l'*ouest* et le *nord*.

Les régions les plus riches en bétail sont :
Pour les **chevaux** : le **nord-ouest** (*Normandie, Perche*, etc.) et le *nord* ; pour les *ânes*, le *sud-ouest* ; pour les *mulets*, le *Poitou*.
Pour les **bœufs** : le **nord-ouest** (*Normandie, Maine, Bretagne, Vendée*), le *nord*, l'*est*, le *Massif central*, la *vallée de la Garonne*.
Pour les **moutons** : le **nord** (*Beauce, Champagne, Brie*), les plateaux du *Massif central*, les *Alpes*.
Pour les **porcs** : le **nord-ouest** (*Normandie, Bretagne*), la *Lorraine*, le *Limousin*.

La *pêche* fluviale se fait dans presque tous les cours d'eau et dans les étangs, particulièrement dans les étangs de la *Dombes*. La *pêche maritime* se fait sur toutes les côtes, surtout sur *les côtes de la Manche* ; on élève des huîtres sur les côtes de la Normandie, de la Bretagne et de la Charente-Inférieure.

XIV. INDUSTRIE (Voir la carte n° 17)

Les *eaux thermales et minérales* sont employées

N° 17. — Carte industrielle.

pour la guérison de certaines maladies. Les localités les plus renommées à cet égard sont situées dans les **Pyrénées** (*Eaux-Bonnes, Barèges, Cauterets, Bagnères*) ; dans les *Alpes*, à **Vichy**.

Le *sel* provient des *marais salants* de l'ouest et de la Méditerranée ou des mines de sel gemme de la Lorraine (*Saint-Nicolas*).

Les **carrières** fournissent principalement des matériaux de construction. On les trouve en grand nombre, surtout dans les régions où le sol renferme du *granit*, comme en *Bretagne* ; du *marbre*, comme dans les *Pyrénées* ; de la *meulière*, comme dans les *environs de Paris* ; du *calcaire*, comme en *Bourgogne*.

Les **mines** sont bien moins nombreuses. Les principaux bassins qui fournissent la **houille** sont : **bassin du nord**, le plus important de la France (*Valenciennes, Anzin, Lens*, etc.) ; bassins voisins du *Creusot* (*Blanzy, Épinac*) ; **bassin de la Loire** (**Saint-Étienne**, *Rive-de-Gier*) ; bassins d'**Alais**, de *Carmaux*, d'*Aubin* (*Decazeville*), de *Commentry*, de *Montluçon*.

Près de ces bassins sont groupées certaines industries qui consomment beaucoup de houille : *hauts fourneaux* et usines à **fer** ; *verreries, fabriques de poterie et de céramique*.

On trouve aussi de nombreuses *industries métallurgiques et mécaniques* dans la **Lorraine**, la *Haute-Marne*, la *Franche-Comté*, et dans quelques grandes villes : *Paris, Lille, Lyon*.

On trouve aussi des verreries et cristalleries dans les *Vosges*. On fabrique des *glaces* à *Saint-Gobain*, de la *porcelaine* à *Limoges*, à la manufacture dite de *Sèvres*, à *Montreau*, à *Creil*.

On extrait du *plomb* et de l'*argent* de la mine de *Pontgibaud* (*Puy-de-Dôme*).

Les *industries de produits chimiques* se trouvent surtout dans les ports (*Marseille, le Havre, Rouen, Nantes*, etc.), dans quelques grandes villes (*Paris, Lille, Rouen*, etc.), près des bassins houillers (*Calais*, etc.) et dans certaines localités isolées, comme *Chauny*.

Les *industries alimentaires*, nécessaires à la vie de chaque jour, sont exercées partout. La fabrication et la raffinerie du *sucre* se font surtout dans la *région du nord* et dans la *Loire-Inférieure*. La *meunerie* est importante dans les régions où l'on cultive beaucoup de blé. *Nantes* fait beaucoup de *conserves alimentaires*.

Les **industries textiles**, dont les deux principales sont la filature et le tissage, sont au nombre des plus importantes de notre pays. Elles sont exercées principalement :

Pour le **coton**, dans le *nord* (*Lille, Saint-Quentin, Amiens*, etc.), dans la **Normandie** (*Rouen, Flers*, etc.), à *Tarare* (Rhône).

Pour le **chanvre** et le **lin**, en **Flandre** (*Lille*, etc.), en **Picardie**, en **Normandie**, dans le **Maine**, l'**Anjou**, la **Bretagne**.

Pour la **laine**, dans le *nord* (*Lille, Roubaix, Tourcoing, le Cateau*), à **Elbeuf** et à **Louviers**, à *Sedan* et à **Reims**, dans le **Languedoc**.

Pour la **soie**, à *Lyon* et dans les départements voisins, à **Saint-Étienne**, à *Nîmes*, à *Tours*.

Parmi les autres industries, on peut encore citer, la *bonneterie* de *Picardie* et de *Troyes*, la *dentelle* du *Puy*, la *broderie* de *Lorraine*, l'*horlogerie* de *Besançon* et de *Paris*, la *papeterie* d'*Angoulême*.

N° 18. — Carte des voies de communication.

GÉOGRAPHIE ÉCONOMIQUE

XV. VOIES DE COMMUNICATION

Les voies de communication servent à transporter les produits de l'agriculture, des mines et de l'industrie ; elles sont nécessaires pour le commerce. Leur bon état contribue beaucoup à la prospérité d'un pays.

Les principales voies de communication dans l'intérieur des terres sont : les *cours d'eau navigables* ou *flottables*, les *canaux*, les *routes* et *chemins*, les *chemins de fer*.

La *mer* fait communiquer les côtes d'un pays et ce pays avec les îles et avec les côtes des autres pays.

Parmi les moyens de communication, il convient de compter aussi la *poste* et le *télégraphe*.

1. Le *flottage* n'est fréquemment pratiqué que dans les régions de montagnes et de forêts comme les *Vosges*, le *Morvan*, les *Alpes*, les *Pyrénées*.

La *navigation sur les cours d'eau* n'est importante que sur *la Seine* et quelques-uns de ses affluents, sur *la Saône* et *le Rhône*, sur la *Basse-Loire* depuis le confluent de la Maine, sur la *Garonne* depuis Agen.

Les *canaux* (Voir la carte n°s 18 et 19), qui sont des cours d'eau creusés de main d'homme, ont en général une navigation plus active. On nomme *canaux de jonction* ceux qui font communiquer deux bassins ou deux rivières d'un même bassin, *canaux latéraux* ceux qui, construits le long d'un cours d'eau, servent à en faciliter la navigation.

1° La Seine communique par des canaux de jonction avec tous les bassins voisins.

Le **canal de Saint-Quentin** part de l'Oise, conduit à la Somme et de la Somme à l'Escaut. — **Le canal de la Sambre à l'Oise** le canal le plus fréquenté ; il apporte à Paris la houille du bassin du Nord. — Le **canal des Ardennes** conduit de l'Aisne à la Meuse. Le **canal de la Marne au Rhin** fait communiquer la Meuse, la Moselle et la Meurthe passe à Bar-le-Duc et à Nancy. — Le **canal de Bourgogne** conduit de l'Yonne à la Saône passant par Dijon. — Le **canal du Nivernais** conduit de l'Yonne à la Loire. — Le **canal du Loing**, avec les deux embranchements canal de *Briare* et du *canal d'Orléans*, conduit de la Seine à la Loire.

Une partie du cours de la Seine est canalisée. Dans l'intérieur du bassin sont le *canal de l'Aisne à la Marne* qui passe à Reims et le *canal de l'Ourcq* qui aboutit à Paris.

2° Canaux situés dans les bassins autres que celui de la Seine :

Les **canaux de la Flandre**, dont les nombreuses branches font communiquer la plupart des grandes villes industrielles du département du Nord.

Le **canal de l'Est**, unissant la Meuse et la Moselle à la Saône.

Le **canal du Centre**, unissant la Loire à la Saône en passant par la dépression qui est au nord des Cévennes.

Le *canal du Berri*, dont les branches s'étendent entre la Loire et le Cher et le long du Cher.

Le *canal latéral à la Loire*, de Roanne à Briare.

Le **canal de Nantes à Brest**, qui conduit, le long de l'Oust, de la Loire à Brest et avec lequel communique le *canal du Blavet*, conduisant à Lorient, et le *canal d'Ille-et-Rance* conduisant à Saint-Malo.

Le *canal latéral à la Garonne*, de Castets à *Toulouse*, puis le **canal du Midi**, unissant la Garonne à la Méditerranée de *Toulouse à Cette*, en franchissant le passage de Naurouse.

Dans le bas Rhône, le *canal d'Arles à Bouc* et le *canal de Beaucaire*, avec ses prolongements, qui conduisent jusqu'à Cette.

III. Il y a en France 37,000 kilomètres de *routes nationales*, entretenues aux frais de l'État, à peu près autant de *routes départementales*, entretenues aux frais des départements, et plus de 400,000 kilomètres de *chemins vicinaux*, entretenus par les communes.

Toutes les communes de France communiquent entre elles et dans l'intérieur de leur territoire par des routes ou des chemins.

IV. La France possède plus de 27,000 kilomètres de **chemins de fer** (Voir la carte n° 18). La carte indique le réseau de ces chemins, dont le nombre augmente chaque année et qui sont exploités, pour la plupart, par *six grandes Compagnies* et par l'*État*. Il serait superflu de les étudier tous; il suffit de bien connaître tous ceux du département qu'on habite, de savoir d'une manière générale que tous les chefs-lieux de départements et la plupart des sous-préfectures sont en communication par chemin de fer, et d'apprendre les lignes les plus importantes de chaque réseau.

Réseau de l'**Ouest** : ligne de **Paris au Havre** par **Rouen**; ligne de **Cherbourg** s'embranchant à Nantes et passant par *Évreux* et *Caen*; ligne de **Granville**; ligne de **Brest**, dite aussi ligne de Bretagne, par *Chartres*, *le Mans*, *Laval*, *Rennes*, *Saint-Brieuc*.

Réseau du **Nord** : ligne de **Paris à Lille** par *Amiens*, *Arras*; de **Calais**, se détachant à Amiens et passant par *Boulogne*; ligne de **Saint-Quentin**, se détachant à *Creil*; ligne de **Laon**. Ces lignes se prolongent jusqu'en **Belgique** et, de là, en **Allemagne**.

Réseau de l'**Est** : ligne de **Paris à Strasbourg** par *Châlons*, *Barle-Duc*, *Nancy*; ligne de **Paris à Mulhouse** par *Troyes*, *Chaumont*, *Vesoul*, *Belfort*; ligne de **Mézières** par *Reims* partant d'Épernay et se prolongeant le long de la frontière. Ces chemins communiquent avec l'**Alsace-Lorraine** et le reste de l'**Empire Allemand**.

Réseau de **Paris-Lyon-Méditerranée** :

1° Ligne de **Paris à Marseille** par *Melun*, et le tunnel de Blaisy-Bas creusé sous la crête du plateau de Langres, **Dijon**, *Mâcon*, **Lyon**, *Valence*, *Avignon*; elle se prolonge par Toulon jusqu'à **Nice** et en *Italie*. Cette ligne communique avec la **Suisse** principalement par la ligne de *Dijon à Pontarlier*, avec embranchement sur Besançon, et par celle de *Lyon à Genève*, avec l'**Italie** par la ligne de *Mâcon*, *Bourg*, *Chambéry* ou de Lyon au tunnel du *Fréjus* par lequel le chemin de fer passe les Alpes;

2° Ligne du **Bourbonnais** par *Nevers*, *Moulins*, *Clermont-Ferrand*, **Nîmes**. Cette ligne se prolonge, d'un côté, par *Montpellier* jusqu'à *Cette* et, de l'autre, rejoint la ligne de Marseille. Les deux grandes lignes se rejoignent aussi sur plusieurs autres points, particulièrement par Roanne à *Saint-Étienne*.

Réseau d'**Orléans** : **Paris à Nantes** et *Saint-Nazaire* par *Orléans*, *Blois*, *Tours*, *Angers*, se prolongeant de Savenay à **Brest** par *Vannes* et *Quimper*; de *Tours* à **Bordeaux** par *Poitiers*, *Angoulême*; d'*Orléans* à **Toulouse** par *Châteauroux*, *Limoges*, avec embranchement sur **Agen**, *Périgueux*. Le réseau d'Orléans a plusieurs lignes allant de l'ouest à l'est : *Tours* à *Saincaise* par *Bourges*, *Saint-Sulpice* à *Moulins* par *Guéret*, *Périgueux* à *Avranl* par *Aurillac*.

Le réseau de l'**État** : ligne *de Tours aux Sables-d'Olonne* par *la Roche-sur-Yon*; ligne de *la Roche-sur-Yon à Limoges* par *Angoulême*; ligne *de Tulle à Clermont-Ferrand*; ligne extérieure semi-circulaire *de Chartres à Châlons-sur-Marne* par *Orléans* et *Troyes*.

Le réseau du **Midi** : ligne de **Bordeaux à Cette** par *Agen*, *Montauban*, **Toulouse**, *Carcassonne*; ligne de **Bordeaux en Espagne** par *Bayonne*; ligne de *Bayonne à Toulouse* par *Tarbes*, en longeant les Pyrénées.

V. La mer est la moins coûteuse des voies de communication et la plus importante pour le grand commerce. Le transport se fait par navires à voiles ou par navires à vapeur. La navigation maritime comprend le *cabotage*, c'est-à-dire la navigation le long des côtes dans un même pays ou dans des pays peu éloignés, et la *navigation au long cours*.

Les principaux **ports de commerce** de la France sont (Voir la carte n° 18) :

Sur la mer du Nord et le Pas de Calais : **Dunkerque**; *Calais*, en communication journalière avec l'Angleterre par bateaux à vapeur.

Sur la Manche : *Boulogne*, *Dieppe*, le **Havre**, le port le plus commerçant de la France sur l'océan; *Trouville*, *Caen*, sur l'Orne; *Cherbourg*, *Granville*, *Saint-Malo*, *Saint-Brieuc*, *Morlaix*.

Sur l'océan Atlantique : *Brest*, *Lorient*, qui sont aussi des ports militaires; *Vannes*, **Saint-Nazaire** et **Nantes**, sur la Loire.

Sur le golfe de Gascogne : **la Rochelle**, *Rochefort*, *Tonnay-Charente*; **Bordeaux** sur la Garonne; *Bayonne* sur l'Adour.

Sur la Méditerranée : *Port-Vendres*, *Cette*, **Marseille**, le port le plus commerçant de la France; *Toulon*, *Cannes*, *Nice*.

VI. La **poste**, qui transporte les lettres, les imprimés et les petits paquets au nombre de près d'un milliard et demi d'articles chaque année, fonctionne dans *toutes les communes* de France et dans tous les pays civilisés de l'étranger.

Le *télégraphe* électrique, dont les fils ont environ 300,000 kilomètres de longueur, permet aux habitants de la plupart des communes de France d'envoyer des dépêches. Les télégraphes français communiquent avec ceux de tous les pays étrangers, soit par des fils aériens posés le long des chemins de fer, soit par des câbles sous-marins; des câbles relient la France à l'Algérie, à l'Angleterre, à l'Amérique, etc.

XVI. COMMERCE ET POPULATION

I. Le *commerce extérieur* de la France, c'est-à-dire le commerce de la France avec les pays étrangers, se fait en partie par les frontières de terre et en plus grande partie par mer. Il se compose de l'*importation*, c'est-à-dire des marchandises achetées à l'étranger et entrant en France, de l'*exportation*, c'est-à-dire des marchandises qui sortent de France après avoir été vendues ou pour être vendues à l'étranger, et du *transit*, c'est-à-dire des marchandises étrangères qui traversent la France pour aller dans un autre pays. La valeur totale du commerce extérieur dépasse 9 *milliards et demi de francs*.

Les pays avec lesquels la France fait le plus grand commerce extérieur sont : l'Angleterre, la Belgique, l'Allemagne, l'Italie, la Suisse, l'Algérie.

La valeur du *commerce intérieur*, c'est-à-dire des achats et des ventes qui ont lieu dans l'intérieur de la France et dont le chiffre n'est pas connu, est beaucoup plus considérable. C'est dans les grandes villes, comme **Paris**, *Lyon*, *Marseille*, *Lille*, et dans les grands ports qu'il est le plus actif.

II. La *population* de la France, qui n'atteignait pas tout à fait 27 millions et demi au commencement du dix-neuvième siècle, est aujourd'hui d'environ 37 *millions* 1/2 *d'habitants*. Elle s'accroît, mais beaucoup plus lentement que la population de la plupart des autres États de l'Europe. Un tiers de cette population habite des villes; les deux autres tiers sont considérés comme formant la population rurale.

Il y a, en moyenne, 70 *habitants par kilomètre carré* en France. Les *parties les plus peuplées* du territoire sont la *région du nord* jusques et y compris le département de Seine-et-Oise, la *vallée du Rhône* avec le département de la Loire, la *Bretagne*. Les parties les moins peuplées sont les Alpes, le plateau de Langres, le Massif central.

N° 19. — Carte des canaux.

N° 20. — Carte militaire.

XVII. GÉOGRAPHIE ADMINISTRATIVE

1. L'armée sert à défendre le territoire national et à maintenir l'ordre. Il y a une armée de terre et une armée de mer.

Au point de vue militaire, la France, sans compter l'Algérie, est divisée en **18 régions territoriales**. Chaque région comprend un corps d'armée, commandé par un général de division et composé de deux divisions. (Voir la carte n° 20.)

Les chefs-lieux des 18 régions sont : 1re région, Lille, 2e Amiens, 3e Rouen, 4e le Mans, 5e Orléans, 6e Châlons-sur-Marne, 7e Besançon, 8e Bourges, 9e Tours, 10e Rennes, 11e Nantes, 12e Limoges, 13e Clermont-Ferrand, 14e Grenoble, 15e Marseille, 16e Montpellier, 17e Toulouse, 18e Bordeaux.

Paris et **Lyon** forment deux grands commandements.
— L'*Algérie* forme la *19e région*.

Les citoyens ont le devoir de défendre leur patrie. Aussi tout Français doit-il le service militaire, de 20 à 40 ans : cinq ans dans l'armée active, quatre ans dans la réserve de l'armée active, cinq ans dans l'armée territoriale, six ans dans la réserve de l'armée territoriale.

Le tirage au sort a lieu au chef-lieu de canton.

L'armée active de terre se compose de l'*infanterie*, de la *cavalerie*, de l'*artillerie*, du *génie*, des *équipages militaires*, des *services administratifs*, des *états-majors* et de la *gendarmerie*.

Elle est divisée en régiments. Les officiers d'un régiment sont le colonel, le lieutenant-colonel, les chefs de bataillon ou d'escadron, les capitaines, les lieutenants et sous-lieutenants. Les sous-officiers sont les adjudants, les sergents-majors, sergents ou maréchaux des logis, en troisième ordre, sont les caporaux ou brigadiers. — Au-dessus, sont les généraux de brigade, les généraux de division et les maréchaux.

II. Au point de vue maritime, les côtes de France sont divisées en **cinq arrondissements maritimes**, commandés par un préfet maritime. (Voir la carte n° 20.)

Les chefs-lieux sont les 5 ports militaires : **Cherbourg**, sur la Manche ; **Brest** et **Lorient** sur l'océan Atlantique ; **Rochefort**, sur le golfe de Gascogne ; **Toulon**, sur la Méditerranée.

Tout marin inscrit sur les rôles de la marine marchande doit le service dans la marine militaire.

La flotte se compose de bâtiments de guerre de différente grandeur ; la plupart des bâtiments de combat sont cuirassés.

Le corps d'officiers comprend les vice-amiraux, contre-amiraux, capitaines de vaisseau et de frégate, lieutenants de vaisseau, enseignes, aspirants ; au-dessous sont les premiers maîtres, maîtres, seconds maîtres, quartiers-maîtres et les hommes de l'équipage.

III. **L'administration judiciaire** assure aux personnes leur liberté et leur propriété en réprimant les violences et les fraudes des malfaiteurs ; elle règle aussi les différends entre les citoyens.

1° La **justice de paix** est une sorte de justice de famille. Au civil, le juge de paix concilie les différends, et juge les petits procès en dernier ressort. Il a une justice de paix par **canton**.

2° Le **tribunal civil**, ou tribunal de première instance, juge les procès au civil. Il juge aussi au criminel comme *tribunal correctionnel* et en matière commerciale, comme tribunal de commerce, quand il n'y a pas de *tribunal de commerce* spécial. Il y a un *tribunal civil* dans chaque ch.-l d'arrondissement.

3° La **cour d'assises** juge les crimes.

4° La **cour d'appel**, de laquelle dépendent les tribunaux inférieurs, juge les procès en dernier ressort.

Il y a en France **26 cours d'appel** (Voir la carte n° 21) résidant à *Paris*, *Douai*, *Amiens*, *Rouen*, *Caen*, *Rennes*, *Angers*, *Dijon*, *Nancy*, *Besançon*, *Lyon*, *Aix*, *Bastia*, *Chambéry*, *Nîmes*, *Grenoble*, *Montpellier*, *Toulouse*, *Bordeaux*, *Agen*, *Poitiers*, *Pau*, *Limoges*, *Orléans*, *Riom*, *Bourges*.

5° La **cour de cassation**, tribunal suprême, réside à *Paris*.

Pour l'administration de l'instruction, la France est divisée en **16 académies**, administrées chacune par un *recteur* (Voir la carte n° 22) : *Paris*, *Douai*, *Rennes*, *Caen*, *Nancy*, *Besançon*, *Dijon*, *Lyon*, *Aix*, *Chambéry*, *Montpellier*, *Grenoble*, *Toulouse*, *Bordeaux*, *Poitiers*, *Clermont-Ferrand*.

Dans chaque département est un *inspecteur d'académie* relevant du recteur et préfet et assisté d'*inspecteurs primaires*, résidant pour la plupart au ch.-l. d'arrondissement disséminés.

N° 22. — Carte universitaire.

L'*instruction primaire* est donnée dans les écoles communales et dans les écoles privées. Les cours d'adultes et les écoles maternelles en dépendent. Les élèves, à la fin de leurs classes, doivent s'appliquer à obtenir le *certificat d'études primaires*.

Il doit y avoir dans chaque département des écoles normales pour préparer les instituteurs et les institutrices.

L'*instruction secondaire* est donnée dans les lycées, dans les collèges et dans les établissements privés.

L'*instruction supérieure* est donnée dans les Facultés et dans les grandes écoles.

IV. Il y a trois cultes entretenus aux frais de l'État : le **culte catholique**, le **culte protestant**, le **culte israélite**.

L'Église catholique est partagée en paroisses. Un certain nombre de paroisses forment un *diocèse* ou évêché ; il y a, en France, 84 *diocèses*, à peu près un par département.

Plusieurs diocèses forment une **province ecclésiastique** ou archevêché. Chaque archevêché est lui-même un des 84 diocèses.

Il y a **17 archevêchés** (Voir la carte n° 23).

N° 23. — Carte ecclésiastique.

Paris, *Cambrai*, *Reims*, *Rouen*, *Tours*, *Rennes*, *Besançon*, *Lyon*, *Chambéry*, *Aix*, *Avignon*, *Toulouse*, *Bordeaux*, *Auch*, *Albi*, *Bourges*, *Sens*.

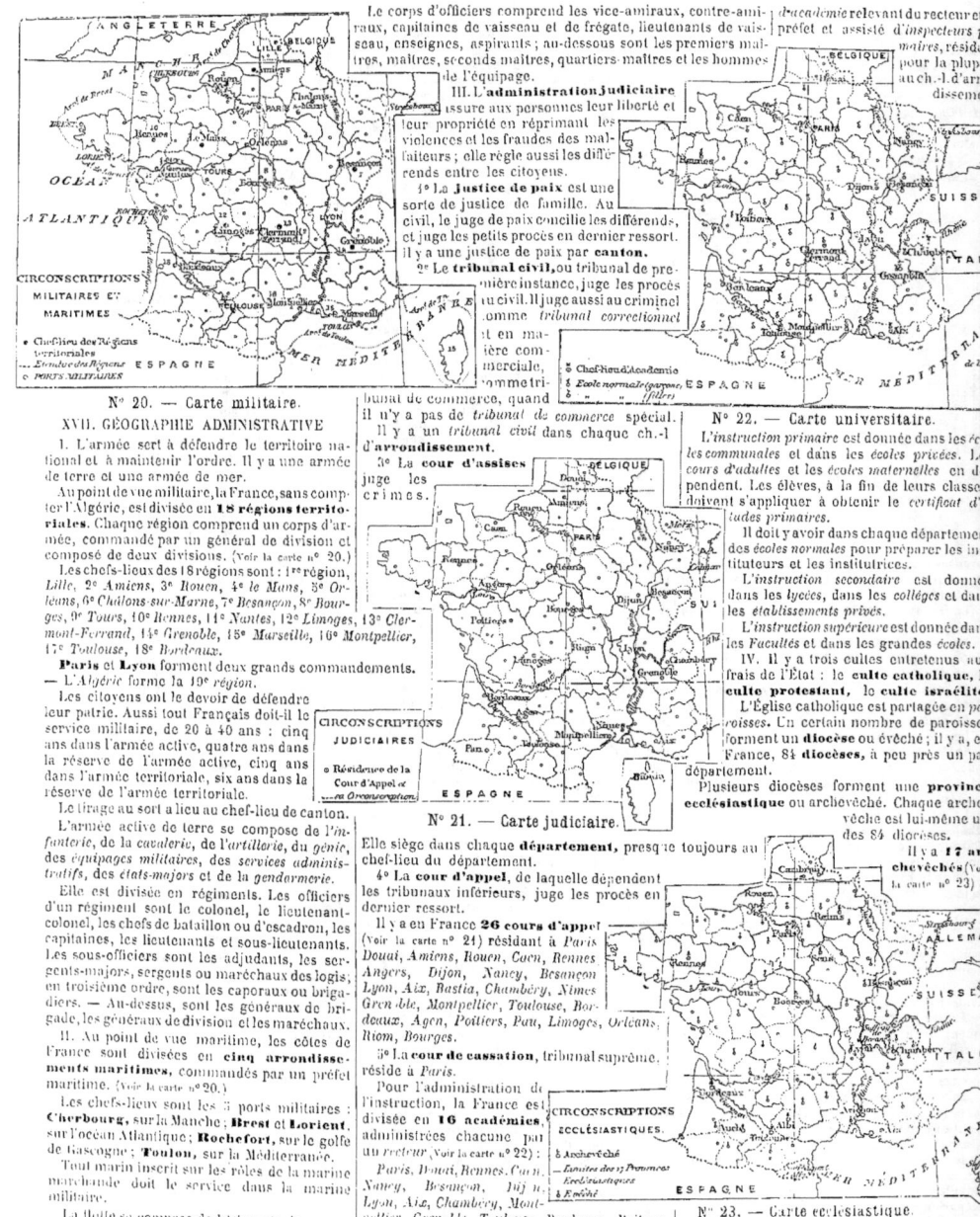

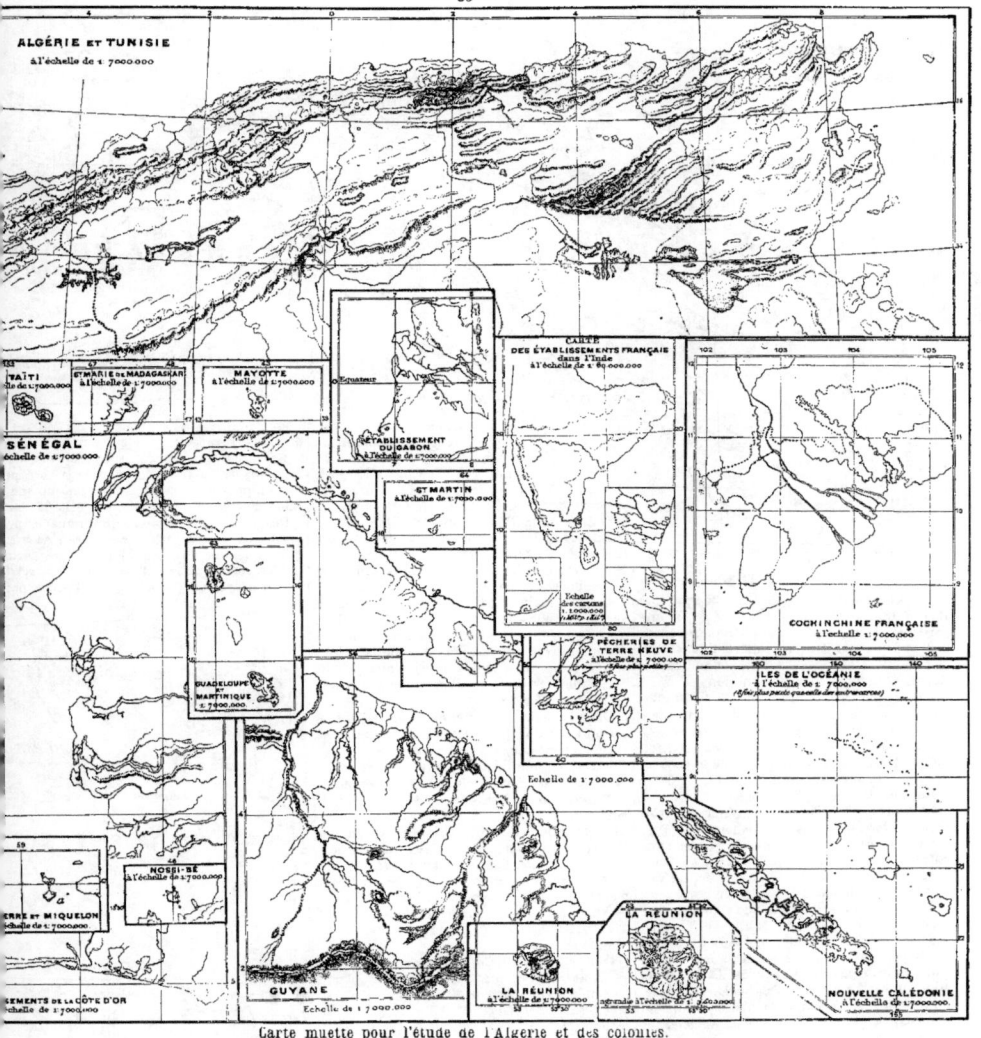

Carte muette pour l'étude de l'Algérie et des colonies.

QUESTIONNAIRE.

55ᵉ leçon. — L'Algérie est-elle une colonie ? — Quelle est la population de l'Algérie ? — Quelles sont les principales baies de la côte d'Algérie ? — Qu'est-ce qu'on désigne sous le nom d'Atlas ? — Qu'est-ce que le Tell et où est-il situé ? — Quelles sont les principales montagnes ou chaînes de l'Atlas algérien ? — Quel est le caractère général des cours d'eau de l'Algérie ? — Montrez sur la carte et nommez les chotts de la région des plateaux.

56ᵉ leçon. — Nommez et montrez la préfecture, les sous-préfectures du département d'Alger. — Qu'est-ce que Tlemcen ? — Sur quel cours d'eau est située Constantine ? — Quels sont les principaux postes et les principales oasis du Sahara ? — Quel est le climat du Sahara ? — Qu'est-ce que l'alfa ? — Où poussent les dattes ? — Quels sont les principaux ports de l'Algérie ? — Depuis quand la Tunisie est-elle sous le protectorat de la France ?

57ᵉ leçon. — D'où la colonie du Sénégal tire-t-elle son nom ? — Comment se compose la population du Sénégal ? — Quelle est la culture principale du Sénégal ? — Qu'est-ce que Dakar ? — Qu'est-ce qu'Assinie et le grand Bassam ? — Quelles sont les principales îles françaises situées entre le continent africain et Madagascar ? — Quel est le caractère physique de la Réunion ? — Quel en est le chef-lieu ? — Nommez les cinq villes françaises de l'Inde. — Quelles sont les principales productions de la Cochinchine ?

58ᵉ leçon. — Qu'est-ce que la Nouvelle-Calédonie ? — Nommez et montrez sur la carte muette les îles françaises de la Polynésie. — A quoi Saint-Pierre et Miquelon doivent-ils leur importance ? — Quelle est la population de la Martinique ? — Quelles sont les principales cultures de la Martinique ? — Par quelles mers est baignée la Guadeloupe ? — Quelles sont les dépendances de la Guadeloupe ? — Quel est le chef-lieu de la Guyane ? — Quel est le climat de la Guyane ?

Devoirs. — Faire, sur la carte muette de l'Algérie par départements, la carte physique de l'Algérie, côtes, relief du sol et eaux.

Faire, sur la carte muette complète de l'Algérie, la carte physique et politique de l'Algérie.

Écrire, sur la carte muette des colonies, les noms des possessions françaises de l'Océanie.

N° 24. — Algérie.

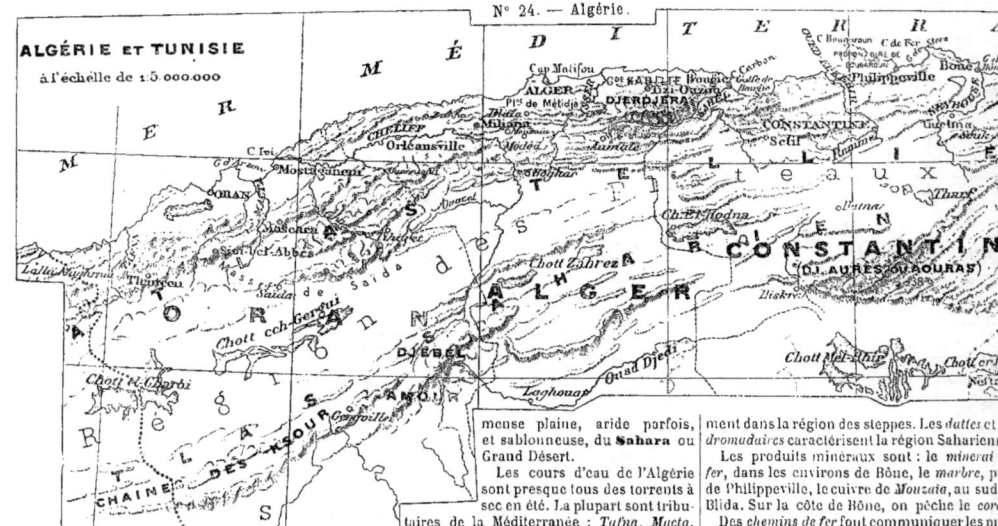

N° 25. — Tunisie.

XVIII. ALGÉRIE ET TUNISIE.

I. L'**Algérie** (voir les cartes n° 24), conquise de 1830 à 1857, n'est pas une colonie; c'est une partie de la France située en Afrique et administrée d'une manière particulière. Elle est peuplée de colons (environ 300,000), et d'indigènes, *Arabes* et *Berbères* (plus de 2 millions).

La côte de l'**Algérie**, longue de 1,100 kilomètres, est située en face de la côte méridionale de la France et baignée par la **Méditerranée**.

Les principaux caps et golfes sont : *cap Ivi*, *golfe d'Arzeu*, *cap Carbon* qui abrite le *golfe de Bougie*, promontoire de *Bougaroun*, *golfe de Stora*, *cap de Fer*, *golfe de Bône*.

Le territoire de l'Algérie comprend trois régions : le Tell, l'Atlas et le Sahara.

Le **Tell** est la partie cultivable; il est situé entre la mer et les hauts plateaux; il se compose de plaines, telles que la *Métidja*, de vallées et des montagnes de l'Atlas Tellien.

L'**Atlas** est un vaste massif de plateaux et de montagnes s'étendant du Maroc en Tunisie.

Au nord, le talus septentrional du massif est formé par des montagnes qui s'étendent jusque dans le voisinage de la mer : c'est l'**Atlas Tellien**. On y trouve le *massif de Saïda*, le *Zakkar*, l'*Ouarsenis*, le *Mouzaïa*, la haute chaîne du **Djerdjera** qui couvre la *Grande Kabylie*, les *Babor*.

Au sud, le talus méridional est formé par une suite de chaînes dites **Atlas Saharien**, parce qu'elles bordent le Sahara. Elles en ont presque partout l'aridité. On y trouve les *chaînes des Ksour* à l'est, le *djebel* (c'est-à-dire montagne) *Amour* au centre, l'**Aurès** (ou Aouras) à l'est, qui renferme la plus haute montagne de l'Algérie (2,238 mètres).

Entre les deux Atlas est la **région des plateaux**, dite aussi région des steppes. Ces steppes sont couvertes d'herbes pendant la saison humide et desséchées le reste de l'année.

Au sud de l'Atlas Saharien commence l'immense plaine, aride parfois, et sablonneuse, du **Sahara** ou Grand Désert.

Les cours d'eau de l'Algérie sont presque tous des torrents à sec en été. La plupart sont tributaires de la Méditerranée : *Tafna*, *Macta*, **Chéliff**, le principal fleuve de l'Algérie (grossi du *Nahr Ouacel* et de la *Mina*), *Isser*, *Sahel*, *Rummel* (oued-el-Kébir dans son cours inférieur) et *Seybouse*.

Dans la région des plateaux, on trouve de vastes étendues dont le sol contient du sel, et qui, sèches en été, sont couvertes de flaques d'eau en hiver. On les nomme chotts : *chotts el-Gharbi* et *ech-Chergui*, c'est-à-dire chotts occidental et oriental; *chotts Zahrez* et *Hodna* au centre; *Tharf* à l'est.

Dans la région Saharienne, le *chott Mel-Rhir* est plus bas que le niveau de la mer et l'*oued Djedi* se perd dans les sables.

L'Algérie, administrée par un *gouverneur général*, est divisée en *trois départements*.

Département d'Alger. — Alger, siège du gouvernement général et port de mer. Ch.-lieux d'arrondissement : *Orléansville*, *Miliana*, *Tizi-ouzou*. — Villes principales : *Blida*, *Médéa*, *Boghar*, *Aumale*, l'oasis de *Laghouat*.

Département d'Oran. — Ch.-l. d'arr. : *Tlemcen*, *Mascara*, *Mostaganem*. — Villes principales : *Lalla-Maghrnia*, *Tiaret*, *Saïda*, *Géryville*, poste qui commande le Sahara.

Département de Constantine. — **Constantine**, sur le *Rummel*. — Ch.-l. d'arr. : *Bougie*, *Philippeville*, *Bône*, *Sétif*, *Guelma*. — Villes principales : *Souk-Arrhas*, *Batna*, *Biskra*, une des premières oasis du désert. Plus au sud, dans le Sahara, sont les oasis du *Souf*, de *Touggourt* et d'*Ouargla*.

Une partie des plateaux et le Sahara sont sous l'autorité de l'administration militaire.

Le climat de l'Algérie, dans le Tell, est *plus chaud que celui de la France*; il est beaucoup plus chaud et plus sec dans le Sahara.

Les productions agricoles sont : les *céréales*, les *olives*, les *oranges*, les *vignes*, les *légumes*. Les forêts sont nombreuses. L'*alfa*, grande herbe employée surtout pour la fabrication du papier, pousse sur les plateaux. Les troupeaux, *moutons*, *chevaux*, *chèvres* et *bœufs*, se trouvent principalement dans la région des steppes. Les *dattes* et les *dromadaires* caractérisent la région Saharienne.

Les produits minéraux sont : le *minerai de fer*, dans les environs de Bône, le *marbre*, près de Philippeville, le *cuivre* de *Mouzaïa*, au sud de Blida. Sur la côte de Bône, on pêche le *corail*.

Des *chemins de fer* font communiquer les principales villes d'Algérie. Le *commerce extérieur* qui est de plus de 350 millions, se fait surtout par les ports d'**Alger**, d'*Oran*, de *Philippeville*.

II. La **Tunisie** (voir la carte n° 25), placée par traité de 1881 sous le protectorat de la France, à l'est de la région de l'Atlas : elle est baignée par la *Méditerranée*. On y trouve le *cap Bon*, entre les golfes de *Tunis* et de *Hammamet*; plus au sud le golfe de *Gabès*, les îles *Kerkena* et *Djerba*. La *Medjerda*, grossie de l'oued *Mellag*, en est le principal cours d'eau. Au sud est le *chott Djerid*, voisin du chott Mel-Rhir. — La capitale est **Tunis**. Principales villes de l'intérieur : *Kairouan*; *Gafsa*, *Nefta*, deux oasis. Principaux ports : *Bizerte*, *Goulette*, port de *Tunis*, *Sousse*, *Sfax*, *Gabès*.

XIX. COLONIES

(Voir l'ensemble des colonies sur le planisphère au bas de la page suivante.)

I. Colonies françaises en *Afrique*.

1° Le **Sénégal** (Voir la carte n° 26) est une colonie située sur la côte de l'océan Atlantique, à l'ouest de l'Afrique. Elle tire son nom du grand fleuve qui l'arrose, le *Sénégal*. Le fleuve coule dans la direction du nord-ouest, puis de l'ouest, en arrosant de vastes plaines ; il inonde une partie de sa vallée à l'époque de ses débordements.

Le pays est habité par des *nègres* ; les Européens y sont en très petit nombre.

Chef-lieu : **Saint-Louis**, bâti dans une île près de l'embouchure du fleuve. — Principaux établissements : *Mérinaghen, Podor, Dagana, Bakel, Médine.*

Les principaux objets d'échange sont : les *arachides* et d'autres graines employées pour faire de l'huile ; la *gomme* qu'on récolte surtout dans les forêts situées au nord du fleuve.

La France s'efforce de nouer des relations commerciales avec le Soudan, et s'occupe de construire un chemin de fer entre le *Sénégal* et le *Niger*.

Au sud du Sénégal est le *cap Vert*, derrière lequel est le petit îlot français de *Gorée*, station fréquentée par nos navires. Sur la côte, sont *Dakar* et *Rufisque* et, plus au sud, quelques comptoirs occupés par des négociants français.

2° Sur la côte de Guinée, sont : le comptoir d'*Assinie* et du *Grand Bassam* ; plus au sud, l'estuaire du *Gabon*. (Voir cartes nos 27 et 28.)

3° Au sud-est de l'Afrique, sont *Mayotte*, *Nossi-bé*, et quelques autres petites îles situées entre le continent et Madagascar ; l'île *Sainte-Marie*, située à l'est de Madagascar. (Voir les cartes nos 29, 30, 31.)

4° L'île de la **Réunion** (Voir la carte nos 32 et 32 bis), nommée autrefois île Bourbon, est volcanique et très montagneuse ; le *Piton des neiges* en est le principal sommet. Chef-lieu : *Saint-Denis.* Ville principale : *Saint-Pierre.*

Elle produit la *canne à sucre*, le *café*, la *vanille*.

II. Colonies françaises en *Asie*.

1° Cinq villes de l'Inde, seul reste de possessions plus vastes que la France a perdues au dix-huitième siècle : *Mahé* sur la côte occidentale ; *Karikal*, **Pondichéry**, chef-lieu de nos établissements de l'Inde, et *Yanaon*, sur la côte orientale ; *Chandernagor*, sur le Gange. (Voir la carte n° 33.)

2° La **Cochinchine française** ou Basse-Cochinchine (Voir la carte n° 34), est bornée par la mer de Chine, par le *royaume d'Annam*, qui est lié par un traité avec la France et dont dépend, au nord, le *Tonkin* (Voir p. 42, carte d'Asie) et par le *royaume de Cambodge*, qui est sous le protectorat français. C'est une contrée généralement basse, en partie marécageuse, mais fertile. Elle est terminée au sud par la *pointe de Camau*.

Les *Poulo-Condore* sont des îles qui en dépendent.

Le *Mékong* ou **Cambodge**, un des grands fleuves de l'Asie, y forme un vaste delta ; à l'est, le *Donnaï* reçoit la *rivière de Saigon* et les deux *Vaïco*.

Le pays est presque entièrement habité par les *Cochinchinois*.

Chef-lieu : **Saïgon**. — Villes principales : *Bien-Hoa, Mytho, Vinh-Long, Chaudoc, Hâtien.*

Le *riz*, le *poisson*, le *coton* sont les principales productions.

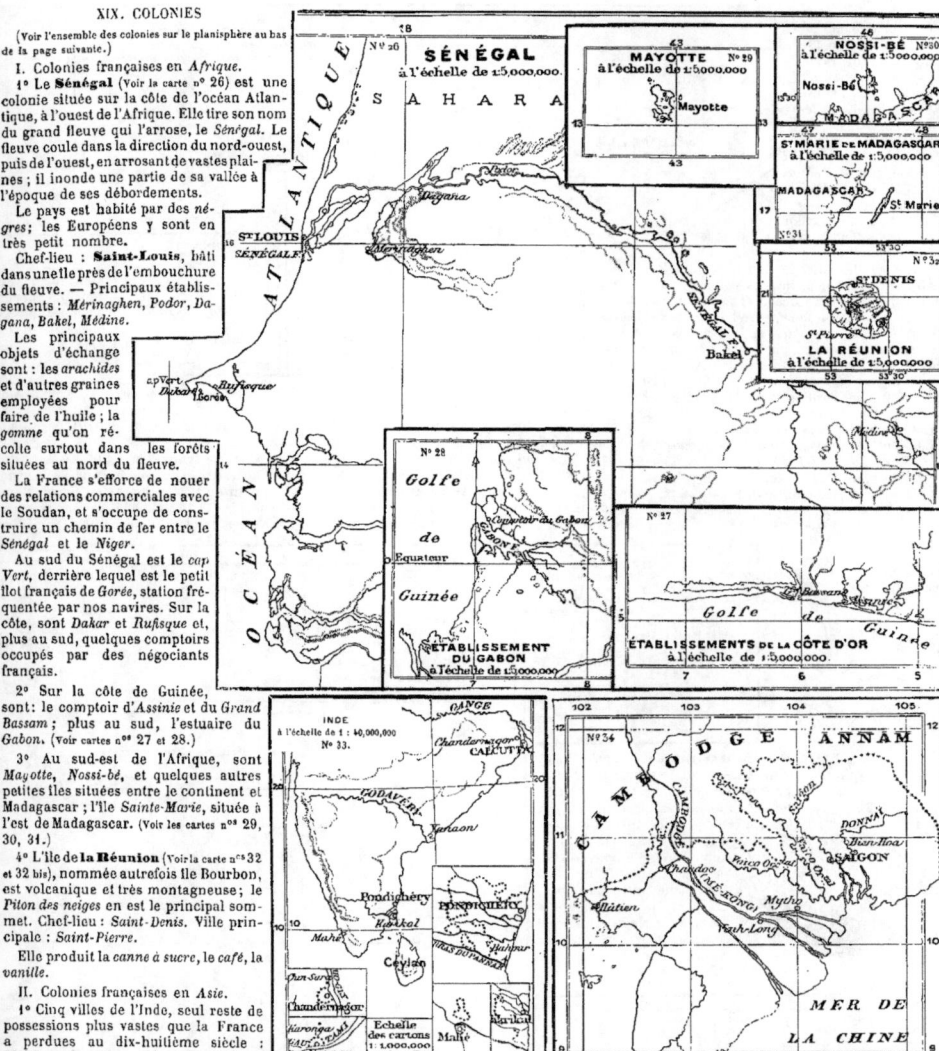

III. Colonies françaises en Océanie :

1° La **Nouvelle-Calédonie** est une grande île, située dans la zone tropicale de l'hémisphère austral, habitée par des sauvages. Elle est colonisée depuis 1853 sur quelques points et sert de lieu de déportation. — Chef-lieu : *Nouméa*. (Voir la carte n° 35.)

De la Nouvelle-Calédonie dépendent *l'île des Pins*, située au sud, et les *îles Loyalty* à l'est.

2° Les *îles Marquises*, les *îles Touamotou*, les *îles Gambier*, sont de petites îles, peu importantes, situées dans le grand Océan et faisant partie de la Polynésie (Voir la carte n° 36, qui est à une échelle 8 fois plus petite que les autres cartes); *l'archipel de la Société* dont la principale est *l'île Tahiti*. Ces îles, après avoir été près de quarante ans sous le protectorat français, sont devenues en 1881 des possessions directes de la France. — Chef-lieu : *Papeete*, où stationne ordinairement l'escadre française du grand Océan. (Voir, sur la carte n° 37, Tahiti à la même échelle que les autres cartes des Colonies.)

IV. Colonies françaises dans l'Amérique du nord.

1° Deux îlots, *Saint-Pierre* et *Miquelon*, au sud de l'île de Terre-Neuve, sont habités principalement par des pêcheurs. (Voir la carte n° 38, qui est à une échelle 8 fois plus petite que les autres cartes et la carte n° 39.)

Sur le banc de Terre-Neuve, les marins français viennent pêcher la morue.

2° La **Martinique** (163,000 hab.) (Voir la carte n° 41.) est une île montagneuse (montagne Pelée, etc.), très boisée dans sa partie centrale. La France la possède depuis la première moitié du XVIIe siècle. — Chef-lieu : *Fort-de-France*. — Ville principale: *Saint-Pierre*. — La Martinique cultive surtout la *canne à sucre*, qui donne le sucre et le rhum, et le *café* (Voir la fig. 30 représentant un pied de caféier et un fruit coupé dont chaque noyau donne deux grains

Canne à sucre (H. : 3m,50)

de café) dans ses vallons et sur la côte.

3° La **Guadeloupe** (185,000 habitants avec ses dépendances), est composée de deux îles, l'une plate, *Grande-Terre*, l'autre montagneuse, *Basse-Terre*, qui renferme le volcan de la Soufrière. (Voir la carte n° 41.) La *rivière Salée* les sépare. C'est, comme la Martinique, une des anciennes colonies de la France. Les cultures sont les mêmes qu'à la Martinique.

Du gouvernement de la Guadeloupe dépendent quelques autres petites îles : la *Désirade*, *Marie-Galante*, les *Saintes*, et plus au nord *Saint-Barthélemy* et en partie de l'île *Saint Martin*. (Voir la carte n° 40.)

V. Colonies françaises dans l'Amérique du sud :

La **Guyane française**, est un vaste territoire situé au nord de l'embouchure de l'Amazone et s'étendant du fleuve *Oyapok* au fleuve *Maroni* (Voir la carte n° 42.) — Le climat est tropical et peu sain pour les Européens ; l'intérieur, couvert de forêts, n'est habité que par des sauvages ; les établissements français sont situés sur la côte ou sur les fleuves.

Chef-lieu: *Basse-Terre*.
Ville principale : *La Pointe-à-Pitre*.

Au sud de l'Oyapok se trouve un territoire longtemps contesté entre le Brésil et la France.

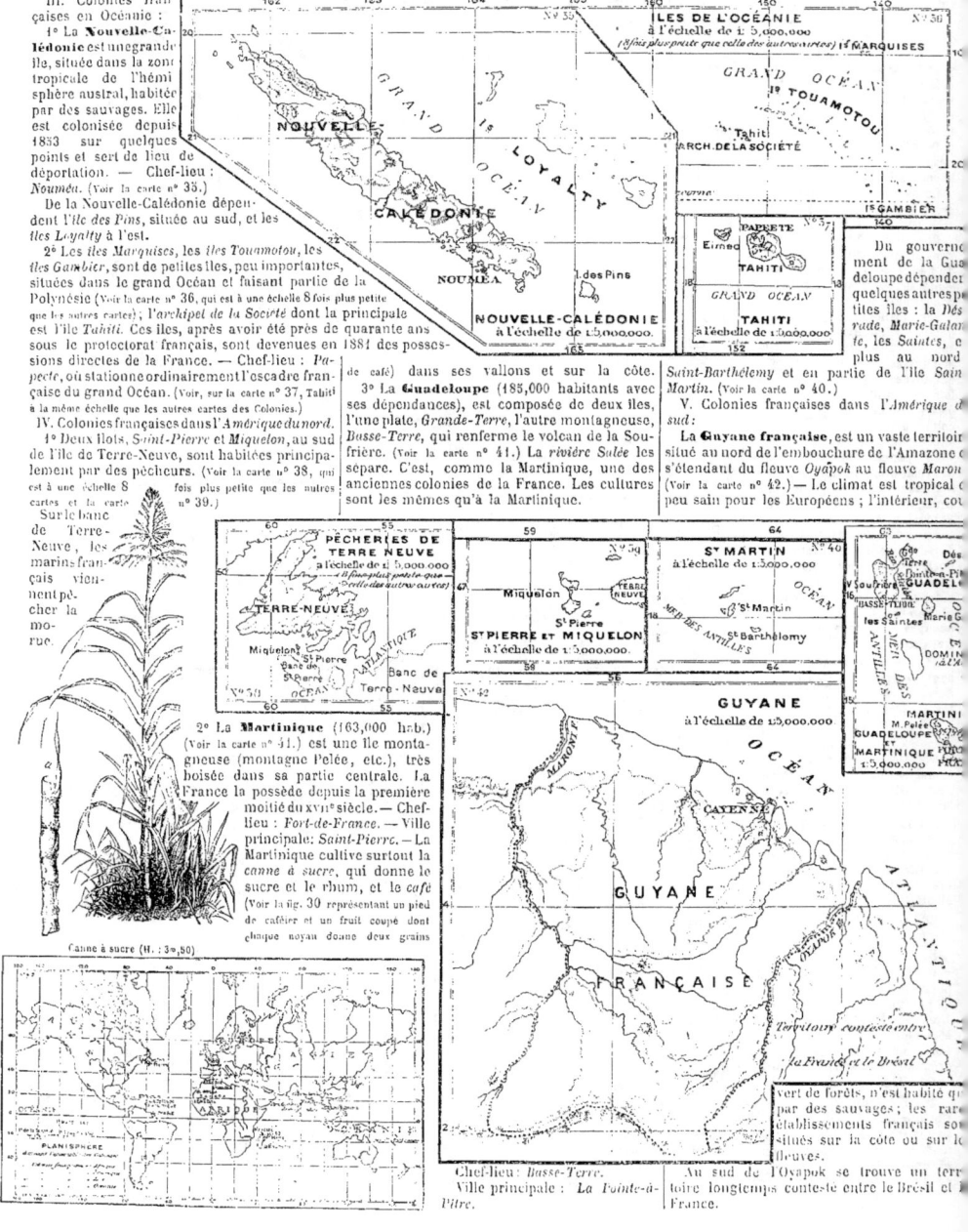

EUROPE

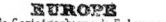

Méthode Cartographique de E. Levasseur.

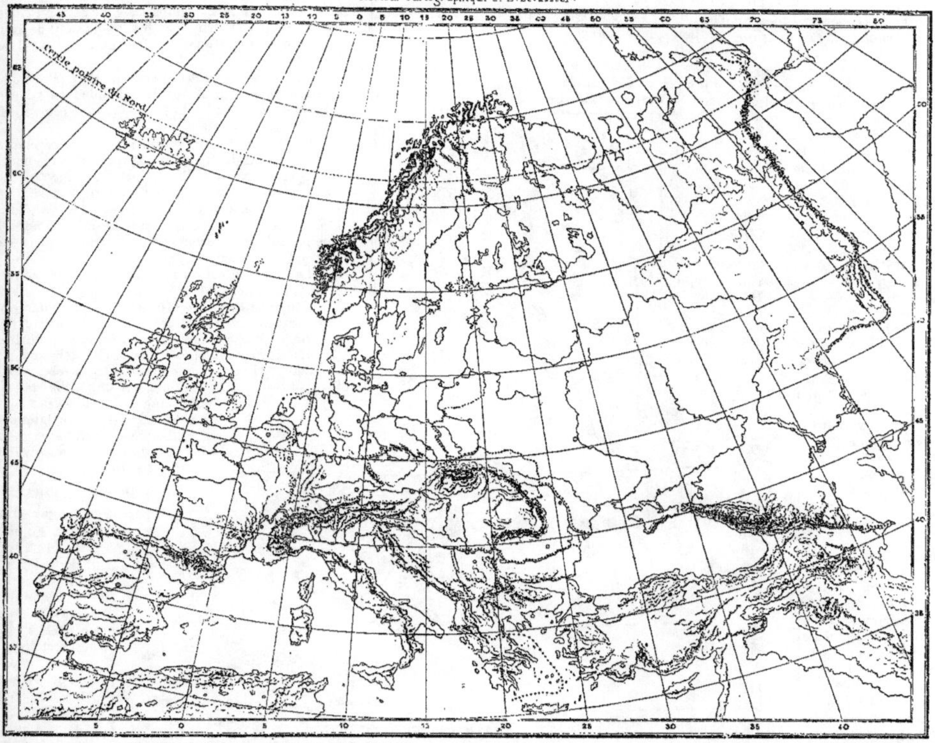

0 100 200 300 400 500 Kil. ECHELLE 1 : 30.000,000 ou 1 Millimètre pour 30 Kilomètres

Dessinée par A. W. Jung.

Carte muette pour l'étude des États d'Europe

EUROPE OCCIDENTALE.

QUESTIONNAIRE. — 75e et 76e **leçons**. — D. Quels sont les États de l'Europe occidentale ? — De quoi est formé le royaume de Grande-Bretagne. — Quelles sont les principales îles qui dépendent de la Grande-Bretagne ? — Qu'est-ce que la Tamise ? — Quel est le caractère général du pays de Galles ? — Quel est le principal cours d'eau de l'Irlande ? — Quelle est la population du Royaume-Uni ? — Nommez et montrez sur la carte les villes principales de l'Angleterre. — Quelle est l'ancienne capitale de l'Irlande ? — L'agriculture est-elle florissante dans le Royaume-Uni ? — Quelles sont les principales industries de la Grande-Bretagne ? — Où ces industries sont-elles surtout pratiquées ? — Quelles sont les autres grandes industries caractéristiques de l'Angleterre ?

77e **leçon**. — Pourquoi les Pays-Bas sont-ils ainsi nommés ? — Quelle est la population du royaume des Pays-Bas ? — Quelle est la capitale de la Belgique ? — Montrez sur la carte et nommez le fleuve sur lequel est situé Liège. — La Belgique est-elle un pays riche ? — De qui dépend le grand-duché de Luxembourg ?

EUROPE CENTRALE.

QUESTIONNAIRE. — 78e et 79e **leçons**. — Quand a été formé l'Empire allemand ? — Quelles sont les limites de l'Empire allemand au sud ? — Où est situé le Taunus ? — Où est située la Basse-Allemagne ? — Nommez et montrez les cours d'eau qui arrosent l'Empire allemand et qui sont tributaires de la mer du Nord. — Qu'est-ce que le royaume de Prusse ?

80e et 81e **leçons**. — Qu'est-ce que Dresde ? — Quelle est la capitale du Wurttemberg ? — Depuis quand l'Alsace-Lorraine a-t-elle été séparée de la France ? — Quelles sont les trois villes libres de l'Allemagne ? — Quelles sont les grandes villes de l'Allemagne qu'arrose l'Elbe ? — Quelles sont les principales villes de l'Alsace-Lorraine ? — Quelles sont les principales industries de l'Empire allemand ? — Nommez et montrez sur la carte les principaux cours d'eau qui ont leur source en Suisse. — Montrez sur la carte et nommez le cours d'eau qui arrose Berne. — De quels États se compose l'Autriche-Hongrie ? — Qu'est-ce que le Tirol ? — Où est située Trieste ? — Qu'est-ce que la Drave ? — Quelles sont dans l'Autriche-Hongrie les principales villes arrosées par le Danube ? — Qu'est-ce que la Transylvanie ? — Qu'est-ce que la Bosnie ?

EUROPE MÉRIDIONALE.

QUESTIONNAIRE. — 82e **leçon**. — Combien y a-t-il d'États dans la péninsule Ibérique ? — Quelle est la capitale du Portugal ? — Où est-elle située ? — Quels sont les États que le Tage arrose ? — Qu'est-ce que le plateau des Castilles ? — Qu'est-ce que le Mulahacen ? — Qu'est-ce que les îles Baléares ? Nommez et montrez sur la carte les fleuves de l'Espagne. — Quelle est la population de l'Espagne ? — Qu'est-ce que Gibraltar ?

83e **leçon**. — Par quoi est bornée l'Italie au nord ? — Que savez-vous de l'aspect général des Alpes ? — Quelles sont les principales îles appartenant à l'Italie ? — N'y a-t-il pas des volcans en activité dans cette contrée ? — Quelle est la partie la plus élevée des Apennins ? — Nommez et montrez les cours d'eau de l'Italie qui viennent des Alpes.

84e **leçon**. — Quelle est la capitale de la Grèce ? — Qu'est-ce que le Parnasse ? — Montrez sur la carte muette et dites quelles sont les limites de la Turquie. — Où est située Constantinople ? — Quelle est la capitale de la Serbie ? — Quelles sont les bornes de la Roumanie ?

V. LES ÉTATS D'EUROPE

I. EUROPE OCCIDENTALE

L'*Europe occidentale* comprend cinq États : Angleterre, Pays-Bas, Grand-Duché de Luxembourg, Belgique et France.

(Voir la carte n° 44)

1° L'**Angleterre**, ou, plus exactement, le **Royaume-Uni de Grande-Bretagne et d'Irlande** est un des grands États de l'Europe occidentale. Il comprend les **Iles Britanniques**.

La Grande-Bretagne est baignée, à l'est, par la *mer du Nord*; au sud, par le *pas de Calais* et par la *Manche*; à l'ouest, par l'*océan Atlantique*.

Dans la Manche sont les *îles Scilly*, l'*île de Wight* et, près de la côte de France, les *îles Anglo-normandes* ou îles du canal (*Jersey*, *Guernesey*, etc.), qui appartiennent à l'Angleterre; à l'ouest, dans la mer d'Irlande, sont l'île de *Man* et l'*île d'Anglesey*; au nord, dans l'Atlantique, sont les *îles Hébrides*, les *Orcades* et les *Shetland*.

L'île la plus importante est la **Grande-Bretagne**. Au sud et au sud-est, elle se compose de *plaines*; elle est montagneuse dans le *pays de Galles*, à l'ouest, dans les *monts Cheviot* et les **monts Grampian**, au nord. La *Tamise* et la *Severn* en sont les principaux cours d'eau. (Voir les autres cours d'eau sur la carte.) Les *canaux* sont nombreux.

La mer d'**Irlande** et les deux détroits par lesquels elle communique avec l'Océan, le *canal de Saint-Georges* et le *canal du Nord*, séparent la Grande-Bretagne de l'**Irlande**. Cette dernière île est une vaste *plaine* que bordent quelques massifs montagneux. Elle est arrosée par le *Shannon* et renferme beaucoup de *lacs*.

Le *Royaume-Uni* a plus de 35 millions d'habitants. Il est composé des trois anciens royaumes, d'Angleterre, d'Ecosse et d'Irlande.

L'**Angleterre** occupe les deux tiers de la Grande-Bretagne. Capitale : **Londres**, port sur la Tamise, la ville la plus peuplée de l'Europe (près de 3 millions d'habitants) et une des plus commerçantes du monde. — Villes principales : **Liverpool**, port situé près de l'embouchure de la Mersey, faisant un commerce presque aussi considérable que Londres ; **Manchester**, la plus grande ville manufacturière pour le coton ; *Birmingham*, *Stafford*, *Merthyr-Tydfil*, *Swansea*, *Sheffield*, *Leeds*, villes d'industrie, les ports de *Bristol*, *Southampton*, *Hull*, *Newcastle*, *Oxford*, célèbre par son université, les archevêchés de *Canterbury* et d'*York*.

L'**Écosse** occupe la partie septentrionale, qui est la plus montagneuse, de la Grande-Bretagne. L'ancienne capitale est **Édimbourg**. — Villes principales : *Glasgow*, très importante par son industrie et son commerce ; *Dundee*, *Inverness*, *Aberdeen*.

L'**Irlande** a pour ancienne capitale **Dublin**. — Villes principales : *Belfast*, centre de l'industrie des toiles, *Cork*, *Limerick*.

N° 44. — Carte des Iles Britanniques.
ÉCHELLE = 1 : 7,000,000, soit 1 millimètre pour 7 kilomètres.

La Grande-Bretagne et l'Irlande ont une agriculture très-productive; elles possèdent beaucoup de bétail. Cependant, leurs habitants consomment plus de blé et de viande qu'elles n'en fournissent, le commerce en fait venir chaque année une grande quantité des pays étrangers.

La Grande-Bretagne est la contrée d'Europe qui produit le plus de **houille** et le plus de **fer** : le *pays de Galles*, les régions de *Newcastle*, de *Stafford*, de *Glasgow* sont les principaux centres de cette production. Parmi les industries très-nombreuses et très-diverses des Iles Britanniques, les plus importantes sont les *industries du coton*, *de la laine et du lin*, la fabrication des *machines*, la construction des *navires*.

Le commerce maritime de la Grande-Bretagne est plus considérable que celui d'aucun autre État de la Terre : il dépasse 16 *milliards* francs par année.

(Voir la carte n° 45)

2° Les **Pays-Bas** sont ainsi nommés parce qu' sont situés dans une *plaine basse*. Le golfe dit *Zuider* a été en partie formé par des inondations de la m Le **Rhin** et la **Meuse** ont leur embouchure dans Pays-Bas.

Les Pays-Bas sont un *royaume* désigné quelque sous le nom de Hollande (la Hollande forme deux p vinces des Pays-Bas). La population est de *plus* 4 millions d'habitants.

Capitale : **Amsterdam**, port de mer et gra ville de commerce. — **La Haye** est la résidence gouvernement. — Villes principales : *Rotterdam*, sur la Meuse ; *Maestricht*, place forte.

3° La **Belgique** est située au sud des Pays-Bas. se divise en deux parties : à l'ouest, la *plaine* ; à l' le plateau de l'*Ardenne*. Elle est arrosée par la **M** et par l'**Escaut**.

La Belgique est un *royaume*. La population es près de 6 millions d'habitants.

Capitale : **Bruxelles**, belle et grande ville. — V principales : **Anvers**, grand port sur l'Escaut ; *Li* et *Gand*, *Bruges*, *Namur*, *Verviers*, cités industrie

L'industrie est très développée en Belgique, pri palement l'extraction de la *houille*, la fabrication machines, des armes, des tissus, ton, laine et lin, dentelles.

4° Au sud-est de la Belgique, on *Grand-Duché de Luxembourg*. des Pays-Bas en est le souverain

5° La **France**.

II. EUROPE CENTRALE

L'*Europe centrale* comprend qu États : Empire lemand, Suis Liechtenstein, triche-Hongrie.

1° L'**Empire lemand**, const en 1871, à la s des victoires r portées sur France, s'étend *Alpes* jusqu'à la Baltique.

Au sud, il est paré de la Suiss de l'Autriche-H grie par les A et par les trois c nes de la Bohê à savoir : les Sud et les monts Géants (Riesen birge en alleman les monts Met ques (Erz Gebirge), les monts de Bohême ; chaînes font partie du *système* **Hercyni** lequel se continue, à travers l'Allemagne, qu'au Rhin, sous les noms de *forêt de* T ringe et de *Taunus*. A l'ouest du Rhin, sont plateaux montagneux, le *Hunsruck*, l'*Eifel* sud du système Hercynien est la **Haute-** magne, dans laquelle se trouvent deux chaîn la **Forêt Noire** et le *Jura* de Souabe. A l' du Rhin, sont la *plaine de l'Alsace* et les **V** ges. Au nord du système Hercynien, es plaine de la **Basse-Allemagne**, dans laqu on remarque les montagnes du *Harz*.

Les fleuves sont tributaires de trois La mer du Nord reçoit : le **Rhin**, grossi de *Moselle*, du *Neckar*, du *Main* et de la **Ru** l'*Ems* ; la **Weser** ; l'**Elbe**, grossi de la *Saale* du *Havel*, grossie elle-même de la *Spree*.

ner Baltique reçoit l'**Oder**, grossi de la *Warthe* et la *Vistule*. La mer Noire reçoit le **Danube**, qui arrose la Haute-Allemagne en coulant vers l'est et qui reçoit le *Lech* et l'*Inn*.

L'Empire allemand a une population de plus de 43 millions d'habitants.

Le **royaume de Prusse**, agrandi en 1866 par des conquêtes faites sur les Allemands, est l'État prépondérant; le roi de Prusse est en même temps empe-

2° La **Suisse** est une contrée très montagneuse, renommée pour la beauté de ses paysages. Les **Alpes centrales** en occupent la plus grande partie. Elles comprennent au sud les *Alpes Pennines* avec le *Grand Saint-Bernard*, le *mont Rose*, le *Simplon*, les *Alpes Lépontiennes* avec le *Saint-Gothard*, les *Alpes Rhétiques*; au nord, les *Alpes Bernoises*, les *Alpes Helvétiques*, les *Alpes des Grisons*.

Au nord-ouest des Alpes et séparée d'elles par une plaine, est la chaîne du *Jura*.

La Suisse possède une portion du bassin des quatre grands fleuves qui sortent des Alpes : au sud-ouest, le **Rhône** qui forme le **lac de Genève**; au sud, le *Tessin* qui va grossir le Pô; au nord, le *Rhin* qui forme le **lac de Constance**, et qui reçoit l'*Aare* et l'eau des lacs de la Suisse; à l'est, l'*Inn*, affluent du Danube.

La Suisse est une république. Elle est composée de 22 cantons ayant chacun leur gouvernement particulier. La population est de près de 3 *millions d'habitants*. Capitale fédérale : **Berne**. — Villes principales : *Bâle*, *Zurich*, *Genève*.

3° La *principauté de Liechtenstein* est un très petit État, situé entre la Suisse et l'Autriche.

4° L'**Autriche-Hongrie** occupe le sud-est de l'Europe centrale. Les **Alpes orientales**, *Alpes Noriques*, *Alpes Carniques*, en couvrent toute la partie sud-ouest de leurs nombreuses

chaînes. Les trois chaînes des *monts de Bohême* la séparent de l'Empire allemand. A l'est, la grande chaîne

N° 45. — Carte de l'Europe centrale.

des **Karpathes** renferme le *Beskid*, le mont *Tatra* et se termine par les *Alpes de Transylvanie*.

L'*Elbe*, l'*Oder*, la *Vistule*, prennent leur source dans l'Empire austro-hongrois. Le *Danube*, qui la traverse de l'ouest à l'est, reçoit l'*Inn* sur la frontière, la *Drave*, la *Save*, la *Tisza*. En Hongrie est le *lac Balaton*.

La population est de plus de 39 *millions d'habitants*. L'Empire se compose de deux États que gouverne le même souverain : l'*Empire d'Autriche* et le *Royaume de Hongrie*.

L'**Empire d'Autriche** a pour principales provinces l'*archiduché d'Autriche*, la *Bohême*, la *Moravie*, la *Galicie*, la *Styrie*, le *Tyrol*. Cap. : **Vienne**, sur le Danube. — Villes principales : *Prague* en Bohême, *Linz* sur le Danube, *Grætz*, *Brunn*, *Lemberg*, *Trieste*, port sur l'Adriatique.

Le **Royaume de Hongrie** (voir les cartes n°s 45 et 46) avec la *Transylvanie*. Cap. : **Budapest**, sur le Danube. — Villes princ. : *Presbourg*, *Szeged*.

De l'Empire d'Autriche dépend la province turque de *Bosnie* avec l'Herzégovine.

La Hongrie est surtout un pays agricole; l'Autriche, qui possède beaucoup de forêts, a une industrie développée, surtout en *Bohême*, dans les environs de *Vienne* et de *Grætz*.

reur d'Allemagne.
Berlin (1 million d'hab.), sur la Sprée, est la capitale de la Prusse et de l'Empire; ancienne capitale de la province de Brandebourg, mise par un canal en communication avec l'Elbe et l'Oder.

Parmi les autres États de l'Empire allemand, les principaux sont : le **royaume de Saxe**, capitale **Dresde**, belle ville sur l'Elbe; le royaume de **Bavière**, capitale **Munich**, ville en musées; le royaume de **Wurtemberg**, capitale *Stuttgart*; le Grand-Duché de *Bade*, capitale *Karlsruhe*; le Grand-Duché de *Hesse-Darmstadt*; les deux Grands-Duchés de *Mecklembourg*; le Grand-Duché d'*Oldenbourg*; les duchés de Saxe (*Gotha*, *Weimar*, *Cobourg*, etc.); les trois villes libres de *Lubeck*, **Hambourg**, sur l'Elbe, le principal port de l'Allemagne, *Brême*, *Mayence* sur le *Main*, *Strasbourg* et *Metz*, deux villes de l'Alsace-Lorraine.

Autres villes : *Kœnigsberg*, ancienne capitale du duché de Prusse; *Dantzig*, port à l'embouchure de la Vistule; *Breslau*, capitale de la Silésie ; *Posen*, ville polonaise; *Leipzig* en Saxe, grande ville de commerce et d'études; *Magdebourg*, sur l'Elbe; *Francfort*, sur le Main; *Mayence*, *Cologne*, sur le Rhin; *Strasbourg* et *Metz*, deux villes de l'Alsace-Lorraine.

L'Allemagne a une agriculture florissante, surtout en Saxe et en Bavière; elle possède, sur les bords de la *Ruhr*, dans la *Haute-Silésie* et en *Saxe*, de riches bassins houillers et, par suite, d'importantes usines métallurgiques; l'Alsace, la Saxe, la Silésie sont renommées pour leurs *tissus*.

III. EUROPE MÉRIDIONALE

(Voir la carte n° 46).

Il y a 11 États dans l'*Europe méridionale*. Trois dans la *péninsule Ibérique* : Portugal, Espagne, république d'Andorre ; deux dans la *péninsule Italique* : Italie, république de Saint-Marin ; cinq dans la *péninsule Pélasgique* : Grèce, Turquie, Bulgarie, Monténégro, Serbie ; la Roumanie est presque tout entière au nord du Danube.

PÉNINSULE IBÉRIQUE.

1° Le **Portugal** occupe presque tout l'occident de la péninsule Ibérique. La *serra da Estrella* en est la principale chaîne de montagnes. Le **Douro**, le **Tage** y ont leur embouchure ; la *Guadiana* le sépare, au sud-est, de l'Espagne.

Le **Portugal** est un *royaume*. La population est de 4 millions 1/2 d'habitants.

Capitale : **Lisbonne**, à l'embouchure du Tage. — Ville princ. : *Oporto*, port sur le Douro.

2° L'**Espagne** est bornée au nord-est par les *Pyrénées*, à l'ouest par le *Portugal*, des autres côtés par l'*océan Atlantique* et la *Méditerranée*. Le *détroit de Gibraltar* la sépare de l'Afrique.

Au centre de l'**Espagne** est le vaste et haut **plateau des Castilles**. Au nord, la partie occidentale de la chaîne des **Pyrénées** ; à l'est, les *Monts Ibériques* ; au sud, la *sierra Morena* bordent ce plateau ; la *sierra de Gredos* le partage en deux parties. A l'est de ce plateau est le plateau d'*Aragon*, séparé de la France par la partie orientale des Pyrénées ; au sud, sont la plaine de l'*Andalousie* et la **sierra Nevada** dont le *Mulahacen* est le plus haut sommet.

Les **îles Baléares** dépendent de l'Espagne.

Les cours d'eau sont : le *Minho*, le **Douro**, le **Tage**, la *Guadiana*, qui terminent leur cours en Portugal ou sur sa frontière ; le **Guadalquivir** en Andalousie ; l'**Èbre** en Aragon.

L'**Espagne** est un *royaume*. La population est d'environ *près de 17 millions d'habitants*.

Capitale : **Madrid**, située au centre du plateau de Castille. — Villes princ. : *Burgos, Barcelone*, port sur la Méditerranée ; *Valence* ; *Cordoue, Séville ; Cadix*, port sur l'océan Atlantique.

3° Au nord, dans une vallée des Pyrénées, est la petite **république d'Andorre**.

Au sud, le rocher fortifié de *Gibraltar* appartient à l'Angleterre.

PÉNINSULE ITALIQUE.

1° L'**Italie** est bornée au nord par les **Alpes**. Les **Alpes occidentales** séparent l'Italie de la France ; on y trouve le *mont Viso*, le grand *Paradis*, le *mont Blanc*. Les **Alpes centrales** séparent l'Italie de la Suisse ; le *mont Rose*, le *Bernina*, l'*Ortler* sont au nombre des plus hautes montagnes de cette frontière. Les *Alpes Carniques*, qui font partie des **Alpes orientales**, séparent l'Italie de l'Autriche.

Les autres côtés de l'Italie sont baignés par la mer : à l'ouest, *golfe de Gênes* et **mer Tyrrhénienne** ; au sud, **mer Ionienne**, avec le *golfe de Tarente* ; à l'est, **mer Adriatique** et le *canal d'Otrante*.

L'Italie possède la **Sardaigne**, séparée de la Corse par les *bouches de Bonifacio*, l'*île d'Elbe*, la **Sicile**, séparée du continent par le *phare* ou détroit de Messine.

Un grand volcan, l'**Etna**, s'élève au-dessus de toutes les autres montagnes de la Sicile. En Italie, un autre volcan, le *Vésuve*, près de Naples, a, comme l'Etna, de fréquentes éruptions.

La chaîne des **Apennins**, qui se relie aux Alpes est le *Gran Sasso* est le plus haut massif, s'étend du nord au sud de l'Italie.

Le principal cours d'eau de l'Italie est le **Pô**. Les Alpes lui envoient de nombreux affluents : *Tessin, Adda, Mincio* qui apportent l'eau du *lac Majeur*, du *lac de Côme*, du *lac de Garde*. Les autres fleuves sont : l'*Adige*, la *Brenta*, tributaires de la mer Adriatique ; l'*Arno*, le **Tibre**, tributaires de la mer Tyrrhénienne.

L'Italie est un *royaume*. Sa population est d'environ 29 *millions d'habitants*.

Capitale : **Rome**, sur le Tibre. Cette ville, maîtresse de tous les pays baignés par la Méditerranée dans l'antiquité, est aujourd'hui le siège du gouvernement italien et la résidence du pape. — Villes principales : *Turin*, ancienne capitale des Etats Sardes ; **Gênes**, grand port de commerce ; **Milan** ; *Venise* sur l'Adriatique ; au centre, *Bologne, Florence*, ancienne capitale de la Toscane, les ports d'*Ancône* et de *Livourne* ; au sud, **Naples**, ancienne capitale du royaume des Deux-Siciles, le port de *Brindisi* ; en Sicile, *Palerme, Catane, Syracuse*.

L'agriculture et l'industrie, particulièrement l'industrie de la *soie*, sont florissantes, surtout dans le *bassin du Pô*.

2° Dans l'Italie centrale se trouve la petite **république de Saint-Marin**.

Au nord-ouest de l'Italie, sur la côte française, est la **principauté de Monaco**.

Au sud de la Sicile l'île de *Malte*, appartient à l'Angleterre.

PÉNINSULE PÉLASGIQUE.

1° La **Grèce** occupe la partie méridionale la péninsule Pélasgique. Elle est bornée par *mer Ionienne*, la *mer Égée* et la *Turquie*. Elle en grande partie couverte de montagnes ; plus célèbres dans l'antiquité sont le *Parna* le *Taygète*. Le principal cours d'eau, la *Salem* autrefois nommé Pénée, coule en Thessal

La presqu'île du *Péloponnèse* est reliée terre ferme par l'*isthme de Corinthe*. Les *Ioniennes*, dont *Corcyre* (ou Corfou) est la cipale, les *Cyclades* et l'île d'*Eubée* dépen la Grèce. La Grèce est un *royaume*. La popul est *près de 2 millions d'hab*. Cap. : **Athè** une des cités les plus florissantes de l'antiq

2° La **Turquie** est bornée au nord par triche-Hongrie, par la *Serbie* et la *Bulgar* l'ouest, par le *Monténégro*, la *mer Adriati* la *mer Ionienne* ; au sud, par la *Grèce* ; à par la *mer Égée*, le *détroit des Dardanelle* *mer de Marmara*, le *Bosphore* et la *mer N* L'île de *Crète* en dépend.

C'est une contrée montagneuse, dont le *T dagh*, la chaîne du *Pinde* et le *Balkan* son chaînes les plus importantes. La *Maritza*, le *S ma* et le *Vardar* en sont les fleuves princip

La Turquie d'Europe, gouvernée par le tan, fait partie de l'*Empire ottoman* qui s'é aussi sur l'Asie et l'Afrique. La popula est d'environ 6 millions d'habitants.

La *Roumélie orientale* est une province tu — *Bosnie*, qui dépend nominalement de la quie, est administrée par l'Autriche.

Capitale : **Constantinople**, sur le Bosph — Villes principales : *Andrinople, Saloni*

3° La **Bulgarie** est une principauté tribu de la Turquie, créée en 1878. — Cap. : **S**

4° Le **Monténégro** est à l'ouest de la Turq Capitale : *Cétigné*.

5° La **Serbie** est située au sud du Dan Capitale : *Belgrade*. — Ville princ. : *Kragoje*

La **Roumanie** est un *royaume* situé au r du *Danube*, excepté vers l'embouchure, e le fleuve, le *Pruth* et les *Karpathes*. La pe lation est de 5 *millions d'habitants*.

Capitale : **Bucarest**. Ville principale : Y

N° 46. — Carte de l'Europe méridionale.

ÉCHELLE = 1 : 21,000,000, soit 1 millimètre pour 21 kilomè

IV. EUROPE ORIENTALE ET SEPTENTRIONALE

RUSSIE (Voir la carte n° 47)

La **Russie** occupe toute l'Europe orientale : c'est *plus de la moitié de la superficie totale de l'Europe*.

Elle est bornée, au nord, par l'*océan Glacial* qui forme la *mer Blanche* et où se trouve l'île nommée *Novaia Zemlia* ; elle s'étend en Asie, à l'est, bien au delà de l'Oural par la Sibérie et au sud-est par delà le Caucase ; au sud, elle est bornée par la *mer Noire* qui forme la *mer d'Azof*; à l'ouest, par le *Prut* qui la sépare de la *Roumanie*, par l'*Empire d'Autriche-Hongrie* et la *Prusse*, par la *mer Baltique* qui forme les golfes *de Riga, de Finlande* et *de Bothnie*, par la *Tornëa* qui la sépare de la péninsule Scandinave.

La Russie d'Europe est bornée, à l'est, par les chaînes de l'**Oural**, et, au sud-est, par le **Caucase** dont les principaux sommets (**Elbrouz**, *Kasbek*, etc.) dépassent en hauteur le mont Blanc ; tout le reste est une plaine immense sur laquelle s'élèvent quelques rangées de collines (*collines du Volga*) et des plateaux peu élevés (*Hauteurs de Valdai*).

De grands fleuves arrosent la Russie : la **Petchora**, la *Dvina septentrionale*, tributaires de l'océan Glacial et de la mer Blanche ; la *Néva* débouche des lacs *Onéga* et **Ladoga** ; la **Dvina occidentale**, le **Niémen**, la **Vistule**, tributaires de la mer Baltique ; le *Dniester*, le **Dniéper**, le **Don**, tributaires de la mer Noire et de la mer d'Azof ; le **Volga**, le plus grand fleuve de l'Europe, et l'**Oural**, tributaires de la Caspienne. La Finlande est couverte de *lacs*.

La **Russie**, comprenant en Europe le **Grand-duché de Finlande** (capitale *Helsingfors*) et les *provinces polonaises*, est un *empire* gouverné par l'empereur ou « czar ». La population, en Europe, est d'environ 80 *millions d'habitants*. Capitale : **Saint-Pétersbourg**, grande et belle ville, près de l'embouchure de la Néva.

Villes principales : **Moscou**, ancienne capitale, située au centre de la Russie ; **Varsovie**, sur la Vistule, ancienne capitale de la Pologne ; *Odessa*, le principal port de la Russie sur la mer Noire ; *Astrakhan*, sur le Volga, port de la mer Caspienne ; *Nijni-Novgorod*, célèbre par sa foire, *Kazan*, *Perm*, chef-lieu d'un gouvernement riche en mines ; *Arkhangel*, port sur la mer Blanche ; *Riga*, port sur la mer Baltique ; *Smolensk* et *Kief*, sur le Dniéper.

La partie septentrionale de la Russie est couverte de *forêts*, excepté dans le voisinage de l'océan Glacial ; la partie occidentale produit beaucoup de *lin* ; la partie du sud-ouest est fertile en *céréales* ; le sud-est se compose surtout de *steppes*. Les grandes industries sont groupées principalement dans les environs de *Moscou*,

E. Levasseur. — Atlas scolaire.

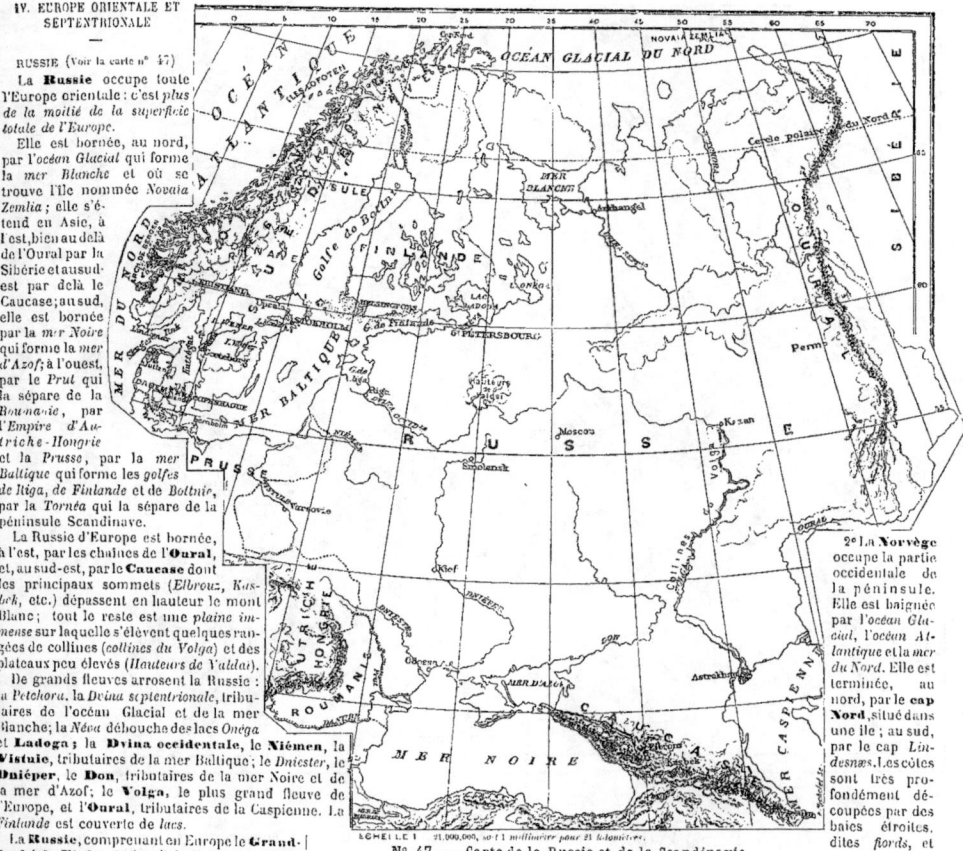

N° 47. — Carte de la Russie et de la Scandinavie.

en Pologne et dans le district minier de l'*Oural*.

ÉTATS SCANDINAVES

On désigne la Suède, la Norvège et le Danemark sous le nom d'*États Scandinaves*, parce qu'ils sont habités par la race scandinave.

1° La **Suède** occupe toute la partie orientale de la péninsule Scandinave. Elle est bornée, à l'est, par la *mer Baltique* et le *golfe de Bothnie* ; à l'ouest, par les *Alpes Scandinaves*.

La Suède est peu cultivable et peu peuplée dans le nord, à cause du froid : elle a des plaines fertiles dans le sud et possède beaucoup de *forêts* et de mines *de fer*.

Les cours d'eau n'y sont pas propres à la navigation, à l'exception du *Geta*. Les lacs sont en très grand nombre ; les plus grands sont le lac *Wenern* et le lac *Wettern*.

La Suède est un *royaume*. La population atteint presque 5 *millions d'hab.*

Capitale : **Stockholm**, belle ville, bâtie en partie sur des îles au débouché du *lac Mælar*. Villes princ. : *Upsala* et *Gœteborg*.

2° La **Norvège** occupe la partie occidentale de la péninsule. Elle est baignée par l'*océan Glacial*, l'*océan Atlantique* et la *mer du Nord*. Elle est terminée, au nord, par le **cap Nord**, situé dans une île ; au sud, par le cap *Lindesnæs*. Les côtes sont très profondément découpées par des baies étroites, dites *fiords*, et sont semées d'archipels : les principaux sont ceux des **îles Lofoten** et de *Bergen*.

Les **Alpes Scandinaves** couvrent presque entièrement la Norvège de leurs plateaux stériles et de leurs glaciers.

La Norvège est un *royaume* distinct de la Suède, mais ayant le même roi qu'elle. La population est de 2 *millions d'habitants*. Cap. : **Kristiania**. — Ville princ. : *Bergen*.

La *pêche*, les *forêts* et les *mines* sont les principales ressources de cette contrée.

3° Le **Danemark**, amoindri par les conquêtes de la Prusse, comprend la presqu'île du *Jutland*, que les détroits du *Skager rak* et du *Kattégat* séparent de la péninsule Scandinave, les îles *Danoises*, dont la principale est *Sélande* et l'île de *Bornholm*. — Le Danemark est un *royaume*. La population est de 2 *millions d'hab*.

Capitale : **Copenhague**, port de commerce sur le détroit nommé *Sund*, dans l'île de Sélande.

L'**Islande**, qui renferme le volcan Hekla, et les *îles Ferrœ* dépendent du Danemark.

— 42 —

N° 48. — Carte de l'Asie.

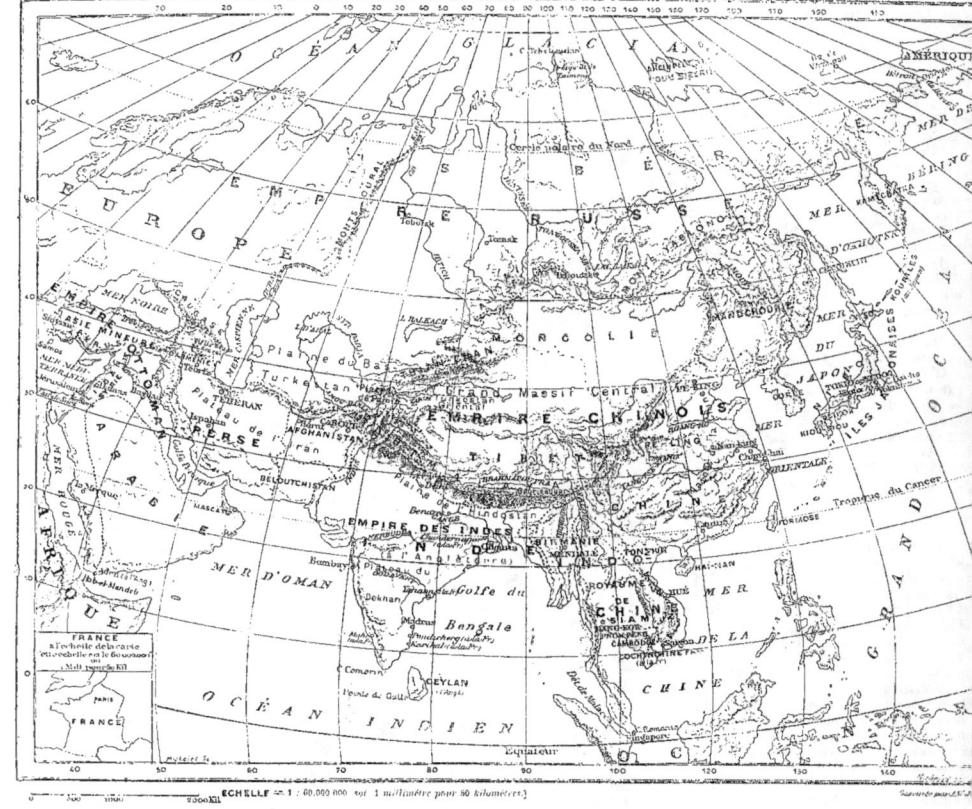

Animaux et plantes de l'Asie.

VI. LES PARTIES DU MONDE
(MOINS L'EUROPE)

I. ASIE
(Voir la carte n° 48.)

CONTOURS, CÔTES ET FRONTIÈRES.

L'**Asie** fait partie de *l'ancien continent*. Elle a *plus de quatre fois la superficie de l'Europe*. Elle est *la plus peuplée des cinq parties du monde :* car elle compte plus de 750 millions d'habitants.

1° Les **deux côtés orientaux** s'étendent du **cap Oriental**, qui s'avance dans le **détroit de Béring**, au **cap Datcho**, et, de là, au **cap Romania**. Ils sont baignés par le **Grand océan** ou **océan Pacifique**.

Les principales *mers secondaires* sont : la **mer d'Okhotsk**, la **mer du Japon**, la **mer Orientale**, la **mer de la Chine**.

On y trouve deux grandes *péninsules* : le *Kamtchatka* et la *Corée*. Les principales îles sont l'archipel des *Kouriles*, l'île *Sakhalin*, l'archipel des **îles Japonaises**, l'île *Formose*, *Haï-nan*.

2° Le *côté méridional* s'étend du cap Romania et du **détroit de Malacca** au détroit dit **Bab-el-Mandeb**. Il est baigné par l'**océan Indien**. Cet océan forme le **golfe du Bengale** et la **mer d'Oman**, avec le *golfe Persique*.

Trois grandes péninsules constituent l'Asie méridionale : l'**Indo-Chine**, terminée par le *cap Romania* ; l'**Inde**, terminée par le *cap Comorin* et par l'île de *Ceylan* ; l'**Arabie**, couverte en grande partie de déserts.

3° Les **deux côtés occidentaux** s'étendent du Bab-el-Mandeb à l'île de *Samos* et, de là, à l'embouchure du fleuve *Kara*. Ils sont baignés : 1° par la **mer Rouge**, très fréquentée depuis que le **canal de Suez** unit la Méditerranée à la mer Rouge ; 2° par la **mer Méditerranée** et la **mer Noire**. Ces deux mers qui communiquent, sont séparées par la péninsule dite **Asie Mineure** ; 3° par les monts **Caucase**, la **mer Caspienne**, le *fleuve Oural*, les **monts Ourals**, limite de l'Asie et de l'Europe.

5° Sur le *côté septentrional*, désert à cause du froid, sont le cap **Tchéliouskin** et l'archipel *de la Nouvelle-Sibérie* ; il est baigné par l'océan

Glacial. Nordenskiœld est le seul navigateur qui ait parcouru toute cette côte.

RELIEF DU SOL.

1° Au centre, le **Grand massif central de l'Asie** constitue la plus grande étendue de hautes terres qui existent sur le globe terrestre. Il comprend de vastes plateaux : au sud, le **Tibet**, contrée froide et sauvage; au centre, le **Turkestan oriental**; au nord-est, la **Mongolie**. Ces plateaux sont séparés par des chaînes de montagnes.

Le Grand massif et le Tibet sont bornés, au sud, par les monts **Himalaya** qui renferment **les plus hautes montagnes du globe**; la plus élevée est le *Gaurisankar* (8,840 mètres).

Gaurisankar.

Le Grand massif est borné, à l'ouest, par le **plateau de Pamir**, au nord par les **Thian-Chan**, c'est-à-dire les monts Célestes, par l'*Altaï* et les *monts Yablonoï*.

2° A l'est du Grand massif, les *plaines de la Chine* sont traversées, de l'ouest à l'est, par des chaînes de montagnes; celle des *Pé-ling*, ou montagnes du nord, est la plus importante.

3° Au sud, la presqu'île de l'Indo-Chine est sillonnée, du nord au sud, par de longues chaînes. La presqu'île de l'Inde comprend la *plaine de l'Hindoustan* et le plateau du *Dekhan*. La presqu'île de l'Arabie est un vaste plateau.

4° A l'ouest, sont deux grands plateaux, moins élevés que le Grand massif central : le *plateau de l'Iran* et le plateau de l'**Asie Mineure** avec la chaîne du *Taurus*. Ils sont bordés de montagnes et réunis par les monts **d'Arménie** qui renferment le *mont Ararat*.

Au sud de l'Asie Mineure est la chaîne du *Liban*.

Au nord des monts d'Arménie, la haute chaîne du **Caucase** est située sur la limite de l'Asie et de l'Europe.

5° Au nord-ouest et au nord, s'étendent les *immenses plaines du Bas-Turkestan et de la Sibérie*.

COURS D'EAU ET LACS.

1° L'*océan Glacial* reçoit les fleuves qui, descendant des chaînes septentrionales du Grand massif, arrosent la froide plaine de la Sibérie : l'*Ob*, l'**Iénisséï**, par lequel s'écoule l'eau du lac Baïkal, la *Léna*.

2° Le *Grand océan* reçoit les fleuves du versant oriental du Grand massif : l'*Amour*, qui coule sur le territoire russe; le *Hoang-ho*, c'est-à-dire fleuve Jaune, et le **Yang-tsé-kiang**, le plus grand fleuve de l'Asie, qui arrosent l'Empire chinois; le *Cambodge*, qui arrose l'Indo-Chine.

3° L'*océan Indien* reçoit trois grands fleuves qui, sortis de l'*Himalaya*, arrosent l'Inde : le *Brahmapoutra*, le **Gange**, fleuve sacré des Hindous, l'*Indus*; il reçoit aussi l'*Euphrate* et le *Tigre*, descendus des monts d'Arménie.

4° Outre la mer Caspienne, l'Asie renferme beaucoup de lacs et de rivières dont les eaux ne vont pas à l'Océan : le fleuve *Tarim*; le *lac Balkach*; le **lac d'Aral**, qui reçoit l'*Amouداria*; le *Jourdain*, tributaire de la *mer Morte*.

ÉTATS, COLONIES ET VILLES.

1° Dans l'*Asie occidentale*, sont :

L'**Empire ottoman** dont une partie est située en Europe, l'autre partie en Asie, à savoir, l'*Asie Mineure*, la *Syrie*, une portion de l'*Arabie*. Villes principales : **Smyrne**, le premier port de commerce de l'Asie Mineure; *Jérusalem*; *Damas*; *la Mecque*, la ville sainte des musulmans; *Bagdad*. Le reste de l'Arabie se compose de déserts et de petits États indépendants, comme l'Etat de *Mascate*.

La Perse, capitale **Téhéran**; villes principales : *Tebriz*, *Ispahan*.

L'**Afghanistan**, capitale *Caboul*; ville principale : *Hérat*.

Le *Beloutchistan*, contrée barbare.

2° Dans l'*Asie méridionale* (sans l'Arabie) :

L'**Empire des Indes** qui appartient à l'Angleterre. Villes principales : **Calcutta**, résidence du gouverneur des Indes; *Madras*, **Bombay**, le port le plus commerçant de l'Asie. *Chypre*, dans la Méditerranée; *Aden*, port de l'Arabie; *Singapore*, au sud de l'Indo-Chine; *Hongkong*, en Chine, appartiennent à l'Angleterre. Elle produit le *riz*, l'*opium*, l'*indigo*, le *café*, le *coton*, les épices.

La France possède dans l'Inde **Pondichéry**, *Mahé*, *Karikal*, *Yanaon*, *Chandernagor*.

Les 4 Etats et la colonie situés dans l'*Indo-Chine* sont : **Birmanie**, capitale *Mandalé*; **Royaume de Siam**, capitale *Bang-kok*; **Annam**, capitale *Hué*; *Cambodge*, capitale *Pnompenh*, placé sous le protectorat de la France; **Cochinchine française**, chef-lieu **Saïgon**.

3° Dans l'*Asie orientale et centrale* :

N° 49. — Carte de la Chine.

L'**Empire chinois**, habité par des hommes de la race jaune. La population, qui approche de 400 millions d'habitants, est plus considérable que celle de l'Europe entière.

La **Chine** proprement dite est la seule partie très peuplée et très cultivée. Elle produit le *riz*, le *thé*, on y élève les *vers à soie*. Les grandes villes y sont nombreuses. — Cap. : **Péking**. Villes principales : *Tien-tsin*, *Sou-tcheou*; **Chang-haï**, la principale place de commerce fréquentée par les Européens en Chine ; *Nanking*, *Hun-keou*, *Ning-po*, *Fou-tcheou*; **Canton**.

De l'Empire chinois dépendent plusieurs États

Chinois.

Pé-king.

ou territoires tributaires : la **Mandchourie** et la **Mongolie**, régions de steppes et de déserts; le **Tibet**, situé sur le plus haut plateau de l'Asie; le **Turkestan oriental**; jadis la **Corée**.

Le **Japon**, composé d'îles dont les principales sont : **Nippon**, *Sikok* et *Kiou-siou*. — Capitale: **Tokio**, ou *Yédo*. — Villes principales: *Kioto*, métropole religieuse; *Yokohama*, port fréquenté par les commerçants d'Europe et d'Amérique.

4° Dans l'*Asie septentrionale* :

La **Sibérie**, qui fait partie de l'Empire russe. Villes principales : *Tomsk* et *Tobolsk*.

L'**Empire russe** comprend aussi le *Bas-Turkestan* et les *Provinces caucasiennes*.

N° 50. — Carte du Japon.

ASIE

Méthode Cartographique de E. Levasseur

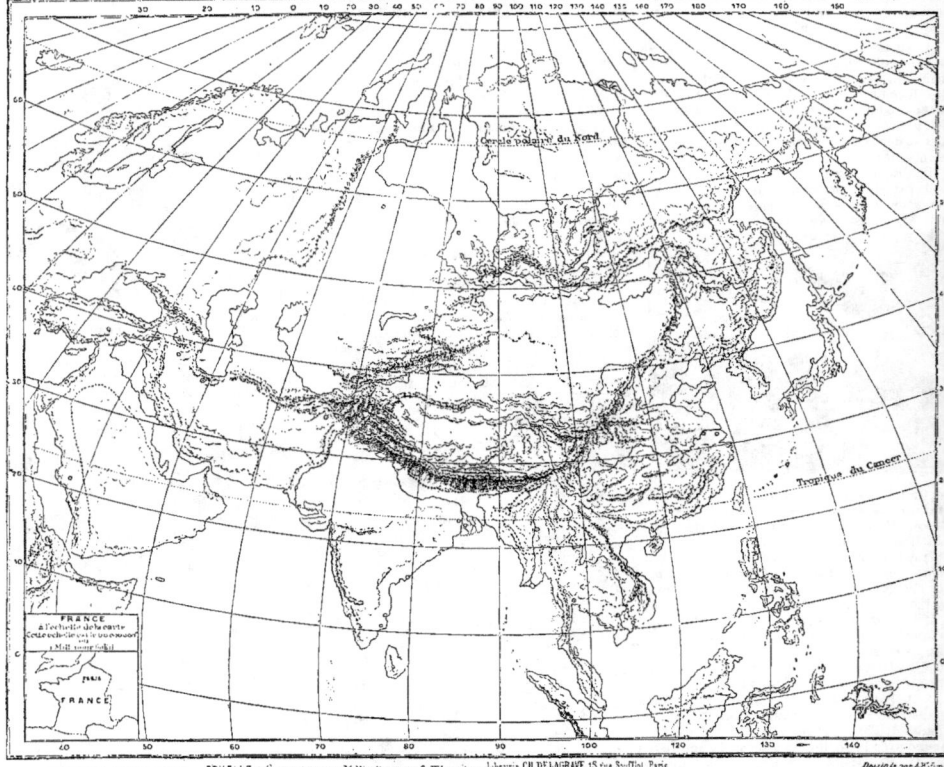

Carte muette pour l'étude de l'Asie.

QUESTIONNAIRE.

87ᵉ et 88ᵉ leçons. — Qu'est-ce que l'Asie ? — Jusqu'où s'étend-elle au nord et au sud ? — Est-elle considérable que celle de l'Europe ? — A-t-elle une population plus considérable que celle de l'Europe ? — Que savez-vous de la côte septentrionale ? — Où est le cap Oriental ? — Quelles sont les mers formées par le Grand Océan sur la côte orientale ? — Quelles sont les principales îles ? — Quels sont les principaux détroits de l'Asie ? — N'y a-t-il pas entre l'Europe et l'Asie d'autres détroits que vous avez appris en étudiant l'Europe ? — Par quoi sont formées les limites continentales de l'Europe et de l'Asie ? — Où est située l'île de Ceylan ? — Qu'est-ce qu'a de plus remarquable le relief de l'Asie ? — Quel est le plus élevé des grands plateaux du Grand massif central ? — N'y a-t-il pas encore un autre grand plateau très élevé ? — Où sont les Thian-chan ? — Quelle est la plus haute montagne de l'Asie ? — Pourquoi le Gaurisankar est-il représenté couvert de neige, quoiqu'il soit dans une région voisine du tropique ? — Quels grands plateaux trouve-t-on à l'ouest du Grand massif central ? — N'y a-t-il pas entre ces deux plateaux un massif montagneux qui semble les unir ? — Quelle est la plus haute montagne ? — Où sont les plus grandes plaines de l'Asie ? — Quel est le principal affluent de l'Ob ? — Pourquoi les fleuves tributaires de l'océan Glacial n'ont-ils pas une importance commerciale proportionnelle à leur étendue ? — En est-il de même des fleuves de la Chine ? — Quel est le plus important ? — Quels sont les fleuves de l'Asie tributaires de l'océan Indien ? — Quels sont les principaux cours d'eau de l'Asie qui ne se jettent pas dans l'Océan ?

89ᵉ leçon. — Quelles sont les contrées de l'Asie qui dépendent de l'Empire ottoman ? — De quoi se compose le reste de l'Arabie ? — Qu'est-ce que Smyrne ? — Qu'est-ce que la Mecque ? — Quels sont les États ou contrées situés sur le plateau de l'Iran ? — Quelle est la capitale de la Perse ? — A qui appartient l'Empire des Indes ? — Par qui est administrée l'Inde ? — Où est le siège du gouvernement spécial des Indes ? — Nommez et montrez sur la carte les grandes villes de l'Inde appartenant à l'Angleterre. — Quel est le chef-lieu des cinq établissements français dans l'Inde ? — La France n'a-t-elle pas en Asie d'autres possessions que celles de l'Inde ? — Qu'est-ce que Hong-kong ? — Nommez et montrez les tributaires de l'Empire chinois. — Ces pays tributaires sont-ils aussi peuplés que la Chine proprement dite ? — Quelle est la capitale de la Chine ? — Qu'est-ce que Chang-haï ? — Nommez et montrez les autres ports principaux de la Chine. — Qu'est-ce que Han-keou ? — Quelles sont les principales villes du Japon ? — Quelle est la capitale du Japon ? — Qu'est-ce que Yokohama ? — Qu'est-ce que La Russie n'a-t-elle pas d'autres possessions en Asie ?

Devoirs. — Faire, sur la carte muette physique et politique, la carte physique de l'Asie.

Faire, sur la carte muette politique, la carte du relief du sol de l'Asie.

Faire, sur la carte muette politique de la Chine, la carte physique et politique de l'Empire Chinois.

Faire, sur la carte muette physique et politique, la carte politique de l'Asie.

Exemple d'un devoir récapitulatif sous forme de voyage, à rédiger par l'élève. — *Voyage de Marseille à Saïgon.* — On traverse toute la Méditerranée en naviguant vers le sud est et en passant par les Bouches de Bonifacio, entre la Corse et la Sardaigne, la mer Tyrrhénienne, le phare de Messine entre l'Italie et la Sicile, la mer Ionienne, la Méditerranée, au sud de l'île de Crète.

On traverse le canal de Suez, creusé par un Français pour établir une communication maritime entre la Méditerranée et les mers de l'Orient. Puis on longe l'Arabie et l'Afrique, toute la mer Rouge dont on sort par le détroit dit Bab-el-Mandeb. On traverse la mer d'Oman, en naviguant dans l'océan Indien, on passe au sud du cap Comorin et de l'île de Ceylan qui, avec tout l'empire très peuplé des Indes, appartient à l'Angleterre. On franchit le détroit de Malacca entre l'Indo-Chine et Sumatra, île de l'Océanie, en doublant le cap Romani, extrémité de l'Indo-Chine, et on s'arrêtant à Singapore, colonie anglaise.

On navigue ensuite vers le nord-est dans la mer de la Chine et on atteint les bouches du Cambodge qui font partie de la Cochinchine française. On remonte le Donaï et la rivière de Saïgon, et on arrive à la ville de Saïgon, chef-lieu de la colonie française de la Cochinchine.

AFRIQUE

Méthode Cartographique de E. Levasseur.

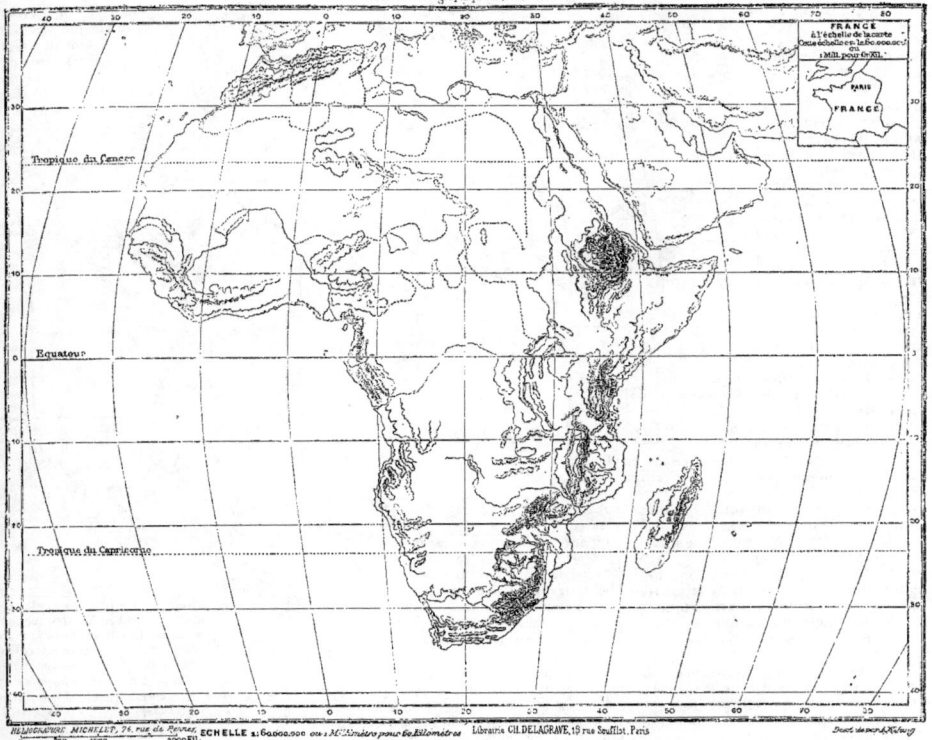

Carte muette pour l'étude de l'Afrique.

QUESTIONNAIRE.

90e leçon. — Combien de fois l'Afrique est-elle plus grande que l'Europe? — Comment est-elle orientée relativement à l'Europe? — Quelles sont les parties du monde qui font partie de l'ancien continent? — Par quoi l'Afrique est-elle séparée de l'Europe? — Montrez sur la carte l'isthme de Suez. — Quels sont les golfes de la Méditerranée sur la côte d'Afrique? — Quels océans baignent l'Afrique? — Quels caps faut-il doubler pour passer de l'océan Atlantique dans l'océan Indien en tournant l'Afrique par le sud? — Où est situé le golfe de Guinée? — Quels sont les principaux caps de la côte occidentale de l'Afrique? — Qu'est-ce qui a découvert le cap de Bonne-Espérance et à quelle époque? — Quelle est la plus grande île de l'Afrique? — Où est situé le cap Guardafui? — Quels sont les mers et détroits qui baignent la côte orientale de l'Afrique? — Où est située l'île de Sainte-Hélène? — Montrez sur la carte les Canaries. — Qu'est-ce que le Grand plateau austral? — Quelle est la plus haute montagne de l'Afrique? — Montrez le Kilima-Ndjaro sur la carte. — Où est situé la chaîne Arabique? — Qu'est-ce que le Sahara? — Montrez et faites connaître l'Atlas. — D'où sort le Nil? — Quelle est la direction générale du cours du Nil? — Quel est le principal affluent du Nil? — A quoi l'Egypte doit-elle sa fertilité? — Nommez et montrez sur la carte muette les fleuves d'Afrique tributaires de l'océan Atlantique. — Nommez et montrez sur la carte muette les lacs de l'Afrique.

91e leçon. — Qu'est-ce que l'Egypte? — Qu'est-ce que comprend l'Egypte? — Quelles sont les villes les plus importantes de l'Egypte? — Montrez Tripoli sur la carte et dites sur quelle mer est située cette ville. — Quelle est la position de la Tunisie relativement à la province de Tripoli? — Où est situé le Maroc relativement à l'Algérie. — Par quoi la Tunisie, l'Algérie et le Maroc sont-ils bordés au sud? — Par qui est habité le Soudan? — Quel est le fleuve qui arrose le Soudan? — Quelle région faut-il traverser pour aller de l'Algérie au Soudan? — Qu'est-ce que la république de Libéria? — Nommez et montrez sur la carte muette les principales possessions de la France en Afrique. — Y a-t-il d'autres établissements français moins importants que vous avez vus en apprenant les colonies françaises? — Pouvez-vous montrer sur la carte muette où sont situées ces possessions? — Montrez sur la carte muette les principales possessions du Portugal. — Où est situé l'Etat libre d'Orange? — Quelle route suivra un bâtiment partant de Marseille pour se rendre à la Réunion par le détroit de Gibraltar? — Peut-il suivre une route plus courte et depuis quand peut-il la suivre?

Devoirs. — Faire la carte physique de l'Afrique à l'aide de la carte muette portant les divisions politiques.

Sur la même carte muette, écrire les noms de la géographie politique.

Tracer, sur la carte muette physique, les principales divisions politiques et écrire les noms.

Faire, sans l'aide d'une carte muette, la carte physique et politique de la région arrosée par le Nil.

Devoirs supplémentaires et récapitulatifs, sous forme de voyage. — (Voir les deux exemples de voyages de ce genre, pages 44 et 49.) — NOTA. — Si l'élève a, par quelque lecture ou par la leçon de son maître, appris plus que ne contient le texte de l'Atlas-Scolaire, il devra s'efforcer de donner à sa rédaction plus de développements, de manière à bien montrer ce qu'il sait). — Voyage par mer, le long des côtes, de Saint-Pétersbourg à Lisbonne. — Faire, par mer et par terre, le tour du monde en partant du Havre, en traversant l'Amérique de New-York à San-Francisco et naviguant de là jusqu'à Marseille par le canal de Suez. — Aller par terre de Québec à Mexico. — Faire par terre et par le canal de Suez le tour de l'Afrique. — Traverser l'Afrique de Zanzibar à Saint-Louis du Sénégal. — Aller de Saint-Pétersbourg à Pé-king par terre. — Chaque élève rendra compte d'une des dernières promenades faites par lui à la campagne et dira quelles observations et réflexions géographiques elle lui a suggérées.

II. AFRIQUE

CONTOURS ET CÔTES.
(Voir la carte n° 51)

L'**Afrique** fait partie de l'*ancien continent*. Elle est *trois fois grand comme l'Europe*.

1° Le côté septentrional de l'Afrique s'étend de l'**isthme de Suez**, qui rattache l'Afrique à l'Asie, jusqu'au **détroit de Gibraltar**, qui la sépare de l'Europe. Il est baigné par la **mer Méditerranée**, qui forme le *golfe de la Sidre* et le *golfe de Gabès*. Le *cap Bon* est le principal promontoire. A l'est du cap Bon la côte est généralement aride ; le pays est montagneux, mais plus fertile à l'ouest.

2° Les deux côtés orientaux s'étendent de l'**isthme de Suez** au **cap des Aiguilles**. Ils sont baignés par la **mer Rouge** et le détroit dit *Bab-el-Mandeb*, qui séparent l'Afrique de l'Arabie, et par l'**océan Indien**.

L'isthme de Suez est coupé par le **canal de Suez** qui fait communiquer la mer Rouge avec la Méditerranée.

On y trouve le **cap Guardafui**, l'île de Socotra, la grande île de **Madagascar**, que le *canal de Mozambique* sépare du continent, les îles Comores, les îles Mascareignes.

3° Les trois côtés occidentaux s'étendent du **cap des Aiguilles** au **détroit de Gibraltar**. Ils sont baignés par l'**océan Atlantique**, qui forme le grand **golfe de Guinée**.

Les principaux caps sont : cap de Bonne-Espérance, cap Frio, cap des Palmes, cap Vert, cap Blanc. Le **cap de Bonne-Espérance**, voisin du cap des Aiguilles, fut découvert vers la fin du quinzième siècle (en 1486) par Barthélemy Diaz et doublé par Vasco de Gama, qui découvrirent ainsi la route maritime des Indes.

Les îles principales sont : Fernando-Po et Annobon, dans le golfe de Guinée ; Sainte-Hélène et l'Ascension, les îles du Cap-Vert, les Canaries, Madère, les Açores, dans l'Atlantique.

RELIEF DU SOL.

1° Le sud de l'Afrique, depuis le cap de Bonne-Espérance jusque vers le 10° degré de latitude australe, a un vaste plateau de forme triangulaire. On le nomme **Grand plateau austral**. Ce plateau, où a voyagé *Livingstone*, est encore imparfaitement connu. La plaine du Congo à l'est, sous l'équateur, la Victoria-Nyanza en marquent l'extrémité septentrionale. A l'est et à l'ouest, près de l'océan Indien et de l'océan Atlantique, ce plateau est bordé de chaînes de montagnes ; dans la chaîne de l'est, se trouvent, au sud, le *Drakenberg*, au nord le **Kilima-Ndjaro**, la plus haute montagne de l'Afrique.

2° Au nord-est du Grand plateau austral, est le **massif d'Abyssinie**. Il forme lui-même un plateau très élevé, surmonté de hautes montagnes. La *chaîne Arabique*, qui s'y rattache, s'étend entre le Nil et la mer Rouge.

3° Au nord-ouest du Grand plateau austral, sont les **monts de Kong** et le massif du **Fouta-Djalon**.

4° Entre l'Abyssinie et le Fouta-Djalon, sont des déserts avec des oasis à l'est et les fertiles **plaines du Soudan** au centre et à l'ouest.

5° Au nord du Soudan, est un désert presque aussi grand que l'Europe entière, le **Sahara**, composé de plaines arides, sans eau, de plateaux montagneux et en partie couvert de dunes de sable. On y trouve çà et là des oasis. On ne le traverse qu'en caravanes.

6° Au nord-ouest du Sahara est l'**Atlas** ; c'est un massif composé d'un haut plateau bordé de montagnes ; il se termine au nord par le *Tell*, région fertile.

COURS D'EAU ET LACS.

1° La **Méditerranée** reçoit les eaux du **Nil**, un des plus grands fleuves du monde. Le Nil sort d'un grand lac, le **Victoria Nyanza**, situé sous l'équateur et alimenté lui-même par plusieurs cours d'eau. Speke et Grant ont découvert ce lac. Le Nil blanc grossit des eaux du lac Mvoutan ou Albert, et coule vers le nord. Il reçoit le *Nil bleu*, venu d'Abyssinie. Il arrose dans son cours inférieure une vallée qu'il fertilise en l'inondant chaque année par ses débordements ; cette vallée est l'*Égypte*.

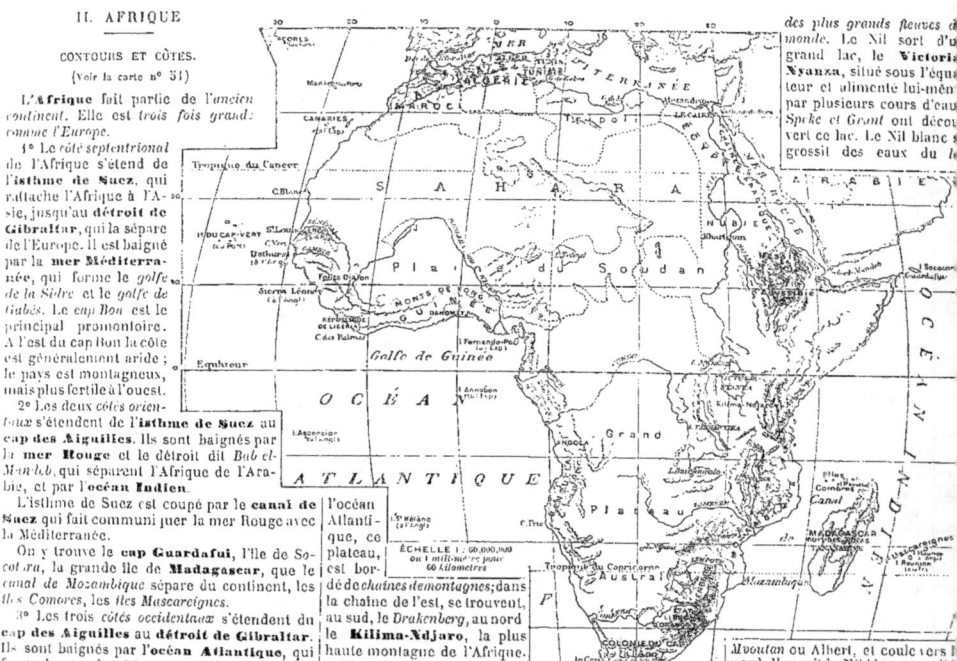

N° 51. — Carte d'Afrique.

2° L'océan **Atlantique** reçoit de nombreux cours d'eau : *Sénégal* ; *Gambie* ; **Djoliba** ou *Niger* ; *Ogôoué* ; **Congo**, qui sert d'écoulement à une partie des lacs de l'Afrique australe entre autres au *lac Bangouéolo* ; fleuve *Orange*.

3° L'océan Indien reçoit le *Limpopo* et le **Zambèze**, grossi des eaux du *lac Nyassa*.

4° Parmi les autres lacs du Grand plateau austral, on remarque encore les lacs **Tanganyika** et *Nyami*.

5° Dans le Soudan, le lac **Tchad** est sans communication avec l'Océan.

ÉTATS, COLONIES ET VILLES.

1° L'Afrique septentrionale compte trois États, une province turque et une possession française (Algérie) :

L'**Égypte**, dont le souverain est sous la protection de l'Angleterre. Cet État comprend non seulement l'Égypte proprement dite, mais la Nubie et une partie des contrées du Haut Nil jusque vers l'équateur.

Animaux et plantes de l'Afrique.

Capitale : **le Caire**, sur la rive droite du Nil. Villes principales : *Alexandrie*, le port le plus commerçant de l'Afrique, bombardé par les Anglais en 1882, *Khartoum* sur le Nil.

Tripoli est, avec les oasis qui en dépendent, une province de l'Empire ottoman.

La **Tunisie**, capitale *Tunis*, placée sous le protectorat de la France.

Le **Maroc**, capitale *Fez*.

2° Dans le reste de l'Afrique, les oasis du Sahara sont habitées par quelques tribus berbères et arabes ; le **Soudan** est habité par des populations de *nègres* groupés en États ou vivant en tribus isolées.

La partie centrale et australe de l'Afrique est habitée aussi par des *nègres*.

La *Guinée* et la côte de l'océan Indien ont aussi plusieurs petits États. Les plus importants sont, à l'ouest, la république de *Libéria* et le *Dahomey*; à l'ouest, la sultanie de *Zanzibar*; dans l'île de Madagascar,

Le Caire.

Nègre.

le royaume des *Hovas*, capitale *Tananarive*.

3° Les colonies et possessions européennes sont :

Principales colonies françaises : **Algérie**, sur la Méditerranée, chef-lieu **Alger** ; *Sénégal*, sur l'océan Atlantique, chef-lieu *Saint-Louis* ; île de *la Réunion*, île *Mayotte*, dans l'océan Indien.

Colonies britanniques : comptoirs sur les côtes de la *Gambie* et de la *Guinée*, *Bathurst*, *Sierra-Leone*, etc. ; îles de l'*Ascension* et de *Sainte-Hélène* ; **colonie du Cap**, chef-lieu *le Cap*, avec ses dépendances ; île *Maurice*, ancienne possession française.

Possessions portugaises : île *Madère*, îles *Açores*, etc. ; côtes de l'*Angola* et du *Benguela*, sur l'océan Atlantique ; côtes de *Mozambique*, sur l'océan Indien.

Possessions espagnoles : îles *Canaries*, île *Fernando-Po*, etc.

Au nord de la colonie du Cap, sont deux États indépendants ou à peu près, fondés par des Européens : l'*État libre d'Orange* et la république du *Transvaal*.

Carte muette pour l'étude de l'Océanie.

QUESTIONNAIRE.

92ᵉ leçon. — Pourquoi a-t-on donné à une partie du monde le nom d'Océanie ? — En combien de parties la divise-t-on ? — Quelles sont les principales mers qui baignent la Malaisie ? — A qui appartiennent les Philippines ? — Quel en est le chef-lieu ? — Qu'est-ce que Bornéo ? — Quel est le rapport de grandeur de l'île de Bornéo et de la France ? — Quelles sont les principales îles de la Sonde ? — Quelle est la capitale des colonies hollandaises de la Malaisie ? — Quelles sont les principales productions de cette région ? — Où est situé le détroit de Torrès ? — Où est située la Nouvelle-Calédonie ? — Qu'est-ce que la mer du Corail ? — Quelle est l'île qui est au sud du détroit de Bass ?

93ᵉ leçon. — Comment nomme-t-on la partie qui termine l'Australie au nord-est ? — Qu'est-ce que la Cordillère Australienne ? — Ne pourrait-on pas plus exactement qu'elle est un continent, à cause de sa grande étendue et du caractère tout particulier des plantes et des animaux indigènes ? — Quelles sont les colonies anglaises de l'Australie ? — Quelles sont les autres colonies anglaises de l'Australasie ? — Quelles sont les principales richesses des colonies anglaises de l'Australasie ? — Quels sont les principaux groupes d'îles de la Polynésie ? — Pourquoi ces dernières îles sont-elles dans des cadres séparés sur la carte ? — A quoi reconnaissez-vous que l'île Tahiti est située à l'est de l'Australie ? — Jusqu'à quel nombre compte-t-on les degrés de longitude orientale et occidentale ? — Comme, au 20ᵉ degré de latitude, la distance d'un méridien à l'autre est de 100 kilomètres environ et que, du 150ᵉ degré de longitude orientale au 180ᵉ degré, il y a 30 degrés, et 30 degrés du 180ᵉ au 150ᵉ de longitude occidentale, indiquez la distance approximative qui sépare en ligne droite la côte de l'Australie de celle de Tahiti.

Devoirs. — Faire, sur la carte physique et politique, la carte physique et politique de l'Australie.

Faire, sur la carte muette physique et politique, la carte de l'Océanie.

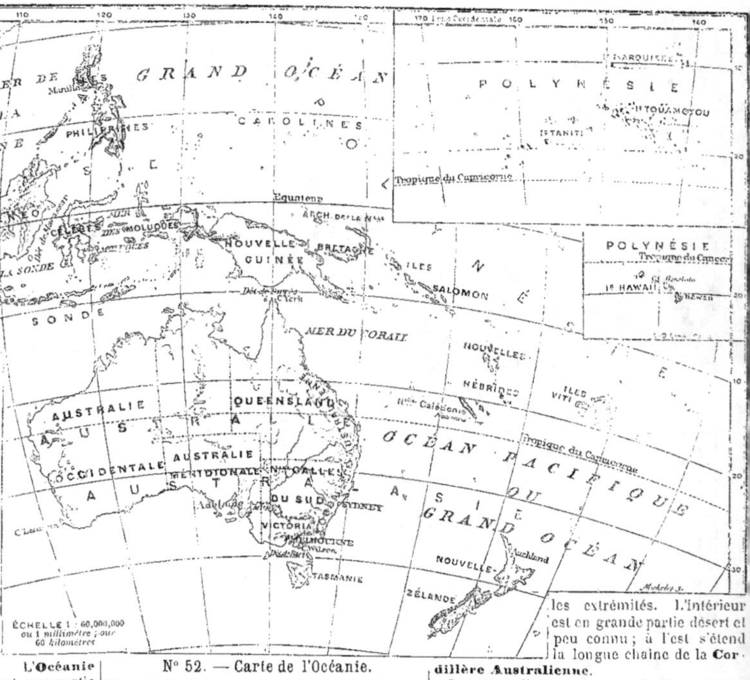

N° 52. — Carte de l'Océanie.

III. OCÉANIE
(Voir la carte n° 52.)

L'Océanie est une partie du monde composée d'un continent, l'Australie, et d'îles semées au milieu du Grand océan : de là vient son nom.

Elle est divisée en trois parties : la Malaisie, l'Australasie et la Polynésie.

1° La **Malaisie**, habitée par des Malais, occupe le nord-ouest de l'Océanie. Elle est baignée par la **mer de la Chine**, la **mer de la Sonde**, la *mer des Moluques*, qui dépendent du *Grand océan* et par de nombreux détroits, *détroit de Malacca*, *détroit de Macassar*, *détroit de la Sonde*.

Les principales îles sont :

Au nord, les **îles Philippines**, qui appartiennent en grande partie à l'Espagne ; ch.-lieu *Manille*.

Au centre, **Bornéo**, *Célèbes* et les **îles Moluques**, qui appartiennent en partie aux Pays-Bas.

Au sud, les **îles de la Sonde**, allongées de l'ouest à l'est et couvertes de hautes montagnes volcaniques ; *Sumatra* et *Java* sont les plus importantes. Ces îles, peuplées d'environ 24 millions d'hab., appartiennent presque entièrement aux *Hollandais*. Cap. : **Batavia**. — La Malaisie produit en grande quantité le *riz*, le sucre, le *café*, le *tabac* et les *épices*. On y trouve de l'étain.

2° L'**Australasie**, nom qui signifie Asie australe, est la partie sud-ouest de l'Océanie. Elle est baignée par l'**océan Indien**, par le **Grand océan** et par la **mer du Corail** qui en dépend. La mer du Corail est ainsi nommée à cause de ses nombreux récifs de coraux. Les principaux détroits sont le *détroit de Torrès* et le *détroit de Bass*.

Au nord et au nord-est sont : la **Nouvelle-Guinée**, l'archipel de la *Nouvelle-Bretagne*, les îles *Salomon*, les *Nouvelles-Hébrides* ; la **Nouvelle-Calédonie**, chef-lieu *Nouméa*, qui appartient à la France ; les *îles Viti*, qui sont à l'Angleterre.

Au sud-ouest est l'**Australie**, le plus petit des trois continents. Les *caps York* au nord, *Wilson* au sud-est, *Leeuwin* au sud-ouest, en marquent les extrémités. L'intérieur est en grande partie désert et peu connu ; à l'est s'étend la longue chaîne de la **Cordillère Australienne**.

Les cours d'eau sont rares ; le *Murray* est le principal.

L'Australie appartient à l'Angleterre qui y a fondé cinq colonies : *Queensland*, capitale *Brisbane* ; **Nouvelle-Galles-du-Sud**, capitale **Sydney** ; *Victoria*, capitale **Melbourne** ; *Australie méridionale*, capitale *Adélaïde* ; *Australie occidentale*.

Deux autres *colonies anglaises* occupent les îles de **Tasmanie** et de **Nouvelle-Zélande**, capitale *Auckland*, situées au sud et au sud-est de l'Australie.

L'exploitation des mines d'or et l'élevage des *moutons*, dont on vend la *laine*, sont les principales richesses de ces colonies.

3° La **Polynésie**, mot qui veut dire les nombreuses îles, ne comprend que de petites îles disséminées dans le Grand Océan. Les principaux groupes sont : les *Carolines*, qui appartiennent à l'Espagne ; les îles **Hawaï**, qui forment un royaume indigène, capitale *Honolulu* ; les *îles Marquises* ou *Nouka-hiva*, *Tahiti* et *Touamotou*, qui appartiennent à la France.

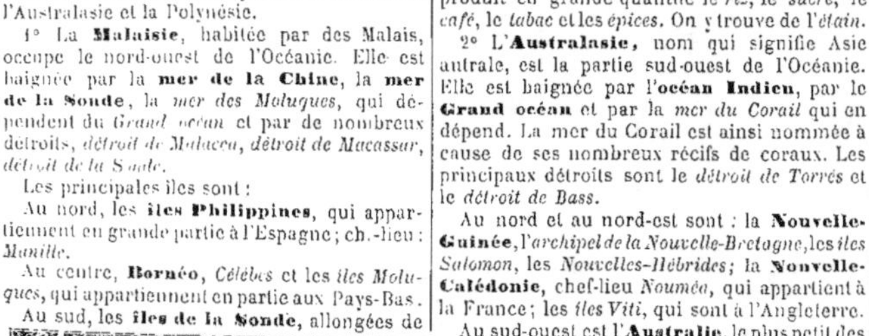

Animaux et plantes de l'Océanie.

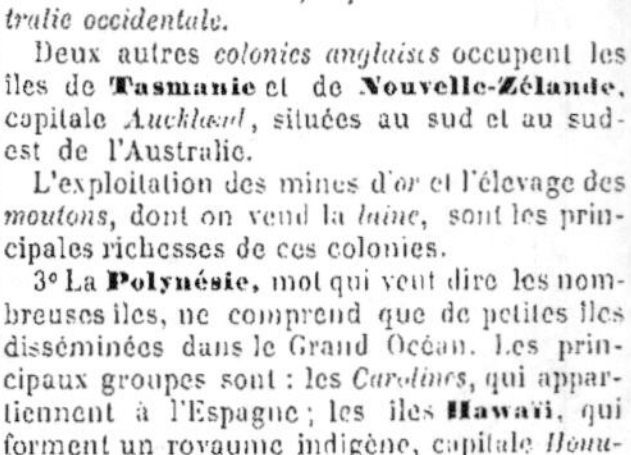

Melbourne.

Carte muette pour l'étude de l'Amérique du nord et l'Amérique du sud.

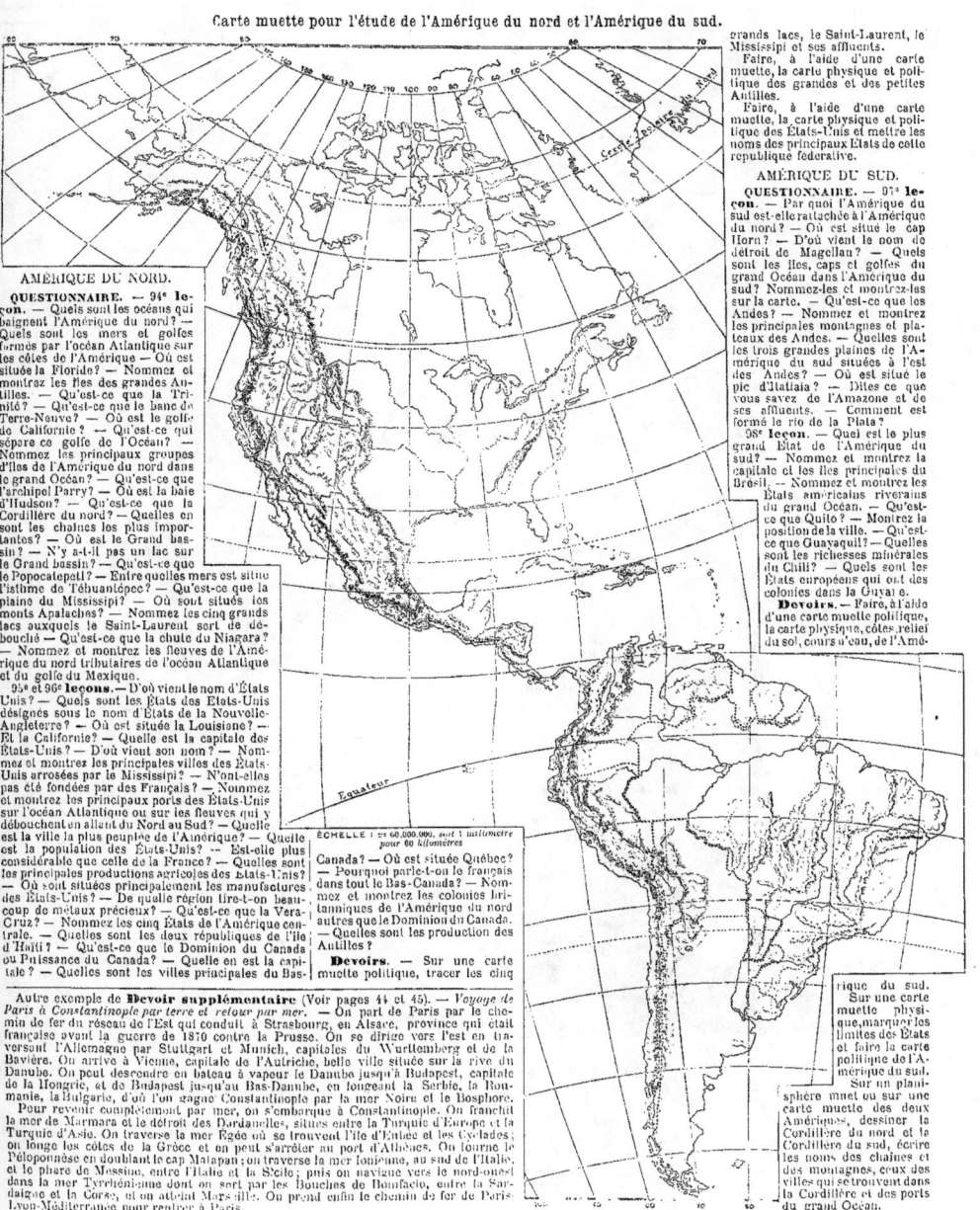

ÉCHELLE 1 : 60.000.000, soit 1 millimètre pour 60 kilomètres

AMÉRIQUE DU NORD.

QUESTIONNAIRE. — 94ᵉ leçon. — Quels sont les océans qui baignent l'Amérique du nord ? — Quels sont les mers et golfes formés par l'océan Atlantique sur les côtes de l'Amérique ? — Où est située la Floride ? — Nommez et montrez les îles des grandes Antilles. — Qu'est-ce que la Trinité ? — Qu'est-ce que le banc de Terre-Neuve ? — Où est le golfe de Californie ? — Qu'est-ce qui sépare ce golfe de l'Océan ? Nommez les principaux groupes d'îles de l'Amérique du nord dans le grand Océan. — Qu'est-ce que l'archipel Parry ? — Où est la baie d'Hudson ? — Qu'est-ce que la Cordillère du nord ? — Quelles en sont les chaînes les plus importantes ? — Où est le Grand bassin ? — N'y a-t-il pas un lac sur le Grand bassin ? — Qu'est-ce que le Popocatepetl ? — Entre quelles mers est situé l'isthme de Téhuantépec ? — Qu'est-ce que la plaine du Mississipi ? — Où sont situés les monts Apalaches ? — Nommez les cinq grands lacs auxquels le Saint-Laurent sert de débouché. — Qu'est-ce que la chute du Niagara ? — Nommez et montrez les fleuves de l'Amérique du nord tributaires de l'océan Atlantique et du golfe du Mexique.

95ᵉ et 96ᵉ leçons. — D'où vient le nom d'États-Unis ? — Quels sont les États des États-Unis désignés sous le nom d'États de la Nouvelle-Angleterre ? — Où est située la Louisiane ? — Et la Californie ? — Quelle est la capitale des États-Unis ? — D'où vient son nom ? — Nommez et montrez les principales villes des États-Unis arrosées par le Mississipi ? — N'ont-elles pas été fondées par des Français ? — Nommez et montrez les principaux ports des États-Unis sur l'océan Atlantique ou sur les fleuves qui y débouchent en allant du Nord au Sud ? — Quelle est la ville la plus peuplée de l'Amérique ? — Quelle est la population des États-Unis ? — Est-elle plus considérable que celle de la France ? — Quelles sont les principales productions agricoles des États-Unis ? — Où sont situées principalement les manufactures des États-Unis ? — De quelle région tire-t-on beaucoup de métaux précieux ? — Qu'est-ce que la Vera-Cruz ? — Nommez les cinq États de l'Amérique centrale. — Quelles sont les deux républiques de l'île d'Haïti ? — Qu'est-ce que le Dominion du Canada ou Puissance du Canada ? — Quelle en est la capitale ? — Quelles sont les villes principales du Bas-Canada ? — Où est située Québec ? — Pourquoi parle-t-on de français dans tout le Bas-Canada ? — Nommez et montrez les colonies britanniques de l'Amérique du nord autres que le Dominion du Canada. — Quelles sont les productions des Antilles ?

Devoirs. — Sur une carte muette politique, tracer les cinq grands lacs, le Saint-Laurent, le Mississipi et ses affluents.
Faire, à l'aide d'une carte muette, la carte physique et politique des grandes et des petites Antilles.
Faire, à l'aide d'une carte muette, la carte physique et politique des États-Unis et mettre les noms des principaux États de cette république fédérative.

AMÉRIQUE DU SUD.

QUESTIONNAIRE. — 97ᵉ leçon. — Par quoi l'Amérique du sud est-elle rattachée à l'Amérique du nord ? — Où est situé le cap Horn ? — D'où vient le nom de détroit de Magellan ? — Quels sont les îles, caps et golfes du grand Océan dans l'Amérique du sud ? Nommez-les et montrez-les sur la carte. — Qu'est-ce que les Andes ? — Nommez et montrez les principales montagnes et plateaux des Andes. — Quelles sont les trois grandes plaines de l'Amérique du sud situées à l'est des Andes ? — Où est situé le pic d'Itatiaia ? — Dites ce que vous savez de l'Amazone et de ses affluents. — Comment est formé le rio de la Plata ?

98ᵉ leçon. — Quel est le plus grand État de l'Amérique du sud ? — Nommez et montrez la capitale et les îles principales du Brésil. — Nommez et montrez les États américains riverains du grand Océan. — Qu'est-ce que Quito ? — Montrez la position de la ville. — Qu'est-ce que Guayaquil ? — Quelles sont les richesses minérales du Chili ? — Quelles sont les États européens qui ont des colonies dans la Guyane.

Devoirs. — Faire, à l'aide d'une carte muette politique, la carte physique, côtes, relief du sol, cours d'eau, de l'Amérique du sud.
Sur une carte muette physique, marquez les limites des États et faire la carte politique de l'Amérique du sud.
Sur un planisphère muet ou sur une carte muette des deux Amériques, dessiner la Cordillère du nord et la Cordillère du sud, écrire les noms des chaînes et des montagnes, ceux des villes qui se trouvent dans la Cordillère et des ports du grand Océan.

Autre exemple de **Devoir supplémentaire** *(Voir pages 44 et 45).* — *Voyage de Paris à Constantinople par terre et retour par mer.* — On part de Paris par le chemin de fer du réseau de l'Est qui conduit à Strasbourg, en Alsace, province qui était française avant la guerre de 1870 contre la Prusse. On se dirige vers l'est en traversant l'Allemagne par Stuttgart et Munich, capitales du Wurtemberg et de la Bavière. On arrive à Vienne, capitale de l'Autriche, belle ville située sur la rive du Danube. On peut descendre en bateau à vapeur le Danube jusqu'à Budapest, capitale de la Hongrie, et de Budapest jusqu'au Bas-Danube, en longeant la Serbie, la Roumanie, la Bulgarie, d'où l'on gagne Constantinople par la mer Noire et le Bosphore.
Pour revenir complètement par mer, on s'embarque à Constantinople. On franchit la mer de Marmara et le détroit des Dardanelles, situés entre la Turquie d'Europe et la Turquie d'Asie. On traverse la mer Égée où se trouvent l'île d'Eubée et les Cyclades ; on longe les côtes de la Grèce et on peut s'arrêter au port d'Athènes. On tourne le Péloponèse en doublant le cap Matapan ; on traverse la mer Ionienne, au sud de l'Italie, et le phare de Messine, entre l'Italie et la Sicile ; puis on navigue vers le nord-ouest dans la mer Tyrrhénienne dont on sort par les Bouches de Bonifacio, entre la Sardaigne et la Corse, et on atteint Marseille. On prend enfin le chemin de fer de Paris-Lyon-Méditerranée pour rentrer à Paris.

IV. AMÉRIQUE DU NORD.

CONTOURS ET CÔTES.

(Voir les cartes n°s 53 et 54.)

L'**Amérique du nord** est la partie septentrionale du continent américain. Elle s'étend au sud jusqu'à l'*isthme de Panama*.

1° La *côte orientale* est baignée par l'**océan Atlantique**.

Les principaux golfes et mers sont : le *golfe du Saint-Laurent*, le **golfe du Mexique**, la **mer des Antilles**.

Il y a trois grandes presqu'îles : la **Nouvelle-Écosse**, la **Floride**, terminée par le *cap Sable*, le **Yucatan**, terminé par le *cap Catoche*.

Les îles sont : au nord, le groupe du Saint-Laurent, comprenant l'*île du Prince-Édouard*, l'*île du Cap-Breton*, **Terre-Neuve**, devant laquelle s'étend un grand banc sous-marin fréquenté par les pêcheurs de morues ; en pleine mer, les *îles Bermudes* ; au sud, les *îles Bahama* ou Lucayes et les **Antilles**. Ces dernières sont divisées en *grandes Antilles* (**Cuba**, **Haïti**, Puerto-Rico, Jamaïque), et en *petites Antilles* (Guadeloupe, Martinique, Barbade, Trinité, etc.).

2° La *côte occidentale* est baignée par le **Grand Océan** ou océan Pacifique. On y trouve :

Le **golfe de Californie**, la **mer de Béring**, le **détroit de Béring** qui sépare l'Amérique de l'Asie ;

La presqu'île de **Californie**, terminée par le *cap San Lucas*, le *cap Mendocino*, la presqu'île d'*Alaska*.

Les îles *Revilla-Gigedo*, l'*île de Vancouver*, l'archipel de la *Reine-Charlotte*, les **îles Aléoutiennes**.

3° La *côte septentrionale*, partout déserte, est baignée par l'**océan Glacial**.

On y trouve la grande **baie d'Hudson** et le *détroit d'Hudson*.

La mer, couverte de glaces, comme la terre, est semée de nombreuses îles, dites **terres polaires du nord**, et de détroits impraticables à la navigation. De hardis navigateurs, entre autres Parry, qui a donné son nom à l'*archipel Parry*, ont exploré ces déserts.

Au nord-est, la vaste terre du **Groenland** est séparée des autres terres polaires par la **mer de Baffin** et par le *détroit de Davis*.

RELIEF DU SOL.

1° Toute la partie occidentale de l'Amérique est occupée, du nord au sud, par la **Cordillère du nord**, haut massif de plateaux et de chaînes de montagnes, telles que les **montagnes Rocheuses**, la **sierra Nevada**. Entre les deux se trouve le *Grand Bassin*, plateau coupé de montagnes et de déserts. Plus au sud, le **plateau du Mexique** renferme de nombreux volcans, tels que le *Popocatepetl*.

L'*isthme de Tehuantepec* sépare ce plateau du plateau de l'Amérique centrale, également volcanique. Au sud est l'*isthme de Panama*.

2° A l'est des montagnes Rocheuses, s'étend une des plus grandes plaines du monde. Elle est désignée sous les noms de *plaine de l'océan Glacial* dans sa partie septentrionale et de **plaine du Mississipi** dans le bassin de ce fleuve.

3° A l'est de la plaine du Mississipi sont les **monts Appalaches**.

N° 53. — Carte de l'Amérique du Nord.

4° A l'est des monts Appalaches est la plaine de l'océan **Atlantique**.

COURS D'EAU ET LACS.

1° La plaine de l'océan Glacial est semée d'un nombre considérable de lacs, grand lac de l'**Ours**, grand lac des **Esclaves**, lac Winnipeg. Le principal fleuve est le **Mackenzie**.

2° L'océan **Atlantique** reçoit le **Saint-Laurent**, qui sert de débouché aux **cinq grands lacs**, lac **Supérieur**, lac **Michigan**, lac **Huron**, lac **Érié**, lac **Ontario**. Entre le lac Érié et le lac Ontario est l'admirable **chute du Niagara**, formée

Chute du Niagara.

par une masse énorme d'eau qui tombe avec un horrible fracas d'une chute d'environ 50 m.

L'océan Atlantique reçoit aussi le *Connecticut*, l'*Hudson*, la *Susquehanna*, la *Delaware*, le *Potomac*, le *James*, le *Roanoke*.

3° Le golfe du Mexique reçoit le **Mississipi**, un des plus grands fleuves du monde. Ce fleuve reçoit le **Missouri**, l'*Ohio* grossi du *Tennessee*, l'*Arkansas*. Dans le golfe du Mexique se jettent aussi l'*Alabama* et le *rio Grande del Norte* (c'est-à-dire la grande rivière du nord).

4° Les principaux fleuves qui se jettent dans le *grand Océan*, sont : le *Yucon*, l'**Oregon**, le *rio* **Colorado** de l'ouest.

5° Dans le Grand Bassin, le **grand lac Salé** est sans communication avec l'Océan.

ÉTATS, COLONIES ET VILLES.
(Voir les cartes n°s 53 et 54.)

1° Tout le centre de l'Amérique est occupé par les **États-Unis**, qui possèdent aussi, au nord-ouest, le *territoire d'Alaska*. La population est de *plus de 30 millions d'habitants*.

La *République des États-Unis* est ainsi nommée parce qu'elle est formée de plusieurs États régis par un gouvernement commun. Ces États sont au nombre de 38. Dans le nord-est sont les six États de la *Nouvelle-Angleterre* (Maine, Vermont, New Hampshire, Massachusetts, Connecticut, Rhode Island), le New York et la Pennsylvanie.

Les États les plus importants des autres régions sont : au sud-est, la *Virginie* et la *Virginie occidentale*, les deux *Carolines*, la *Géorgie* ; dans le centre, l'*Ohio*, le *Michigan*, l'*Indiana*, l'*Illinois*, le *Kentucky*, le *Tennessee* ; dans le sud, la *Louisiane* qui a appartenu à la France, avec toute le *Mississipi*, le *Texas* ; dans l'ouest, la *Californie*. Capitale : **Washington**, sur le *Potomac*, ville

ÉCHELLE 1 = 13,000,000, soit 1 millimètre pour 13 kilomètres.

N° 54 — Carte des États-Unis (Est et centre)

ainsi nommée du nom du général auquel les États-Unis, anciennes colonies anglaises, doivent leur indépendance : c'est le siège du gouvernement fédéral. — Villes princ. : **New York** sur Hudson, le plus grand port et la ville la plus peuplée de toute l'Amérique (plus de 1 million d'hab.) ; **Philadelphie** ; *Boston*, la ville princ. du Massachusetts ; *Baltimore*, *Richmond*, *Charleston*, près de l'Atlantique ; *Chicago* et *Buffalo*, sur le

Le Capitole, ou siège le Congrès, à Washington.

New-York.

La *houille* et le *fer* abondent dans les monts Apalaches ; le *cuivre*, sur les bords du lac Supérieur ; l'*argent*, sur le plateau de la Cordillère ; l'*or*, en Californie.

lac Michigan ; *Pittsbourg*, *Cincinnati*, *Louisville*, sur l'Ohio ; *Saint-Louis* et la *Nouvelle-Orléans*, fondées par des Français ; *San Francisco*, port sur le Pacifique.

Les États-Unis, dont le territoire est presque grand comme l'Europe, récoltent en très grande abondance le *maïs*, le *froment*, le *tabac* dans le centre ; le *coton* et le *riz* dans le sud. On y élève un grand nombre de *chevaux*, les *bœufs* et les *porcs*.

Les industries manufacturières se trouvent surtout dans les *États du nord-est*. De nombreux *chemins de fer* sillonnent les États-Unis dans tous les sens ; le chemin de fer du Pacifique réunit San-Francisco aux ports de l'Atlantique.

2° Les autres États sont :

Le **Mexique**, capitale : *Mexico* ; port principal, *La Vera-Cruz*.

Les cinq républiques comprises dans l'*Amérique centrale* : **Guatemala, Honduras, Salvador, Nicaragua, Costa-Rica**.

Les deux républiques de l'île d'Haïti : **Haïti** et **Saint-Domingue**.

Le *sucre*, le *café*, le *cacao* avec lequel on fait le chocolat, la *vanille* sont les principales productions de ces États situés dans la région tropicale.

3° La principale *colonie britannique* est le **Dominion du Canada**, ou *Puissance du Canada*, confédération de plusieurs colonies ; capitale fédérale : Ottawa. Les plus importantes colonies sont : le *Bas-Canada*, capit. Québec et ville princ. Montréal ; le *Haut-Canada*, capit. Ontario. Ces contrées appartenaient autrefois à la France ; on y compte aujourd'hui un million et demi d'hommes parlant le fran-

Québec et le Saint-Laurent.

çais. Les autres colonies britanniques sont : **Terre-Neuve**, les îles *Bermudes*, le *Honduras britannique*, les **Indes occidentales** comprenant les îles *Bahama* et une grande partie des Antilles : *Jamaïque*, *Barbade*, *Trinité*.

Les *colonies françaises* sont : les deux petites îles *Saint-Pierre* et *Miquelon*, au sud de Terre-Neuve ; la **Guadeloupe**, avec ses dépendances, et la **Martinique**, dans les petites Antilles.

À l'Espagne appartiennent **Cuba**, chef-lieu la *Havane*, et *Puerto-Rico*.

Le *bois*, les *céréales*, les *fourrures* sont les principaux produits du Canada.

Le *sucre*, le *café*, le *tabac* sont les principales productions des colonies tropicales.

V. AMÉRIQUE DU SUD.

(Voir la carte n° 55.)

CONTOURS ET CÔTES.

L'**Amérique du sud** est la partie méridionale du continent américain.

1° La côte nord-est s'étend de l'**isthme de Panama**, isthme étroit et peu élevé, qui relie les deux Amériques, jusqu'au **cap Saint-Roch**. Elle est baignée par la **mer des Antilles** et par l'**océan Atlantique**. L'archipel des *petites Antilles* s'étend jusqu'à cette côte.

2° La **côte sud-est**, qui s'étend du cap Saint-Roch au **cap Horn**, est baignée par l'**océan Atlantique**. Au sud se trouvent les *îles Falkland*, le **détroit de Magellan**, que Magellan découvrit en pénétrant le premier dans le grand Océan ; l'archipel de la **Terre de Feu**, avec le cap Horn, situé dans l'île la plus méridionale.

3° La **côte occidentale**, du cap Horn à l'**isthme de Panama**, est baignée par le **grand Océan**. Au sud, la côte est bordée d'îles : *îles Wellington, île Chiloé*. Au centre est le *golfe d'Arica* ; plus au nord, sont la *pointe Parina* et les *îles Galapagos*.

RELIEF DU SOL

1° L'Amérique du sud est bordée, à l'ouest, par un énorme massif de montagnes et de plateaux qui s'étend tout le long du grand Océan : c'est la **Cordillère du sud** ou chaîne des **Andes**, une des plus grandes chaînes du monde. La plupart des sommets, presque

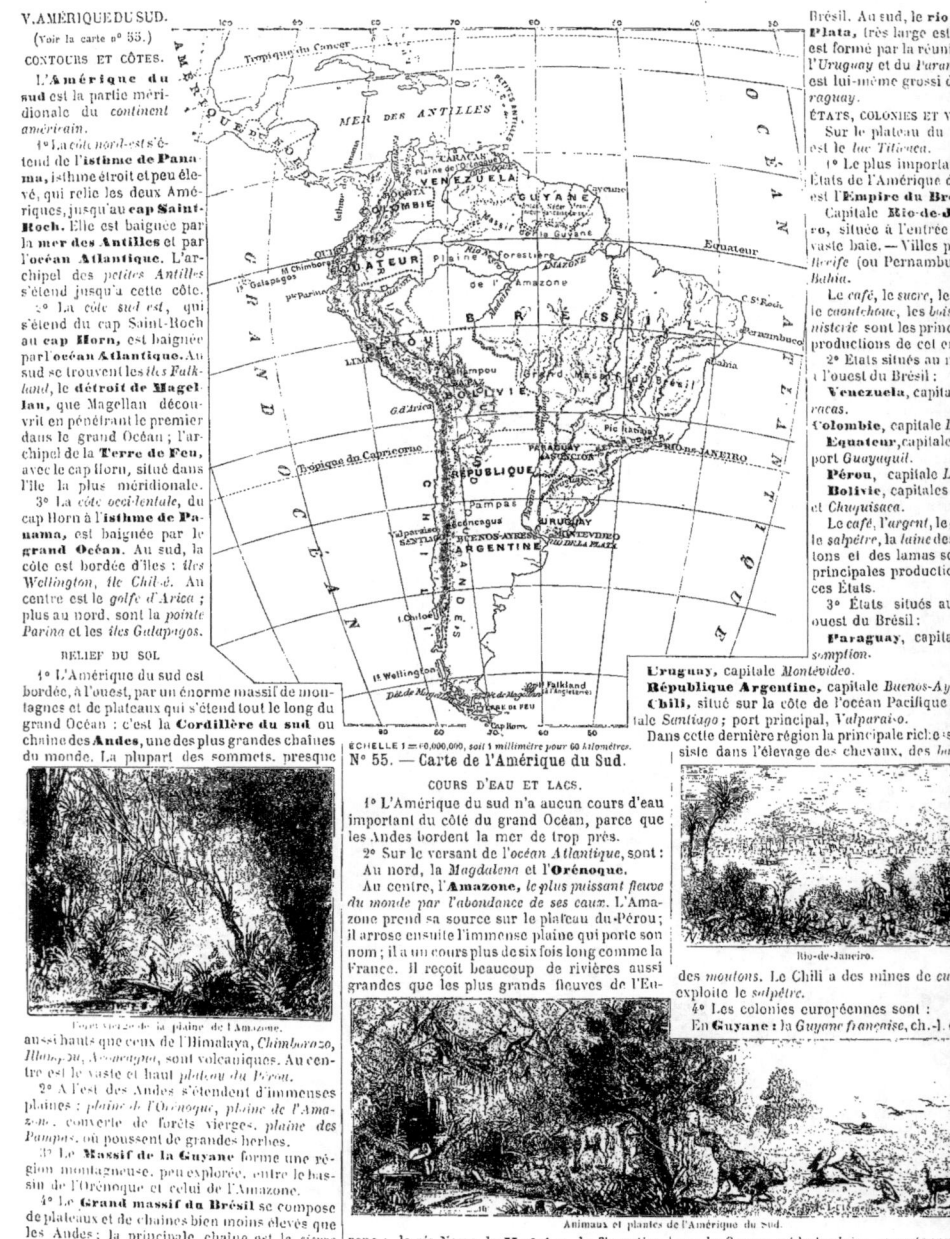

N° 55. — Carte de l'Amérique du Sud.

aussi hauts que ceux de l'Himalaya, *Chimborazo, Illampu, Aconcagua*, sont volcaniques. Au centre est le vaste et haut *plateau du Pérou*.

2° A l'est des Andes s'étendent d'immenses plaines : *plaine de l'Orénoque, plaine de l'Amazone*, couverte de forêts vierges, *plaine des Pampas*, où poussent de grandes herbes.

3° Le **Massif de la Guyane** forme une région montagneuse, peu explorée, entre le bassin de l'Orénoque et celui de l'Amazone.

4° Le **Grand massif du Brésil** se compose de plateaux et de chaînes bien moins élevés que les Andes ; la principale chaîne est la *sierra do Mar*, avec le pic d'*Itatiaia*.

COURS D'EAU ET LACS.

1° L'Amérique du sud n'a aucun cours d'eau important du côté du grand Océan, parce que les Andes bordent la mer de trop près.

2° Sur le versant de l'océan Atlantique, sont :
Au nord, la *Magdalena* et l'**Orénoque**.
Au centre, l'**Amazone**, *le plus puissant fleuve du monde par l'abondance de ses eaux*. L'Amazone prend sa source sur le plateau du Pérou ; il arrose ensuite l'immense plaine qui porte son nom ; il a un cours plus de six fois long comme la France. Il reçoit beaucoup de rivières aussi grandes que les plus grands fleuves de l'Europe : le rio Negro, le **Madeira**, le *Tocantins*.
Le *San-Francisco* arrose la partie orientale du Brésil. Au sud, le *rio de la Plata*, très large estuaire est formé par la réunion de l'*Uruguay* et du *Parana* est lui-même grossi du *Paraguay*.

ÉTATS, COLONIES ET VILLES.

Sur le plateau du Pérou est le *lac Titicaca*.

1° Le plus important des États de l'Amérique du sud est l'**Empire du Brésil**. Capitale **Rio-de-Janeiro**, située à l'entrée d'une vaste baie. — Villes : *Ténériffe* (ou Pernambuco), *Bahia*.

Le café, le sucre, le coton, le caoutchouc, les bois d'ébénisterie sont les principales productions de cet empire.

2° États situés à l'ouest du Brésil :
Venezuela, capitale *Caracas*.
Colombie, capitale *Bogota*.
Équateur, capitale *Quito* ; port *Guayaquil*.
Pérou, capitale *Lima*.
Bolivie, capitales *La Paz* et *Chuquisaca*.

Le café, l'argent, le guano, le salpêtre, la laine des moutons et des lamas sont les principales productions de ces États.

3° États situés au sud-ouest du Brésil :
Paraguay, capitale *Asomption*.
Uruguay, capitale *Montévideo*.
République Argentine, capitale *Buenos-Ayres*.
Chili, situé sur la côte de l'océan Pacifique ; capitale *Santiago* ; port principal, *Valparaiso*.

Dans cette dernière région la principale richesse consiste dans l'élevage des chevaux, des bœufs, des moutons. Le Chili a des mines de cuivre, exploite le *salpêtre*.

4° Les colonies européennes sont :
En **Guyane** : la *Guyane française*, ch.-l. *Cayenne* ; la *Guyane néerlandaise*, appartenant aux Pays-Bas ; la *Guyane britannique*, à l'Angleterre.

RÉSUMÉS

I. NOTIONS PRÉLIMINAIRES.

1 à 3. — On peut représenter une classe, une école, une ville par un dessin géométrique appelé **plan**. Une **carte** est la représentation d'une contrée dressée à une échelle plus petite que celle d'un plan.

4 à 6. — *La Terre et l'orientation.* — La Terre est *ronde;* elle tourne sur elle-même en un *jour*. Le jour est de 24 heures.

L'*axe* de la Terre a pour extrémités le *pôle nord* et le *pôle sud*. L'**équateur** partage la Terre en deux moitiés. Les *parallèles* et les *méridiens* sont des lignes idéales qui servent à déterminer la position des lieux sur le globe terrestre.

La Terre tourne autour du soleil en une *année*. L'année est de 365 jours 1/4. Il y a en Europe quatre saisons : *printemps, été, automne, hiver*.

Les quatre points cardinaux sont : **nord, est, sud, ouest**. Les quatre points collatéraux ou intermédiaires sont : *nord-est, sud-est, sud-ouest, nord-ouest*.

S'orienter c'est déterminer la position des points cardinaux. On s'oriente à l'aide du soleil, de l'étoile polaire ou de la boussole.

7 à 9. — *Le sol.* — Une **montagne** est une partie du sol très élevée et ayant des pentes longues et fortement accentuées. — Le *pied* est le bas ; le *sommet*, cime ou crête est le haut de la montagne.

Un *volcan* est une montagne d'où jaillissent d'ordinaire des matières enflammées.

Une *chaîne de montagnes* est une longue suite de montagnes réunies par leur base et formant une ligne de faîte.

Les chaînes et les montagnes ont des *versants*, des *contreforts*, des *ramifications*.

Une *colline* est une montagne très peu élevée.

Un *col* est une partie de montagne formant dépression dans la ligne de faîte et servant ordinairement de passage. — Un *défilé* et une *gorge* sont des passages très étroits, resserrés entre deux parties de montagnes.

Un **plateau** est une sorte de plaine haute, c'est-à-dire une partie de sol élevée au-dessus du niveau général de la région et à peu près plate.

Une **plaine** est une partie du sol à peu près plate qui n'est pas élevée au-dessus du niveau général de la région.

Un *coteau* est une montée conduisant de la plaine au plateau.

Une **vallée** est une partie creuse du sol encadrée entre deux versants.

10 à 12. — *Les eaux.* — La pluie et la neige forment les *ruisseaux* et les *sources*.

Un **cours d'eau** est de l'eau qui coule. — Son *lit* est la partie creuse du sol dans laquelle il coule ordinairement.

La *rive droite* est à la droite d'une personne qui descend le cours de l'eau ; la *rive gauche* est à sa gauche.

L'eau stagnante est un *marais*, un *étang* ou un **lac**.

Un **fleuve** est un cours d'eau d'une certaine importance qui se jette directement dans la mer, en un point dit *embouchure*. — L'embouchure est un *estuaire*, si elle est très large, un *delta*, si elle a plusieurs bras entourant des îles basses.

Une *rivière* est l'affluent d'un fleuve. — Le point où deux cours d'eau se réunissent est le *confluent*. — L'affluent d'un affluent est un *sous-affluent*.

Le territoire dont les eaux ont leur écoulement par un fleuve et ses affluents est un **bassin fluvial**.

La *ceinture du bassin* est la limite du bassin ; c'est une ligne de partage des eaux.

13-14. — *La mer et les côtes.* — La **mer** est une immense étendue d'eau salée. — La *marée* est le mouvement alternatif par lequel la mer s'élève et s'abaisse deux fois par jour.

On distingue les *océans* et les *mers* qui sont des portions de l'**Océan**.

La **côte** est la partie de terre qui borde la mer ; elle a la forme de plages, de falaises, de rochers, de dunes. — Un *cap* est une partie de côte qui s'avance en pointe dans la mer.

Une *île* est une terre entourée d'eau de tous côtés. — Un groupe d'îles est un *archipel*.

Un *détroit* est une partie de mer étroite, resserrée entre deux terres. — Un *isthme*, au contraire, est une partie de terre étroite, resserrée entre deux mers.

Un **golfe**, une *baie*, une *anse* sont des parties de mer qui s'avancent dans la terre. — Une **presqu'île**, au contraire, est une partie de terre qui s'avance dans la mer.

15. — *La géographie politique.* — Il y a trois aspects principaux dans l'étude de la géographie : *géographie physique, politique* et *économique*.

Un **Etat** est un territoire régi par un même gouvernement. — La *frontière* est la limite qui sépare un Etat d'un autre Etat.

16 à 18. — *La géographie économique.* — Les *cours d'eau navigables* sont ceux qui permettent la navigation continue par bateau.

Les *canaux* sont des cours d'eau artificiels. — Les écluses servent à faciliter la montée et la descente des bateaux dans un canal.

Les *chemins* comprennent les sentiers, les chemins ruraux, les chemins vicinaux, les routes départementales et nationales.

Les *chemins de fer* sont des voies suffisamment planes, munies de rails sur lesquels la traction se fait par des locomotives.

La *poste* et le *télégraphe* sont au nombre des moyens de communication.

Les *ports* servent à abriter les navires et à faciliter le chargement et le déchargement.

On peut diviser les terres en *déserts, steppes, terres agricoles*. — Dans les terres agricoles sont les forêts, les prairies, les terres arables, les vignobles, vergers et jardins.

Les *carrières*, les *mines*, la *mer* fournissent aux hommes, avec l'*agriculture*, les matières premières de leurs industries.

Le *commerce* transporte et vend les produits de l'agriculture, de la pêche et de l'industrie.

II. LA TERRE.

19-20. — La Terre est *ronde*. — Les deux extrémités sont le **pôle nord** et le **pôle sud**. — L'**équateur** partage la terre en deux moitiés, l'*hémisphère boréal* et l'*hémisphère austral*. — Les *tropiques du Cancer et du Capricorne* limitent la *zone torride;* les *cercles polaires* limitent les *zones glaciales* et les *zones tempérées*.

21-22. — L'**Océan** occupe les 3/4 de la Terre. — Il y a cinq océans : l'**océan Glacial du nord**, qui forme la mer Blanche, la mer de Baffin ; l'**océan Glacial du sud ;** l'**océan Atlantique**, qui forme la mer du Nord, la Baltique, la Méditerranée, le golfe de Guinée, le golfe du Mexique, la mer des Antilles ; le **Grand océan** ou *océan Pacifique*, qui forme le détroit de Béring, la mer du Japon, la mer de la Chine, la mer de la Sonde ; l'**océan Indien**, qui forme le détroit de Malacca, le golfe du Bengale, la mer d'Oman, le golfe Persique, la mer Rouge.

23. — Les **Continents** et *îles* occupent 1/4 de la Terre. — L'**ancien continent** comprend l'*Europe*, l'*Afrique* et l'*Asie;* le **continent américain** comprend l'*Amérique du nord* et l'*Amérique du sud;* le *continent austral* fait partie de l'*Océanie*.

24. — Les plus *grandes plaines* sont celles de l'*Allemagne du nord et de Russie*, celle de **Sibérie** et du *Bas-Turkestan*, la **plaine** *de l'océan Glacial et* **du Mississipi, la plaine de l'Amazone** et celle des *Pampas*.

Les plus hautes *montagnes* de la Terre sont : les *Alpes* et le *Caucase* en Europe ; le *Kilima-Ndjaro* et le *Massif d'Abyssinie* en Afrique ; l'**Himalaya** avec le *Gaurisankar* en Asie ; la **Cordillère du nord** et la **Cordillère du sud** en Amérique.

Les principaux *plateaux* sont : le **Grand massif central** avec le *Tibet* en Asie ; le *Grand plateau austral* en Afrique ; le *Grand bassin*, le *plateau du Mexique* et le **plateau du Pérou** en Amérique.

25. — Les *fleuves* sont le **Nil**, le *Niger*, le **Congo** en Afrique ; l'*Iénisséi*, l'*Amour*, le **Yang-tsé-kiang**, le *Mé-kong* en Asie ; le *Saint-Laurent*, le **Mississipi**, l'**Amazone,** le *rio de la Plata* en Amérique.

Les **races** principales sont la **race blanche**, la **race jaune**, la **race noire**. — Les races dérivées sont la *race rouge*, la *race malaise*.

26. — (Récapitulation).

III. L'EUROPE.

27-28. — L'**Europe** a 10 *millions de kilomètres carrés* et 330 *millions d'habitants*.

COTES. — La côte septentrionale est baignée par l'**océan Glacial** et la *mer Blanche*. La côte occidentale est baignée par l'**océan Atlantique** du cap Nord au détroit de Gibraltar, par la *mer du Nord* la *mer Baltique* avec les *golfes de Botnie* et de *Finlande*, par la *Manche* avec le *pas de Calais*, par la *mer d'Irlande* et le *golfe de Gascogne*. — On y trouve la péninsule Scandinave, la presqu'île du Jutland, les îles Danoises, les îles Britanniques, l'Islande, les caps Lindesnæs, Land's end, Mizen, Saint-Mathieu, Finisterre, Saint-Vincent.

La côte méridionale est baignée par la **Méditerranée** avec le *golfe du Lion*, le *golfe de Gênes*, la *mer Tyrrhénienne*, la *mer Ionienne*, le *golfe de Tarente*, la *mer Adriatique*, la *mer Egée*, la *mer Noire*, la *mer d'Azof*. — On y trouve la *péninsule Ibérique*, la *péninsule Italique*, la *péninsule Pélasgique*, la *Corse*, la *Sardaigne*, la *Sicile*, les *îles Illyriennes*, les *îles Ioniennes*, la *Crète*, les *Cyclades*, l'*Eubée*.

A la limite orientale de l'Europe sont le *Caucase* et la mer *Caspienne*, le fleuve *Oural*, les *monts Ourals*.

29. — RELIEF. — Les **Alpes** se divisent en *Occidentales* (mont Blanc), *Centrales*, *Orientales;* à l'ouest sont le *Massif central* de la France, le *Jura*, les *Vosges*, la *Forêt-Noire*, le système Hercynien, les *Karpathes* et la plaine de la Hongrie ; la plaine de la Basse-Allemagne. — Au nord sont les *Alpes Scandinaves*. — Au sud sont les *Pyrénées*, le *plateau de Castille*, la *sierra Nevada*, les *Apennins*, l'*Etna*, les *Balkans*, la *chaîne du Pinde*. — A l'est sont la *plaine de Russie*, les *monts Ourals* et le *Caucase*.

30-31. — EAUX. — Les fleuves alimentés par les Alpes sont le **Rhône** avec le *lac de Genève*, le **Rhin** avec le *lac de Constance*, le **Danube**, le *Pô*, l'Adige. — A l'ouest des Alpes sont : la Garonne, la Loire, la Seine, la Meuse, l'Elbe, l'Oder, la Vistule. — Au sud : le Douro, le Tage, l'Ebre, le Tibre. — Dans l'Europe orientale : le Niémen, la Dvina occidentale, la Néva débouché des lacs Onéga et *Ladoga*, le Don, le Dniéper, le Volga, l'Oural.

32. — Les **Etats** de l'Europe sont : le *Royaume-Uni de Grande-Bretagne* et d'*Irlande* (cap. Londres) ; les *Pays-Bas* (cap. Amsterdam) ; le Grand-Duché de Luxembourg ; la *Belgique* (cap. Bruxelles) ; la *France* (cap. Paris) ; Monaco, l'*Empire allemand* (cap. Berlin) ; la *Suisse* (cap. Berne) ; Liechtenstein ; l'*Autriche-Hongrie* (cap. Vienne) ; le *Portugal* (cap. Lisbonne) ; l'*Espagne* (cap. Madrid) ; Andorre ; l'*Italie* (cap. Rome) ; Saint-Marin ; la *Grèce* (cap. Athènes) ; la *Turquie* (cap. Constantinople) ; la Bulgarie ; le Monténégro ; la *Serbie ;* la *Roumanie* (cap. Bucarest) ; la *Russie* (cap. Saint-Pétersbourg) ; la *Suède* (cap. Stockholm) ; la *Norvège* (cap. Kristiana) ; le *Danemark* (cap. Copenhague).

IV. LA FRANCE.

1° NOTIONS GÉNÉRALES.

33. — La FRANCE a 528,000 *kilomètres carrés*.

CÔTES. — *Au nord-ouest* la côte est baignée par la *mer du Nord*, le *pas de Calais*, la *Manche* avec la *baie de la Seine*, le *golfe de Saint-Malo*. — On y trouve les caps *Gris-Nez, de la Hève, de la Hague* (Cotentin), Frehel, les rochers du Calvados, les îles Chausey et le mont Saint-Michel.

A l'ouest la côte est baignée par l'**océan Atlantique** qui forme le *Morbihan* et le *golfe de Gascogne*. — On y trouve la *pointe de Saint-Mathieu*, celle de Penmarch à l'extrémité de la Bretagne, celles du Croisic, de la Coubre et de Grave. — Les îles sont *Ouessant, Groix, Belle-Ile, Noirmoutier, île d'Yeu, Ré, Oléron*.

Au sud-est la côte est baignée par la **Méditerranée**, avec le *golfe du Lion* et le *golfe de Gênes*. — On y trouve les *caps Sicié, Sépet ;* — les *îles d'Hyères ;* — les étangs de *Thau*, de *Berre*. — Au nord de l'île de **Corse** est le *cap Corse;* au sud sont les *Bouches de Bonifacio*.

34. — FRONTIÈRES. — Au *sud-ouest* est l'*Espagne* (Pyrénées) ; à l'*est* sont l'*Italie* (Alpes), la *Suisse* (Alpes et Jura), l'*Alsace* soumise à l'Empire allemand (Vosges) ; au *nord-est*, l'*Empire allemand*, le *Grand-Duché de Luxembourg*, la *Belgique*.

35-36. — RELIEF. — A l'ouest il n'y a que des collines : monts de Bretagne, collines de Normandie, Bocage Vendéen. — A l'est sont de hautes chaînes de montagnes : **Alpes occidentales,** *Jura, Vosges;* en outre, les Faucilles, le *plateau de Langres*, le *Morvan*, les Ardennes. — Au centre est le *Massif central*, avec les monts d'Auvergne et les Cévennes. — Au sud-ouest sont les **Pyrénées**.

BASSINS. — Il y a deux versants : le **versant méditerranéen** avec le *bassin de la Méditerranée* (Rhône) et le **versant océanique** avec les *bassins du golfe de Gascogne* (Garonne), *de l'Atlantique* (Loire), *de la Manche* (Seine), *de la mer du Nord* (Escaut, Meuse, Rhin).

2° 3° 4° 5° 6° — GÉOGRAPHIE PHYSIQUE PAR BASSINS.

37-38. — RHÔNE. — La *ceinture* du bassin est formée à l'est par les **Alpes occidentales** qui se divisent en *Alpes Maritimes* avec le Viso, *Alpes Cottiennes* avec le mont Genèvre et le mont Cenis, *Alpes Graies* avec le Petit-Saint-Bernard et *mont Blanc*. — Dans l'intérieur du bassin sont les *Alpes de Savoie*, les *Alpes de Dauphiné* avec le Pelvoux, les *Alpes de Provence*. — La ceinture est formée au nord-est et au nord-ouest par le **Jura** avec le Reculet et le Crêt de la Neige, par la *Trouée de Belfort*, les Faucilles et le *plateau de Langres ;* à l'ouest par les **Cévennes**, Cévennes septentrionales avec les monts du Charollais, du Lyonnais, du Mâconnais, et Cévennes méridionales avec le mont Lozère, les Cévennes, les Garrigues. — La ceinture est formée au sud par les *Pyrénées Orientales*, avec le Canigou et les Corbières.

Le **Rhône** prend sa source dans un glacier des Alpes du Valais, forme le *lac de Genève*, arrose **Lyon**, Valence, Avignon.

Les principaux *affluents* sont : à gauche, les lacs du Bourget et d'Annecy, l'*Isère*, la Drôme, la Durance ; à droite, l'*Ain*, la **Saône** avec le Doubs, l'Ardèche.

Dans les *bassins secondaires* sont : à l'est, l'Arc, l'Argens, le Var ; à l'ouest, l'*Hérault*, l'Aude, le Tet.

— En Corse est le Golo.

Sur la *côte*, sont : le **golfe du Lion**, les golfes d'Aigues-Mortes, de Saint-Tropez, de la Napoule, de Juan, les caps de Creus, Cerbère, d'Agde, Sicié, Sépet ; la presqu'île de Giens ; les étangs de Leucate, de Thau, du Berre ; les îles d'*Hyères*, de Lérins.

39-40. — GARONNE. — La ceinture du bassin est formée au sud par les **Pyrénées** avec les deux pics du Midi, le *Vignemale*, la *Maladetta*, le Mont-Valier ; à l'est, par les *Cévennes méridionales*; au nord, par l'arête du Massif central : Margeride, *monts d'Auvergne* (avec Plomb du Cantal et mont Dore), monts du Limousin, par les collines de l'Angoumois et le Bocage vendéen.

La **Garonne** prend sa source dans le val d'Aran ; elle arrose **Toulouse**, Agen, **Bordeaux** et prend le nom de *Gironde*.

Les principaux *affluents* sont : à gauche, le Gers, la Baïse ; à droite, l'Ariège, le Tarn avec l'Aveyron, le Lot, la **Dordogne** avec la Corrèze.

Dans les *bassins secondaires* sont : au sud, l'*Adour*, la Leyre ; au nord, la Charente, la Sèvre Niortaise.

Sur la *côte* sont les pointes de Grave et de la Coubre, les îles d'*Oléron* et de Ré, le pertuis d'Antioche et le pertuis Breton.

41-42. — LOIRE. — La ceinture du bassin est au sud la même que la ceinture méridionale du bassin de la Garonne ; à l'est elle est formée par les *Cévennes septentrionales*, au nord par le *Morvan*, les *collines du Nivernais*, la *Brenne*, les coteaux du Perche, les collines de Normandie, puis les monts de Bretagne ; dans l'intérieur sont les *monts du Velay*, du Forez, d'Auvergne (puy de Dôme), de la Marche.

La **Loire** prend sa source au mont Gerbier-de-Jonc ; elle arrose Nevers, Orléans, Blois, Tours, **Nantes**, Saint-Nazaire.

Les principaux *affluents* sont : à gauche, l'Allier, le *Cher*, l'Indre, la *Vienne* grossie de la Creuse, la Sèvre Nantaise et le lac de Grand-Lieu ; à droite, l'Arroux, la Maine formée de la Mayenne et de la Sarthe avec le Loir.

Dans les *bassins secondaires* sont la *Vilaine*, le Blavet, l'Aulne.

Sur la *côte* sont l'île d'Yeu, Noirmoutier, la pointe de Saint-Gildas, celle du Croisic, Belle-Ile, Groix, Glenans, le Morbihan, la presqu'île de Quiberon, la pointe de Penmarch, celle du Raz.

43. — SEINE. — La ceinture du bassin est la même au sud par les ceinture méridionale du bassin de la Loire ; à l'est et au nord elle est formée par le plateau de Langres, l'Argonne, l'Ardenne. — A l'intérieur est le plateau de la Brie.

La **Seine** prend sa source dans le plateau de Langres, arrose Troyes, Melun, **Paris**, **Rouen**, le **Havre**.

Les principaux *affluents* sont : à gauche, l'Yonne avec l'Armançon, le Loing, l'Eure, la Rille ; à droite, l'Aube, la Marne, l'Oise avec l'Aisne.

Dans les *bassins secondaires* sont : au sud, la Rance, le Couesnon, la Vire, l'Orne, la Dives, la Touques ; au nord, l'Arques, la Somme, l'Authie.

44. — BASSINS DE LA MER DU NORD. — La ceinture est la même au sud que la ceinture septentrionale de la Seine, avec les Faucilles en outre. — A l'intérieur sont les **Vosges**.

Les fleuves sont : l'Escaut grossi par la Scarpe, la Meuse grossie de la Sambre, la Moselle (avec la Meurthe), affluent du Rhin.

Sur la *côte* sont le *pointe de Saint-Mathieu*, celle de Corsen, l'île d'Ouessant, le sillon de Talbert, la baie de Saint-Brieuc, le cap Fréhel, le **golfe de Saint-Malo** avec le mont Saint-Michel et les îles Chausey, le *cap de la Hague*, la pointe de Barfleur, la *baie de la Seine* avec les rochers du Calvados, le *cap de la Hève*, le cap d'Antifer, le Gris-Nez, le *pas de Calais*.

7° PROVINCES ET DÉPARTEMENTS.

45-48. — La France était divisée en 33 provinces en 1789. — Depuis elle a acquis le *Comtat-Venaissin*, la *Savoie*, *Nice*. — Elle a perdu l'*Alsace* et le nord de la Lorraine. — Elle est divisée en 86 départements et 1 territoire.

La **commune** est administrée par le conseil municipal et le maire. — Chaque **canton** a un juge de paix. — L'**arrondissement** est administré par le Conseil d'arrondissement et le sous-préfet. — Le **département** est administré par le Conseil général et le préfet. — L'État est gouverné par le *Parlement* (Sénat et Chambre des députés), et le Président de la République (avec les ministres).

DÉPARTEMENTS (repasser avec le tableau de la page 21).

8° 9° 10° 11° 12° — DÉPARTEMENTS ET VILLES.

49-50-51. — BASSIN DE LA MÉDITERRANÉE.

Ain : BOURG — *Gex, Nantua, Trévoux, Belley.*
Rhône : LYON — *Villefranche, Tarare.*
Ardèche : PRIVAS — *Tournon, Largentière — Annonay.*
Gard : NIMES — *Alais, Uzès, le Vigan — Beaucaire.*
Haute-Savoie : ANNECY — *Thonon, Saint-Julien, Bonneville.*
Savoie : CHAMBÉRY — *Albertville, Moutiers, Saint-Jean de Maurienne.*
Isère : GRENOBLE — *La Tour-du-Pin, Vienne Saint-Marcellin — Voiron.*
Drôme : VALENCE — *Die, Montélimar, Nyons.*
Vaucluse : AVIGNON — *Orange, Carpentras, Apt.*
Bouches-du-Rhône : MARSEILLE — *Arles, Aix.*
Territoire de Belfort : BELFORT.
Haute-Saône : VESOUL — *Lure, Gray.*
Côte-d'Or : DIJON — *Châtillon-sur-Seine, Semur, Beaune.*
Saône-et-Loire : MACON — *Autun, Chalon-sur-Saône, Louhans, Charolles — Creusot, Chany.*
Doubs : BESANÇON — *Montbéliard, Baumeles-Dames, Pontarlier.*
Jura : LONS-LE-SAUNIER — *Dôle, Poligny, Saint-Claude.*
Hautes-Alpes : GAP — *Briançon, Embrun.*
Basses-Alpes : DIGNE — *Barcelonnette, Sisteron, Forcalquier, Castellane.*
Var : DRAGUIGNAN — *Brignoles, Toulon.*
Alpes-Maritimes : — NICE — *Puget-Théniers, Grasse.*
Hérault : MONTPELLIER — *Lodève, Saint-Pons, Béziers.*
Aude : CARCASSONNE — *Castelnaudary, Limoux, Narbonne.*
Pyrénées-Orientales : PERPIGNAN — *Prades, Céret.*
Corse : AJACCIO — *Bastia, Calvi, Corti, Sartène.*

52-53. — BASSIN DU GOLFE DE GASCOGNE.

Haute-Garonne : TOULOUSE — *Saint-Gaudens, Muret, Villefranche — Bagnères-de-Luchon.*
Tarn-et-Garonne : MONTAUBAN — *Moissac, Castelsarrasin.*
Lot-et-Garonne : AGEN — *Nérac, Villeneuve-sur-Lot, Marmande.*
Gironde : BORDEAUX — *Bazas, La Réole, Libourne, Blaye, Lesparre — Coutras, Castillon.*
Hautes-Pyrénées : TARBES — *Argelès, Bagnères-de-Bigorre.*
Gers : AUCH — *Mirande, Condom, Lectoure, Lombez.*
Ariège : FOIX — *Pamiers, Saint-Girons.*
Lozère : MENDE — *Marvejols, Florac.*
Aveyron : RODEZ — *Espalion, Villefranche, Milau, Saint-Affrique — Aubin, Decazeville, Roquefort.*
Tarn : ALBI — *Gaillac, Castres, Lavaur — Carmaux, Mazamet.*
Lot : CAHORS — *Gourdon, Figeac.*
Cantal : AURILLAC — *Mauriac, Murat, Saint-Flour.*
Corrèze : TULLE — *Ussel, Brive.*
Dordogne : PÉRIGUEUX — *Nontron, Ribérac, Sarlat, Bergerac.*
Basses-Pyrénées : PAU — *Mauléon, Oloron, Orthez, Bayonne — Eaux-Bonnes.*
Landes : MONT-DE-MARSAN — *Saint-Sever, Dax.*
Charente : ANGOULÊME — *Ruffec, Confolens, Cognac, Barbezieux.*
Charente-Inférieure : LA ROCHELLE — *Saint-Jean d'Angely, Saintes, Rochefort, Marennes-Jonzac — Tonnay-Charente.*

Deux-Sèvres : NIORT — *Bressuire, Parthenay, Melle.*
Vendée : LA ROCHE-SUR-YON — *Les Sables d'Olonne, Fontenay-le-Comte — Luçon, Chizé.*

54-55. — BASSIN DE L'ATLANTIQUE.
Haute-Loire : LE PUY — *Brioude, Yssingeaux — Saint-Galmier.*
Loire : SAINT-ÉTIENNE — *Montbrison, Roanne.*
Nièvre : NEVERS — *Cosne, Château-Chinon — Clamecy — Decize.*
Cher : BOURGES — *Saint-Amand, Sancerre — Vierzon.*
Loiret : ORLÉANS — *Gien, Montargis, Pithiviers — Patay, Coulmiers.*
Loir-et-Cher : BLOIS — *Vendôme, Romorantin.*
Indre-et-Loire : TOURS — *Loches, Chinon — Amboise.*
Maine-et-Loire : ANGERS — *Segré, Baugé, Saumur, Cholet.*
Loire-Inférieure : NANTES — *Châteaubriant, Ancenis, Saint-Nazaire, Paimboeuf.*
Puy-de-Dôme : CLERMONT-FERRAND — *Issoire, Ambert, Thiers, Riom — Pontgibaud.*
Creuse : GUÉRET — *Bourganeuf, Aubusson, Boussac.*
Indre : CHATEAUROUX — *Le Blanc, Châtre, Issoudun.*
Haute-Vienne : LIMOGES — *Saint-Yrieix, Rochechouart, Bellac.*
Vienne : POITIERS — *Civray, Montmorillon, Châtellerault, Loudun.*
Sarthe : LE MANS — *Mamers, Saint-Calais, La Flèche.*
Mayenne : LAVAL — *Mayenne, Château-Gontier.*
Ille-et-Vilaine : RENNES — *Saint-Malo, Fougères, Montfort, Vitré, Redon — Saint-Servan.*
Morbihan : VANNES — *Ploërmel, Pontivy, Lorient — Auray.*
Finistère : QUIMPER — *Quimperlé, Châteaulin, Brest, Morlaix.*

56-57-58. — BASSIN DE LA MANCHE.
Aube : TROYES — *Bar-sur-Aube, Arcis-sur-Aube, Bar-sur-Seine, Nogent-sur-Seine.*
Seine-et-Marne : MELUN — *Meaux, Coulommiers, Provins, Fontainebleau — Montereau.*
Seine-et-Oise : VERSAILLES — *Pontoise, Corbeil, Mantes, Rambouillet, Étampes.*
Seine : PARIS — *Saint-Denis, Sceaux.*
Eure : ÉVREUX — *Les Andelys, Pont-Audemer, Louviers, Bernay.*
Seine-Inférieure : ROUEN — *Dieppe, Neufchâtel, le Havre — Eu, Le Tréport, Fécamp, Yvetot.*
Yonne : AUXERRE — *Sens, Joigny, Tonnerre, Avallon.*
Eure-et-Loir : CHARTRES — *Dreux, Nogent-le-Rotrou, Châteaudun.*
Haute-Marne : CHAUMONT — *Wassy, Langres — Saint-Dizier.*
Marne : CHÂLONS-SUR-MARNE — *Reims, Sainte-Ménéhould, Épernay, Vitry-le-François.*
Aisne : LAON — *Saint-Quentin, Vervins, Soissons, Château-Thierry — Saint-Gobain, Chauny.*
Oise : BEAUVAIS — *Clermont, Compiègne, Senlis.*
Côtes-du-Nord : SAINT-BRIEUC — *Lannion, Guingamp, Loudéac, Dinan.*
Manche : SAINT-LO — *Cherbourg, Valognes, Coutances, Avranches, Mortain — Granville.*
Calvados : CAEN — *Bayeux, Vire, Pont-l'Évêque, Falaise — Trouville, Cabourg.*
Orne : ALENÇON — *Argentan, Domfront, Mortagne — Flers, Sées, Laigle.*
Somme : AMIENS — *Abbeville, Péronne, Doullens, Montdidier.*
Pas-de-Calais : ARRAS — *Boulogne, Saint-Omer, Béthune, Montreuil, Saint-Pol — Calais, Saint-Pierre-les-Calais.*
Nord : LILLE — *Dunkerque, Hazebrouck, Douai, Valenciennes, Cambrai, Avesnes — Armentières, Roubaix, Tourcoing, Denain, Maubeuge.*
Meuse : BAR-LE-DUC — *Montmédy, Verdun, Commercy.*

13° et 14° GÉOGRAPHIE ÉCONOMIQUE.

59-60. — Climat : La température moyenne de France est de 11 degrés. — Les climats de la France sont : climat *armoricain*, tempéré et humide ; climat *sequanien*, climat *vosgien*, froid en hiver ; climat *rhodanien*, pluvieux dans les montagnes ; climat *méditerranéen*, chaud ; climat *girondin* ; climat du Massif central, relativement froid.

Récoltes principales. — Les *céréales* sont cultivées dans tous les départements, surtout dans les régions du nord-ouest et du nord, dans la Basse-Loire, dans la plaine de la Saône, le Dauphiné, la vallée de la Garonne (maïs). — On cultive aussi en grande quantité les *pommes de terre*, les légumes et les fruits. — La betterave est cultivée surtout dans la région du nord; le lin et le chanvre dans le nord et le nord-ouest. — Les principales régions de la **vigne** sont : la *Bourgogne* (Côte-d'Or, Mâconnais, Beaujolais), la vallée du *Rhône*, le *Midi* (Hérault, Roussillon, Provence), la *Guyenne et Gascogne* (*Bordeaux*, Armagnac), les *Charentes* (*Cognac*), le centre, les coteaux de la Loire, la Champagne. — On fabrique et on consomme le *cidre* surtout dans le *nord-ouest*, la *bière* dans le *nord* et les grandes villes. — Les *oliviers* sont dans la *région méditerranéenne*, les *mûriers* dans le *bassin du Rhône*. — Les **forêts** se trouvent surtout dans le *nord-est*, dans les *montagnes*, dans les *Landes*.

Bétail. — Les *chevaux* sont nombreux surtout dans le nord-ouest et le nord; les *ânes* et les *mulets*, dans le sud-ouest et le Poitou; les *bœufs*, dans le nord-ouest, le nord-est, le Massif central, la vallée de la Garonne les *moutons*, dans le nord, le Massif central, les Alpes; les *porcs*, dans le nord-ouest, la Lorraine, le Limousin.

61. — Les établissements d'**eaux minérales** sont surtout dans les *Pyrénées* (Eaux-Bonnes, Barèges, Cauterets, Bagnères), dans les *Alpes*, à *Vichy*, dans le *nord-est*. — On exploite le *sel* dans les marais salants de l'ouest et de la Méditerranée, dans les mines de Saint-Nicolas.

Carrières. — On exploite le *granit* en *Bretagne*; le *marbre* dans les *Pyrénées*.

Houille. — On l'exploite surtout dans les *bassins du nord* (Valenciennes, Anzin), du *Creusot*, de la *Loire* (Saint-Étienne), d'*Alais*, de *Carmaux*, d'Aubin, de Commentry, de Montluçon. — Les industries métallurgiques sont pratiquées près des bassins houillers et aussi en Lorraine, dans la Haute-Marne, la Franche-Comté, à Paris, Lille, Lyon.

Parmi les autres localités importantes par l'industrie, sont : Saint-Gobain, Limoges, Montereau, Marseille, le Havre, Rouen, Nantes, Besançon, Angoulême.

Industries textiles. — Le coton est travaillé dans le *Nord* (Lille, Saint-Quentin, Amiens), en *Normandie* (Rouen, Flers), à Tarare; le *chanvre* en *Flandre* (Lille), en *Picardie*, en *Normandie*, dans le *Maine*; la *laine* dans le *Nord* (Lille, Roubaix, Tourcoing, le Cateau), en *Normandie* (Elbeuf, Louviers, Sedan), à *Reims*, dans le *Languedoc*; la *soie* à *Lyon*, à *Saint-Étienne*, à Nîmes, à Tours.

15° VOIES DE COMMUNICATION.

62. — La *navigation fluviale* est active sur la **Seine** avec l'*Yonne*, l'*Aisne* et la *Marne*, sur la *Saône* et le *Rhône*, sur la *Basse-Loire*, sur la *Garonne*.

Les principaux **canaux** faisant communiquer le *bassin de la Seine* avec les autres sont : le *canal de Saint-Quentin*, le canal de la *Sambre à l'Oise*, le *canal des Ardennes*, le *canal de la Marne au Rhin*, le *canal de Bourgogne*, le *canal du Nivernais*, le *canal du Loing*, *de Briare et d'Orléans*. — Dans l'intérieur du bassin de la Seine sont le canal de l'Aisne à la Marne et le canal de l'Ourcq.

Hors du bassin de la Seine sont : les *canaux de la Flandre*, le *canal de l'Est*, le *canal du Centre*, le *canal du Berri*, le canal latéral à la Loire, le *canal de Nantes à Brest* et le *canal d'Ille-et-Rance*; le canal latéral à la Garonne et le *canal du Midi*, le *canal d'Arles à Bouc* et le *canal de Beaucaire*.

63-64. — Chemins de fer. — Les principales lignes du réseau de l'*Ouest* sont celles *de Paris au Havre*, de Cherbourg, de Granville, de Brest. — Celles du réseau du *Nord* sont les lignes de *Paris à Lille*, de Calais, de Saint-Quentin, de Laon. — Celles du réseau de l'*Est* sont les lignes de *Paris à Strasbourg*, de Mulhouse, de Mézières. — Celles du réseau de *Paris-Lyon-Méditerranée* sont les lignes de *Paris à Marseille* (Dijon, Lyon) et Nice, de Pontarlier et de Genève, de Chambéry (Italie), du Bourbonnais jusqu'à Nîmes et Cette. — Celles du réseau d'*Orléans* sont les lignes de *Paris à Nantes*, de Nantes à Brest, de Tours à *Bordeaux*, d'Orléans à Toulouse et à Agen. — Celles du réseau de l'*État* sont les lignes de Tours aux Sables-d'Olonne, de Vendée et Charentes, de Tulle à Clermont, de Chartres à Châlons-sur-Marne. — Celles du réseau du *Midi* sont les lignes de Bordeaux à Cette par Toulouse, de *Bordeaux en Espagne*.

Ports. — Les principaux **ports** sont : sur l'*Atlantique*, *Dunkerque*, *Calais*, *Boulogne*, Dieppe, *le Havre*, Caen, Cherbourg, Granville, *Saint-Malo*, Saint-Brieuc, Morlaix, *Brest*, Lorient, *Saint-Nazaire*, *Nantes*, *La Rochelle*, Rochefort, Tonnay-Charente, *Bordeaux*, Bayonne; sur la *Méditerranée*, Port-Vendres, *Cette*, *Marseille*, Toulon, Cannes, *Nice*.

Le *commerce extérieur* est de 9 milliards 1/2 de francs. — Les principales villes de commerce sont **Paris**, *Lyon*, *Marseille*, *Lille*.

La *population de la France* est de 37 millions 1/2 d'habitants.

17° GÉOGRAPHIE ADMINISTRATIVE.

65-66. — Les 18 *régions territoriales militaires* de France sont : Lille, Amiens, Rouen, le Mans, Orléans, Châlons-sur-Marne, Besançon, Bourges, Tours, Rennes, Nantes, Limoges, Clermont-Ferrand, Grenoble, Marseille, Montpellier, Toulouse, Bordeaux. — La 19e région est à Alger. — Paris et Lyon sont de grands commandements.

Il y a 5 *arrondissements maritimes* : Cherbourg, Brest, Lorient, Rochefort, Toulon.

Au canton est la justice de paix, — au chef-lieu d'arrondissement est le tribunal de première instance, — au chef-lieu du département est la cour d'assises. — Il y a 26 *cours d'appel* : Paris, Douai, Amiens, Rouen, Caen, Rennes, Angers, Dijon, Nancy, Besançon, Lyon, Aix, Bastia, Chambéry, Nîmes, Grenoble, Montpellier, Toulouse, Bordeaux, Agen, Poitiers, Pau, Limoges, Orléans, Riom, Bourges.

Il y a 16 *académies* : Paris, Douai, Rennes, Caen, Nancy, Besançon, Dijon, Lyon, Aix, Chambéry, Montpellier, Grenoble, Toulouse, Bordeaux, Poitiers, Clermont-Ferrand.

Il y a 17 *archevêchés* : Paris, Cambrai, Reims, Rouen, Tours, Rennes, Besançon, Lyon, Chambéry, Aix, Avignon, Toulouse, Bordeaux, Auch, Albi, Bourges, Sens.

67-68-69. — (France historique).

18° ALGÉRIE ET COLONIES.

70. — Algérie : L'**Algérie** renferme environ 400,000 colons et 2 millions 1/2 d'Arabes et Berbères.

Côtes : L'Algérie est baignée par la *Méditerranée*; on y trouve les golfes d'Arzeu, de Bougie, de Stora, de Bône, le promontoire de Bougaroun, le cap de Fer.

Relief : L'**Atlas** se divise en *Atlas Tellien* (Zakkar, Ouarsenis, *Djerdjera* en Grande Kabylie), et en *Atlas Saharien* (chaînes des Ksour, djebel Amour, Aurès); région des plateaux — Sahara.

Eaux : Les principaux cours d'eau sont la Macta, le *Chélif*, l'Isser, le Sahel, le Rummel, la Seybouse. — Sur le plateau sont les *chotts el-Gharbi*, *Ech-Chergui*, Zahrès, Hodna. — Au sud sont l'oued Djedi, le *chott Mel-Rhir*.

71. — Le *département d'Alger*, chef-lieu *Alger*; sous-préfectures : Orléansville, Miliana, Tizi-ouzou; localités principales : Blida, Médéa, Boghar, Aumale, Laghouat.

Le *département d'Oran*, chef-lieu *Oran*; sous-préfectures : Tlemcen, Mascara, Mostaganem; localités principales : Lalla-Maghrnia, Tiharet, Saïda, Géryville.

Le *département de Constantine*, chef-lieu *Constantine*; sous-préfectures : Bougie, Philippeville, Bone, Sétif, Guelma; localités principales : Souk-Arrhas, Batna, Biskra, Tougourt, Ouargla.

72. — L'Algérie produit des céréales, des olives, des oranges, des vignes, des légumes; elle a beaucoup de forêts. — On y élève des moutons, des chevaux, des dromadaires. — On y exploite le minerai de fer, le marbre, le corail.

Les ports sont *Alger*, Oran, Philippeville.

Tunisie. — Sur la côte sont : le *cap Bon*, les golfes de Tunis, de Hammamet, de Gabès, les îles Kerkena et Djerba. — Le principal cours d'eau est la Medjerda. — La capitale est **Tunis**; les villes principales sont Kairouan, Gafsa, Nefta, Bizerte, la Goulette, Sousse, Sfax, Gabès.

73. — Colonies. En *Afrique* : la colonie du *Sénégal* a pour villes principales *Saint-Louis*, Bakel, Médine; on y trouve l'île de Gorée et Dakar; plus au sud, sont Assinie le Grand Bassam, le Gabon. — au sud-ouest sont les îles Mayotte, Nossi-Bé, Sainte-Marie, *la Réunion*, chef-lieu Saint-Denis.

En *Asie* la France possède les cinq villes de l'Inde : Mahé, Karikal, *Pondichéry*, Yanaon, Chandernagor, et la *Cochinchine française*, chef-lieu Saïgon.

74. — En *Océanie* elle possède la *Nouvelle-Calédonie*, chef-lieu Nouméa; les Marquises, les Touamotou, les îles Gambier; l'archipel de la Société (*Tahiti*).

Dans l'*Amérique du nord* elle possède Saint-Pierre et Miquelon, la *Martinique*, chef-lieu Fort-de-France, la *Guadeloupe*, chef-lieu Basse-Terre avec la Désirade, Marie-Galante, les Saintes, Saint-Barthélemy et une partie de Saint-Martin.

Dans l'*Amérique du sud* elle possède la *Guyane*, chef-lieu Cayenne.

V. LES ÉTATS D'EUROPE (moins la France).

1° EUROPE OCCIDENTALE.

75-76. — **Royaume-Uni de Grande-Bretagne et d'Irlande.** — Les îles Britanniques sont baignées par la mer du Nord, le pas de Calais, la Manche, l'océan Atlantique, la mer d'Irlande, le canal Saint-Georges et le Canal du nord. Outre la *Grande-Bretagne* et l'*Irlande*, les îles sont : îles Scilly, Wight, îles *Anglo-normandes* (Jersey, etc.), Man, Anglesey, Hébrides, Orcades, Shetland.

Les principales montagnes de la *Grande-Bretagne* sont : les monts du pays de Galles, les Cheviot, les Grampian. — Les principaux cours d'eau sont : la Tamise, la Severn, en Angleterre; le Shannon, en Irlande.

La capitale est **Londres**; les villes principales sont : *Liverpool*, *Manchester*, *Birmingham*, *Stafford*, *Swansea*, *Sheffield*, *Leeds*, *Bristol*, *Southampton* en Angleterre; *Edimbourg*, *Glasgow*, *Dundee* en Écosse; *Dublin*, Belfast en Irlande.

77. — Les **Pays-Bas** sont baignés par le *Zuyderzée*, le Rhin, la Meuse. — La capitale est *Amsterdam*; les villes principales sont *La Haye*, Rotterdam.

La **Belgique** est arrosée par la Meuse et l'Escaut. — La capitale est *Bruxelles*; les villes principales sont Anvers, Liège, Gand, Bruges, Namur.

Grand-Duché de Luxembourg.

2° EUROPE CENTRALE.

78-79. — Empire allemand. — Les principales montagnes de l'**Empire allemand** sont les *chaînes de la Bohême*, le système Hercynien, le Hunsruck, l'Eifel, la *forêt Noire*, le Jura de Souabe, les *Vosges*, le Harz. — Les cours d'eau sont : le *Rhin* avec la Moselle, le Neckar, le Main, l'Ems, le Weser, l'*Elbe* avec la Saale et le Havel, l'Oder, la Vistule, le *Danube* avec le Lech et l'Inn.

La **Prusse** a pour capitale **Berlin**; la *Saxe*, Dresde; la *Bavière*, Munich; le *Wurttemberg*, Stuttgart; *Bade*, Karlsruhe. Parmi les autres états de l'Empire allemand, sont : la Hesse-Darmstadt, le Mecklembourg, l'Oldenbourg, les duchés de Saxe, les villes de Lubeck, Brême et Hambourg. L'*Alsace-Lorraine* a été enlevée à la France. — Les villes principales sont : Kœnigsberg, Breslau, Posen, Leipzig, Francfort, Mayence, Cologne; *Strasbourg et Metz*.

80-81. — Les principales montagnes de la **Suisse** sont : les **Alpes centrales**, comprenant les Alpes Pennines (Grand Saint-Bernard, *mont Rose*, Simplon), les Alpes Lépontiennes (Saint-Gothard), les Alpes Rhétiques, les Alpes Bernoises, les Alpes Helvétiques, les Alpes des Grisons; le *Jura*. — Les principaux cours d'eau sont : le *Rhône* avec le *lac de Genève*, le Tessin, le *Rhin* avec l'Aare, le *lac de Constance*, l'Inn. — La capitale est *Berne*. — Les villes principales sont Bâle, Zurich, Genève.

Les principales montagnes de l'**Autriche-Hongrie** sont : les **Alpes orientales** : Noriques, Carniques; les *chaînes de la Bohême*; les *Karpathes* avec les Alpes de Transylvanie. — Les principaux cours d'eau sont : l'Elbe, l'Oder, la Vistule, le *Danube* avec la Drave, la Save, la Tisza; le lac Balaton.

Les principales provinces de l'*Autriche* sont : l'archiduché d'Autriche, la *Bohême*, la Moravie, la Galicie, la Styrie, le Tyrol. — Cap. **Vienne**; villes principales, Lintz, Græz, Brunn, Lemberg, Trieste.

Le *Royaume de Hongrie* a pour capitale *Budapest*; pour villes principales, Presbourg, Szeged.

La *Bosnie* dépend de l'Autriche.

3° EUROPE MÉRIDIONALE.

82. — Dans le **Portugal**, la sierra da Estrella est la principale chaîne. — Les fleuves sont le Douro, le Tage, la Guadiana. — La capitale est *Lisbonne*; ville principale : Oporto.

L'**Espagne** est baignée par l'*océan Atlantique* et la *Méditerranée* avec le détroit de Gibraltar et les îles Baléares. — Le relief comprend le *plateau des Castilles*, les *Pyrénées*, les monts Ibériques, la sierra Morena, la sierra de Gredos, le plateau d'Aragon, la plaine d'Andalousie, la sierra Nevada (*Mulahacen*). — Les principaux cours d'eau sont le Minho, le Douro, le Tage, la Guadiana, le Guadalquivir, l'*Ebre*. — Cap. *Madrid*; villes principales : Burgos, Barcelone, Valence, Cordoue, Séville, Cadix.

La *République d'Andorre* et *Gibraltar* qui appartient à l'Angleterre, touchent à l'Espagne.

83. — L'**Italie** est baignée par le golfe de Gênes, la *mer Tyrrhénienne*, le phare de Messine, la *mer Ionienne* avec le golfe de Tarente, la *mer Adriatique* avec le canal d'Otrante. — Les îles sont la *Sardaigne*, l'île d'Elbe, la *Sicile*. — Les principales chaînes de montagnes sont : les **Alpes occidentales**, Viso, mont Blanc, Grand Paradis; les **Alpes centrales** avec le *mont Rose*, le Bernina, l'Ortler; les **Alpes orientales** ou Alpes Carniques, les Apennins, le *Vésuve*, l'*Etna*. — Les principaux cours d'eau sont le *Pô*, l'Adda, le Mincio avec les lacs Majeur, de Côme, de Garde; l'Arno, le *Tibre*. — La capitale est **Rome**. — Les villes principales sont Turin, Gênes, *Milan*, Venise, Bologne, *Florence*, Ancône, Livourne, **Naples**, Palerme, Syracuse.

Dans le voisinage sont la *République de Saint-Marin*, la *Principauté de Monaco* sur la côte de France, *Malte* qui appartient à l'Angleterre.

84. — La **Grèce** est baignée par la mer Ionienne et la mer Egée; on y trouve les *îles Ioniennes* (Corfou), les Cyclades, l'Eubée. — Les principales montagnes sont : le Parnasse, le Taygète; — le principal cours d'eau est la Salembria; — la capitale est *Athènes*.

La **Turquie** est baignée par la mer Adriatique, la mer Egée, les Dardanelles, la mer de Marmara, le Bosphore, la mer Noire. — Les principales montagnes sont : le Tchar-dagh, le Pinde, le *Balkan*. — Les principaux cours d'eau sont : la Maritza, le Strouma, le Vardar. — Capitale : *Constantinople;* villes princ. : Andrinople, Salonique. — La *Roumélie orientale* a une administration particulière.

La **Bulgarie**, cap. Sofia. — Le **Monténégro**, cap. Cétigné. — La **Serbie**, cap. Belgrade.

La **Roumanie** est bornée par les Karpathes, le Danube, le Prut. — Elle a pour capitale *Bucarest*, pour ville principale Yassi.

4° EUROPE ORIENTALE ET SEPTENTRIONALE.

85. — **Russie**. La Russie est baignée par l'*océan Glacial* avec la mer Blanche, la *Baltique* avec les golfes de Bothnie, de Finlande, de Riga; la *mer Noire* avec la mer d'Azof. — Les chaînes de montagnes sont : l'*Oural*, le *Caucase* (Elbrouz, Kasbek), les collines du Volga, les Hauteurs de Valdaï. — Les cours d'eau sont : la Petchora, la Dvina septentrionale, la Néva avec les lacs *Onéga* et *Ladoga*, la Dvina occidentale, le Niémen, la Vistule, le *Dniester*, le *Dniéper*, le *Don*, le **Volga**, l'*Oural;* les lacs de Finlande.

L'Empire russe comprend la *Finlande*, cap. Helsingfors et les provinces polonaises. — La capitale est **Saint-Pétersbourg**. — Les villes principales sont *Moscou*, *Varsovie*, Odessa, Astrakhan, Nijni-Novgorod, Kazan, Perm, Arkhangel, Riga, Smolensk, Kief.

86. — La **Suède** est traversée par les *Alpes Scandinaves*. — Les principaux lacs sont : Vener, Vetter, Mælar. — La capitale est *Stockholm*. — Les villes principales sont Uppsala, Gœteborg.

La **Norvège** est baignée par l'océan Glacial, l'océan Atlantique et la mer du Nord; on y trouve le *cap Nord*, les îles Lofoten. — Capitale *Kristiania;* ville principale : Bergen.

Le **Danemark** est baigné par les détroits Skagerrak et Kattégat. — Il comprend le *Jutland*, les îles Danoises (*Sélande*), Bornholm — en outre, l'*Islande* (volcan Hékla), les îles Fœrœé. — Capitale : *Copenhague*.

VI. LES PARTIES DU MONDE (*moins l'Europe*)

1° ASIE.

87-88. — CÔTES. — *Mers et golfes:* L'**Asie** est baignée par l'**océan Glacial**, par le **Grand océan** avec les mers de Béring, d'Okhotsk, du Japon, la mer Orientale, la *mer de la Chine*, par l'**océan Indien** avec le *golfe du Bengale*, la *mer d'Oman*, le golfe Persique, la *mer Rouge*, par la **Méditerranée** avec la *mer Noire*, par la mer Caspienne.

Les principaux *détroits* sont ceux de *Béring*, de *Malacca*, de *Bab-el-Mandeb*, des Dardanelles.

Les principales îles sont les Kouriles, Sakhalin, les **îles Japonaises**, Formose, Haï-nan, *Ceylan*.

Les *presqu'îles et caps* principaux sont : le cap Oriental, le *Kamtchatka*, la *Corée*, l'**Indo-Chine** avec le cap Romania, l'**Inde** avec le cap Comorin, l'**Arabie**.

RELIEF. — La partie la plus importante du relief est le **Grand massif central** comprenant le *Tibet*, la *Mongolie*, le *Turkestan oriental*, la chaîne de l'**Himalaya** (Gaurisankar), le *plateau de Pamir*, les Thian-chan, l'Altaï, les monts Yablonoï.

Les principales *plaines* sont celles de la Chine, de l'Hindoustan, du *Bas-Turkestan* et de la *Sibérie*.

Au sud est le plateau du Dekhan. — A l'ouest sont le plateau de l'*Iran*, celui de l'*Asie Mineure* avec le mont Ararat, le Taurus, le Liban, le *Caucase*.

EAUX. — Les principaux *fleuves* sont : l'Ob, l'Iénisséi avec le lac Baïkal, la *Léna*, tributaires de l'océan Glacial; l'*Amour*, le *Hoang-ho*, le *Yang-tsé-kiang*, le *Mé-kong*, tributaires du Grand océan; le Brahmapoutre, le *Gange*, l'*Indus*, l'Euphrate et le Tigre, tributaires de l'océan Indien; le lac d'Aral avec l'Amou-daria, la mer Morte avec le Jourdain.

89. — ÉTATS ET COLONIES. — Les États sont : à l'ouest, l'*Empire ottoman*, villes principales: Smyrne, Jérusalem, Damas, La Mecque, Bagdad — *Mascate*. — La *Perse*, capitale Téhéran — l'*Afghanistan* et le *Béloutchistan*.

Au sud les États et colonies sont : l'**Empire des Indes** qui appartient à l'Angleterre; cap. **Calcutta**; villes principales: Madras, Bombay; avec Chypre, Aden, Singapore, Hong-kong. — *Pondichéry* qui est à la France. — La *Birmanie* — le *Siam*, cap. Bang-kok — l'*Annam*, cap. Hué — le *Cambodge* — la *Cochinchine française*, ch.-l. Saïgon.

A l'est sont : l'**Empire chinois**, comprenant la Chine, la Mandchourie, la Mongolie, le Tibet, le Turkestan oriental; capitale **Pé-king**; villes principales: Chang-haï, Nan-king, Canton — la *Corée* — le *Japon*, capitale *To-kio;* ville principale Yokohama.

Au nord la *Russie* possède la Sibérie, le Bas-Turkestan et les provinces Caucasiennes.

2° AFRIQUE.

90.— CÔTES.— L'**Afrique** est baignée par la **Méditerranée** avec les golfes de Gabès et de la Sidre; par l'**océan Indien** avec la *mer Rouge;* par l'**océan Atlantique** avec le *golfe de Guinée*.

Les principaux *détroits* sont le *détroit de Gibraltar*, le *Bab-el-Mandeb*, le canal de Mozambique.

Les principales *îles* sont **Madagascar**, les Comores, les *Mascareignes*, Fernando-Po, Annobon, Sainte-Hélène, Ascension, les îles du cap Vert, les *Canaries*, Madère, les *Açores*.

Les principaux *caps* sont le cap Bon, le cap *Guardafui*, le cap des Aiguilles, le **cap de Bonne Espérance**, le cap Frio, le *cap des Palmes*, le cap Vert.

RELIEF. — Les principales parties du relief du sol sont : le **Grand plateau austral** avec les Drakenberg, le *Kilima-Ndjaro*, le *massif d'Abyssinie*, la chaîne Arabique, les monts de Kong et du Fouta-Djalon, l'**Atlas**.

Les principales *plaines* sont celles du *Soudan* et du **Sahara**.

EAUX. — Les principaux fleuves sont : le **Nil** sorti du lac *Victoria-Nyanza;* — le Sénégal, la Gambie, le *Niger*, le *Congo* avec les lacs Bangoueolo et Tanganyika, le fleuve Orange, tributaires de l'océan Atlantique; — le Limpopo, le *Zambèze* avec le lac Nyassa, tributaires de l'océan Indien; — le lac Tchad.

91. — ÉTATS ET COLONIES. — Les États sont : l'*Égypte*, cap. *Le Caire;* villes princ. : *Alexandrie*, Khartoum — *Tripoli;* — la *Tunisie*, cap. Tunis; — le *Maroc*, cap. Fez; — les États du *Soudan* — les États de la Guinée : *Libéria*, *Dahomey* — la Sultanie de *Zanzibar;* — le royaume des *Hovas*, cap. Tananarive.

Les colonies sont : l'*Algérie*, le *Sénégal* (Saint-Louis), *La Réunion*, Mayotte, à la *France*. — Les comptoirs de Gambie et de Guinée (Bathurst, Sierra Leone), l'Ascension, Sainte-Hélène, la *Colonie du Cap* (le Cap), Maurice, à l'*Angleterre*. — Madère, les Açores, Angola, le Benguela, le Mozambique, au *Portugal;* les Canaries, Fernando-Pô, à l'*Espagne*.

Les autres États européens sont : l'*État libre d'Orange* et le *Transvaal*.

3° OCÉANIE.

92. — La **Malaisie** est baignée par le **Grand océan** avec la *mer de la Chine*, la *mer de la Sonde*, la *mer des Moluques* et les *détroits de Malacca*, de Macassar, de la Sonde.

Les principales îles sont : les *Philippines* à l'*Espagne*, ch.-l. Manille; — Bornéo, Célèbes, Moluques, Sumatra, *Java*, aux **Pays-Bas**, ch.-l. *Batavia*.

L'**Australasie** est baignée par l'**océan Indien**, le **Grand océan** avec la mer du Corail, les détroits de Torrès et de Bass. — Les principales îles sont: la *Nouvelle-Guinée*, l'archipel de la Nouvelle-Bretagne, les îles Salomon, les Nouvelles-Hébrides; la Nouvelle-Calédonie à la *France*, ch.-l. Nouméa; les îles Viti, à l'*Angleterre*.

93. — L'**Australie** appartient à l'*Angleterre*. — Les principaux caps sont York, Wilson, Leeuwin. — La *Cordillère australienne* est la principale chaîne; le *Murray* est le principal fleuve. — L'Australie est divisée en cinq **colonies :** *Queensland;* *Nouvelle-Galles du Sud*, capitale Sydney; *Victoria*, capitale *Melbourne;* *Australie méridionale;* *Australie occidentale*. — Au sud et au sud-ouest s[ont] les colonies de *Tasmanie* et de *Nouvelle-Zéland[e]*.

Dans la **Polynésie** sont les Carolines, à l'[Es]*pagne;* *Havaï*, cap. Honolulu; les Marquises, *Ta[iti]*, Touamotou à la *France*.

4° AMÉRIQUE DU NORD.

94. — CÔTES. — Elles sont baignées par l'**océ[an] Atlantique** avec le golfe du Saint-Laurent, [le] *golfe du Mexique*, la *mer des Antilles;* par [le] **Grand océan** avec le golfe de Californie e[t la] mer de Béring; par l'**océan Glacial** avec la [*baie*] *d'Hudson* et la mer de Baffin. — On y trouve [les] *détroits* d'Hudson et de Davis.

Les principales îles sont : dans l'*océan Atla[nti]que*, Prince Édouard, cap Breton, **Terre Neu[ve]**, Bermudes; *Bahama*, **Grandes Antilles** (*Cu[ba]*, *Haïti*, Puerto-Rico, Jamaïque), *Petites Ant[illes]* (Guadeloupe, Martinique, Barbade, Trinité); — [dans] le *Grand océan*, Revilla-Gigedo, Vancouver, ar[chi]pel de la Reine Charlotte, *îles Aléoutiennes;* dans l'océan Glacial, Archipel polaire du nor[d], **Groenland**.

Les presqu'îles et caps sont : dans l'océan At[lan]tique, la *Nouvelle-Écosse*, la *Floride* avec le cap [Sa]ble, le *Yucatan* avec le cap Catoche; — dans le Gr[and] océan, la *presqu'île de la Californie* avec le cap [San] Lucas, le cap Mendocino, la presqu'île d'Alask[a].

RELIEF. — La **Cordillère du nord** es[t la] principale chaîne; elle comprend les *Montagnes [Ro]cheuses*, la sierra Nevada, le Grand bassin, le [*pla*]*teau du Mexique* avec le *Popocatepetl*, l'isthme [de] Téhuantépec, le plateau de l'Amérique central[e], l'isthme de Panama. — A l'est sont la plaine [de] l'océan Glacial et la **plaine du Mississipi**. Plus à l'est sont les *monts Appalaches* et la *pl[aine] de l'océan Atlantique*.

EAUX. — Les principaux *lacs* sont : le grand [lac] de l'Ours, le grand lac des Esclaves, le lac Wi[nni]peg, les **cinq grands lacs :** Supérieur, Michi[gan], Huron, Erié (chute du Niagara), Ontario. — [Les] principaux cours d'eau sont : le Mackensie, le *Sa[int]-Laurent*, le Connecticut, l'Hudson, la Delaware, [le] Potomac, l'Alabama, le **Mississipi** avec le [*Mis*]*souri*, l'Ohio, le Tennessee et l'Arkansas, le [rio] Grande del Norte, tributaires de l'*Atlantiq[ue]*; l'Yucon, l'Orégon, le rio Colorado de l'ouest, tr[ibu]taires du Grand océan.

95-96. — ÉTATS ET COLONIES. — Les princi[paux] États des **États-Unis** sont le *Massachusetts* [et le] Connecticut dans la Nouvelle-Angleterre, le [*New*] *York*, la *Pennsylvanie*, la Virginie, l'Ohio, la L[oui]siane, la Californie. — La capitale est **Washi[ng]ton ;** les villes principales sont : **New York**, [*Phi*]*ladelphie*, *Boston*, Baltimore, Chicago, Cincin[nati], Saint-Louis, la Nouvelle-Orléans, San Francisc[o].

Le *Mexique* a pour capitale *Mexico;* ville pr[inci]pale: Vera Cruz. — Les États de l'Amérique cent[rale] et des Antilles sont : *Guatemala*, *Honduras*, *S[alva]dor*, *Nicaragua*, *Costa-Rica;* *Haïti* et *Saint-D[omin]gue*. — L'*Angleterre* possède le *Dominion du Ca[nada]* (Ottawa, *Québec*, Montréal, Ontario), Terre-Ne[uve], les Bermudes, le Honduras, les *Indes occide[ntales]* (Bahama, Jamaïque, Barbade, Trinité). — La *Fr[ance]* possède Saint-Pierre et Miquelon, la *Guadeloup[e]*, *Martinique*. — L'*Espagne* possède *Cuba* (la Hava[ne]), Puerto-Rico.

5° AMÉRIQUE DU SUD.

97. — CÔTES. — Elles sont baignées par l'**oc[éan] Atlantique** avec la mer des Antilles, pa[r le] **Grand océan** avec le golfe d'Arica, par le *dé[troit] de Magellan*.

Les îles sont : les îles Falkland, la Terre de [Feu], l'île Wellington, les îles Chiloé, Galapagos. — [Les] principaux caps sont le *cap Saint-Roch*, le [cap] *Horn*, la pointe Parina.

L'isthme de Panama unit les deux Amérique[s].

RELIEF. — La principale chaîne est la **Cor[dil]lère du sud** ou Andes (Chimborazo, Illam[pu], plateau du Pérou, Aconcagua), le Massif d[e la] Guyane, le *Grand massif du Brésil* (Itatiaia).

Les grandes plaines sont celles de l'Orénoque, [de] l'Amazone, des Pampas.

Les **Cours d'eau** sont : le Magdalena, l'Or[éno]que, l'**Amazone** avec le Rio Negro, le Madeir[a], Tocantins; le San Francisco, le *rio de la Plata* [avec] l'Uruguay, le Parana et le Paraguay.

98. — ÉTATS ET COLONIES. — Le **Brésil** a [pour] capitale *Rio de Janeiro;* pour villes principales, [Per]cifo, Bahia. — Le *Venezuela* a pour capitale Car[acas]. — La *Colombie*, Bogota; l'*Équateur*, Quito; [le] *Pérou*, Lima; la *Bolivie*, La Paz et Chuquisaca; le *Paraguay*, l'Assomption; l'*Uruguay*, Montevi[deo]; la *République Argentine*, Buenos-Ayres; le *C[hili]*, Santiago; ville principale : Valparaiso.

Les *Guyanes* sont des colonies *Française* (Caye[nne]), *Néerlandaise*, *Britannique* (avec îles Falkland).

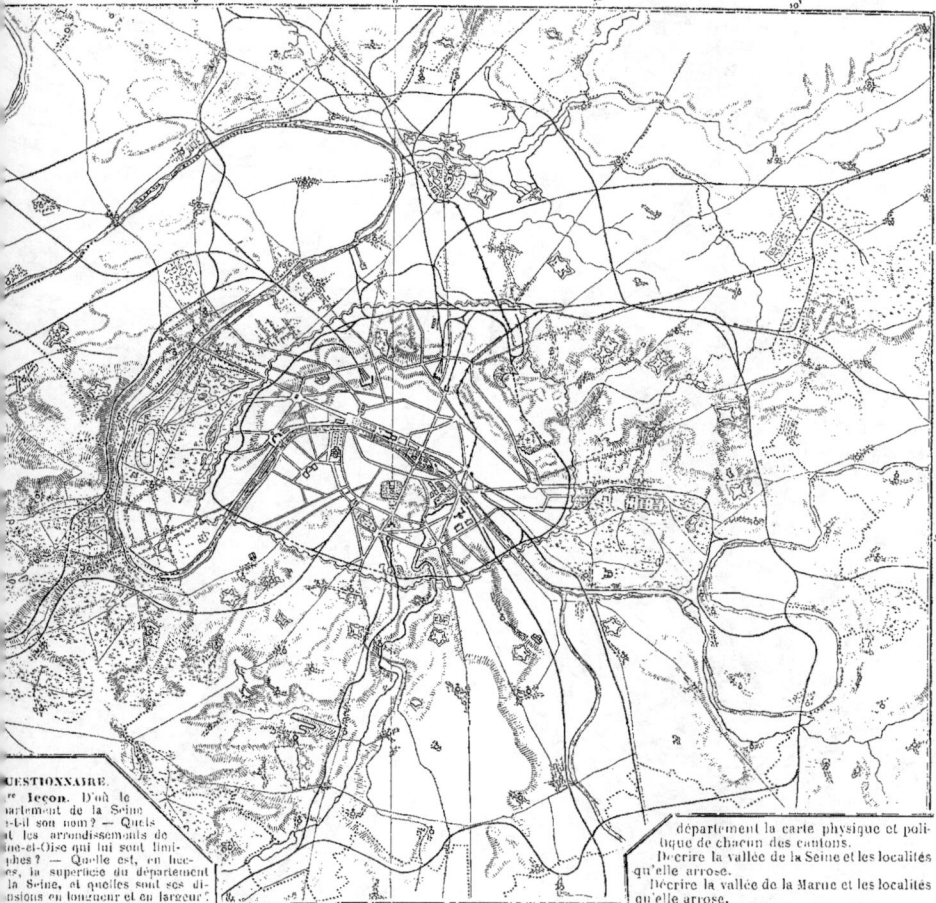

Carte muette pour l'étude du département de la Seine.

QUESTIONNAIRE.

1re leçon. — D'où le [dé]partement de la Seine [tire]-t-il son nom ? — Quels [son]t les arrondissements de [Sei]ne-et-Oise qui lui sont limi[trop]hes ? — Quelle est, en hec[tar]es, la superficie du département de la Seine, et quelles sont ses di[me]nsions en longueur et en largeur ? En combien de parties le divise-[t-on] ? — Le département de la Seine a-[t-il] des montagnes ? — Quelles sont [les] principales hauteurs que l'on trouve dans Paris, sur la rive droite et sur la rive gauche ? — Quels sont les points les plus élevés ? — Quelles sont les principales collines du département et quels [son]t les principales vallées et plaines du département ? [Par]mi les collines en est-il de boisées ? — Quelles [son]t les sous-préfectures et les chefs-lieux de canton [que] la Seine arrose ? — Quels sont les principaux [co]urs d'eau du département ? — Comment est le [co]urs de la Seine dans le département ? — Où les [pr]incipaux affluents de la Seine ont-ils leur confluent ? — [Com]ment est le cours de la Marne, de la Bièvre et [du] Croult ? — A quoi servent les canaux ? — Quels [son]t-ils ? — Quelles sont les principales presqu'îles [et î]les formées par la Marne et la Seine ? — Quelle [est] la moyenne de la température de l'été ?

2e leçon. — Comment est divisé le département ? Quelle est la population de Paris ? — Comment [est di]visé-t-on Paris ? — Où est située Saint-Denis ? — [En q]uoi est-il remarquable ? — Qu'est devenue [son a]bbaye ? — Nommez et montrez sur la carte muette [le] chef-lieu et les arrondissements du département. Quels sont les cantons de l'arrondissement de Saint-Denis et de l'arrondissement de Sceaux ? — Quels sont pour chacun d'eux les villes à signaler ? — Qu'est-ce que Charenton et sur quel cours d'eau est-il situé ? — Sur quel cours d'eau est situé Ar[cu]eil ? — Quels sont les principaux hospices de la banlieue de Paris ?

3e leçon. — Qui est-ce qui administre le département et Paris ? — Qu'est-ce que le préfet de police ? — Combien y a-t-il de conseillers municipaux à Paris ? — Quel est le rôle des maires et des adjoints de Paris ? — Combien y a-t-il de conseillers généraux dans le département ? — Quelles sont les principales attributions du conseil général ? — Quels sont les grands corps de l'État ? — Quels sont les tribunaux de Paris ? — Comment appelle-t-on l'administrateur des arrondissements de Sceaux et de Saint-Denis ? — Où résident les juges de paix ? — Fait-on de grande culture dans le département ? — Quels sont les produits horticoles à signaler ? — Quelles sont les principales carrières du département ? — Quelles en sont les principales villes industrielles ? — Comment se fait la navigation sur la Seine ?

Devoirs. — Faire sur la carte muette du département la carte physique et politique de chacun des cantons.

Décrire la vallée de la Seine et les localités qu'elle arrose.

Décrire la vallée de la Marne et les localités qu'elle arrose.

Promenades à faire dans le département de la Seine. — 1° Visiter le Louvre et écrire ses impressions.

2° Descendre la Seine de Bercy à Auteuil, en décrivant les monuments que l'on rencontre à droite et à gauche.

3° Visiter le Luxembourg, décrire le palais, le jardin et le musée.

4° Aller à Montmartre et décrire ce que l'on voit du sommet de la colline.

5° Faire une visite au Jardin des Plantes et raconter ses impressions.

6° Faire une visite au musée de Cluny.

7° Aller au Mont-Valérien et décrire la montagne et le fort.

8° Visiter et décrire Sceaux.

9° Aller à Arcueil et décrire l'aqueduc.

10° Visiter le bois de Boulogne et en décrire les points qui ont frappé.

11° Dire l'itinéraire que l'on suivrait pour aller en omnibus et en tramway de la gare du Nord à Sceaux.

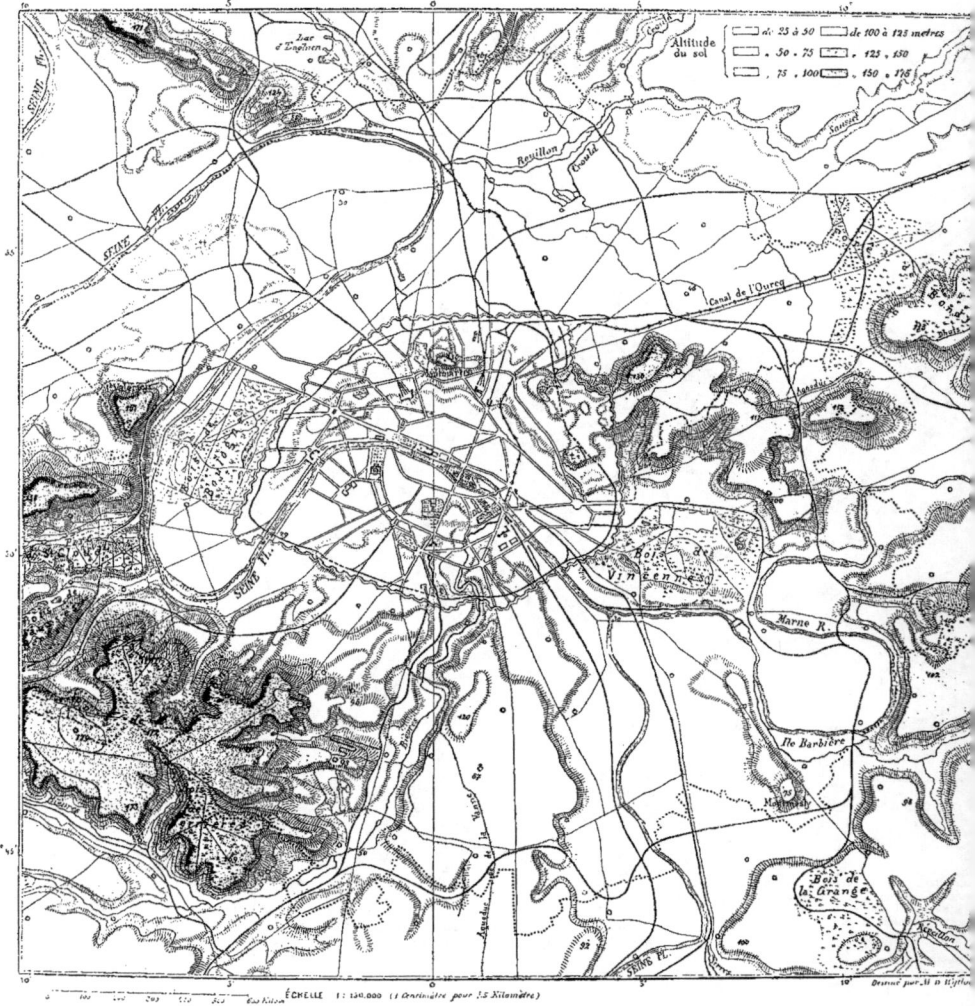

Carte physique du département de la Seine.

LE DÉPARTEMENT DE LA SEINE

SITUATION ET LIMITES.

(Voir la carte physique du département.)

Le département de la Seine est situé dans le bassin de la Seine, à peu près au centre de la vallée du fleuve.

Il tire son nom du fleuve, qui le divise en deux parties inégales.

Il est limité de toutes parts par le département de Seine-et-Oise, qui l'entoure par les arrondissements de Mantes au nord, de Versailles à l'ouest, de Corbeil au sud, et à l'est par deux petites langues de terre appartenant aux arrondissements de Corbeil et de Mantes.

Le département de la Seine a la forme d'un cercle un peu allongé dans le sens du nord au sud. Sa superficie est de 47,875 hectares. Il mesure 34 kilomètres du nord au sud et 26 de l'est à l'ouest.

Il se divise en deux parties : l'une entièrement bâtie, qui est Paris ; l'autre, la banlieue, forme une sorte de couronne irrégulière autour de Paris.

RELIEF DU SOL.

Le département de la Seine n'a pas, à proprement parler, de montagnes. Cependant on y remarque, tant dans Paris que dans le reste du département, une série de hauteurs.

Dans Paris, ces hauteurs, qui ont parfois plus de 100 mètres d'altitude, sont :

1° Sur la rive droite, qui est la plus élevée Charonne, Ménilmontant, Belleville, les Buttes Chaumont (123ᵐ), Montmartre (130ᵐ), Passy, Auteuil (69ᵐ) ;

2° Sur la rive gauche : la Maison-Blanche, Butte-aux-Cailles, la montagne Saint-Geneviève le plateau de Montsouris et de Montrouge.

Dans le département, on trouve sur la rive droite :

1° Les collines de Charenton et de Vincennes (120ᵐ) ;

2° Celles de Nogent, de Fontenay, de Fontenay-sous-Bois, de Montreuil, qui viennent se rattacher à Charonne ;

3° Celles de Rosny (117ᵐ), de Romainville des Lilas (130ᵐ).

Carte politique du département de la Seine.

4° Le plateau d'*Avron* (112m);
5° Les hauteurs de *Champigny* et de *Bry*.
Sur la rive gauche:
1° Le *Mont-Valérien* et ses ramifications (161m);
2° Le plateau de *Châtillon* et ses ramifications (164m);
3° Le plateau de *Villejuif* (120m).

Il y a peu de terrain plat dans le département. La surface n'est guère unie que sur les bords de la Marne et de la Seine, et il n'y a de plaine un peu étendue que la presqu'île de Saint-Maur, dans un lacet de la Marne, et la presqu'île de Gennevilliers, dans un des replis de la Seine.

Quelques-unes de ces hauteurs sont boisées, notamment celles de Vincennes, où se trouve le bois de Vincennes. On distingue encore le bois de Boulogne, qui se trouve sur un terrain beaucoup moins élevé, à l'ouest de Paris.

COURS D'EAU. — CANAUX.

Cours d'eau. — Le département de la Seine est arrosé par quatre cours d'eau : la *Seine* et ses affluents, la *Marne*, la *Bièvre* et le *Crould*.

La **Seine** a déjà descendu la moitié de son cours quand elle entre dans le département de la Seine en longeant la commune d'Orly et en traversant celle de Choisy-le-Roi, par une altitude de 30 mètres au-dessus du niveau de la mer. Elle coule presque en ligne droite du N. au S. jusqu'à Paris, où elle tourne à l'ouest, en traçant une courbe dont la convexité est au nord; elle remonte ensuite vers le N., puis se recourbe vers le sud, jusqu'à ce qu'elle quitte le département, dont la dernière commune arrosée est Nanterre.

La **Marne** a presque achevé son cours lorsqu'elle entre dans le département, entre Bry-sur-Marne et Nogent-sur-Marne. Elle passe à Champigny, en faisant un lacet enveloppant une partie de Joinville et Saint-Maur. Elle coule ensuite du S.-E. au N.-O., et se jette dans la Seine sur la rive droite, entre Charenton et Maisons-Alfort.

Le **Crould**, autre affluent de la rive droite, arrose fort peu le département et se jette dans la Seine à Saint-Denis, après avoir été grossi, dans Seine-et-Oise, du Rosne et de la Morée.

La **Bièvre**, affluent de la rive gauche, qui

prend sa source dans Seine-et-Oise, entre dans le département entre Fresnes et Antony. Elle coule du N. au S. et se jette dans la Seine près du pont d'Austerlitz.

Canaux. — Pour faciliter le mouvement commercial, on a creusé à Paris et dans le département plusieurs canaux mettant en communication les diverses boucles formées par la Seine et la Marne ; ce sont :

1° Le canal de *l'Ourcq* (108,000^m l.), qui fait communiquer cette rivière avec le bassin de la Villette par le moyen duquel il alimente les canaux de Saint-Martin et de Saint-Denis ;

2° Le canal *Saint-Martin* (4,200^m), qui part du bassin de la Villette, parcourt plusieurs boulevards sous des voûtes, et débouche dans la Seine au pont d'Austerlitz ;

3° Le canal *Saint-Denis* (6,600^m l.), qui commence au bassin de la Villette, et se jette dans la Seine au hameau de la Briche ;

4° Le canal de *Saint-Maur*, qui fait éviter le long circuit de la boucle de la Marne, en abrégeant le trajet de 13 kilomètres ;

5° Le canal de *Saint-Maurice*, qui suit la rive droite de la Marne.

Presqu'îles. Iles. — La Seine et la Marne forment plusieurs presqu'îles et plusieurs îles.

Les principales presqu'îles sont : *Saint-Maur*, formée par la Marne ; *Boulogne* et *Gennevilliers*, formées par la Seine.

Les îles de la Marne sont : les îles des *Loups*, de *Beauté*, de *Champigny* et de *Saint-Maurice*.

Celles de la Seine sont :
1° Dans Paris : *Saint-Louis*, *la Cité* et l'île des *Cygnes* ;
2° Hors Paris : *Saint-Germain*, *Puteaux*, la *Grande-Jatte*, *Robinson*, *Saint-Ouen* et *Saint-Denis*.

Le Climat. — Le département de la Seine est dans la région du *Climat séquanien*. La température moyenne de l'été y est d'environ 18°; celle de l'hiver de 3° au-dessous de zéro. Le vent du sud-ouest domine. Les brouillards sont fréquents dans la vallée de la Seine, à Paris surtout. Il tombe par an une quantité d'eau représentant une hauteur d'environ 0^m,55.

ARRONDISSEMENTS, CANTONS, VILLES.

(Voir la carte politique du département.)

Le département de la Seine est divisé en trois parties : *Paris*, *Saint-Denis* et *Sceaux*. Ces deux derniers arrondissements comprennent chacun 4 cantons et 74 communes, dont 31 pour Saint-Denis et 40 pour Sceaux. Il a une population totale de 2,799,329 habitants (recensement de décembre 1881).

Paris. - **PARIS**, chef-lieu du département 2,269,023 hab., ne forme qu'une commune divisée en 20 arrondissements, correspondant à un canton. — (Voir Paris, page 11.)

Arrondissement de Saint-Denis. — **Saint-Denis**, 40,821 habitants, place forte sur la rive droite de la Seine, à l'embouchure du Crould. Ville ancienne, dont la magnifique abbaye, l'un des plus beaux monuments du département, fut fondée par Dagobert. Il ne reste plus de ce vaste édifice que les bâtiments conventuels reconstruits au XVIII° siècle, et l'église qui remonte au XIII°. Ce monument était autrefois consacré à la sépulture des rois de France. Les bâtiments de l'abbaye sont occupés par la maison nationale des filles de la Légion d'honneur. On remarque dans le canton Aubervilliers (19,43 hab.).

Les autres cantons de l'arrondissement sont :
1° **Pantin** (17,857 h.); 2° **Neuilly** (25,235 h.), entre la rive droite de la Seine et l'enceinte de Paris, où se trouvent les grandes communes de *Boulogne* (20,828 h.), qui comprend le bois de ce nom, splendide promenade appartenant à Paris; *Clichy* (24,320 h.) et *Levallois-Perret* 29,319 h., 3° *Courbevoie* (5,442 h.) où de belles casernes du temps de Louis XV et renferme les importantes communes d'*Asnières* (11,352), *Colombes* (9,877 h.), *Puteaux* (5,587

h.) et *Suresnes* (7,044 h.), où se trouve le fort important du *Mont-Valérien*.

Arrondissement de Sceaux. — **Sceaux** (2,783 h.), dans une position charmante, possède le beau parc de l'ancien château et le Cours normal des directrices d'écoles maternelles. Le canton renferme les communes importantes d'*Issy* (11,111 h.), *Montrouge* (8,595 h.), *Vanves* (12,005 h.), avec un beau lycée, et *Fontenay-aux-Roses* (2,849 h.), où l'on a établi l'École normale supérieure primaire des filles.

Les autres cantons de l'arrondissement sont :
1° **Charenton** (11,826 h.), au confluent de la Seine et de la Marne, qui renferme les communes importantes de *Maisons-Alfort* (9,174 h.), école vétérinaire ; *Nogent-sur-Marne* (9,491 h.), *Saint-Maur* (10,492 h.) et *Saint-Maurice* (5,176 h.), où se trouve l'important hospice d'aliénés connu sous le nom de *Maison de Charenton*.

2° **Villejuif** (2,678 h.), sur le plateau du même nom, comprend les communes importantes d'*Arcueil* (6,667 h.), où l'on voit l'aqueduc qui amène à Paris les eaux de la Vanne et celles de Rungis ; *Choisy-le-Roi* (6,978 h.), où se trouvent les restes d'un château bâti par Louis XV ; *Ivry* (10,412 h.), avec un magnifique hospice pouvant contenir 2,000 incurables.

3° **Vincennes** (20,530 hab.), remarquable par son bois et son château, bâti par les trois premiers Valois, avec une belle tour et un donjon imposant qui a un nouveau fort attenant au château et un hôpital militaire. Les autres communes importantes de ce canton sont : *Montreuil-sous-Bois* (18,695 h.), célèbre par la culture des pêches, et *Saint-Mandé* (9,398 h.), jolie ville sur le territoire de laquelle se trouve une partie du bois de Vincennes.

ADMINISTRATION.

Paris, capitale de la France, et le département de la Seine diffèrent par leur administration des autres villes et départements.

Le **Préfet**, administrateur du département, est en même temps *maire de Paris*, qui n'a pas de maire élu. Pour la sécurité publique, le Préfet est assisté d'un *Préfet de police*, dont les pouvoirs sont très étendus.

Pour ce qui concerne la commune, le Préfet est aidé d'un *Conseil municipal*, formé de 80 membres élus par le suffrage universel, quatre par arrondissement, un par quartier. Le conseil municipal nomme son président.

Pour le département, le Préfet est assisté d'un *Conseil général* formé du Conseil municipal et de huit conseillers généraux nommés par les cantons, à raison d'un conseiller par canton.

Le Conseil général vote le budget du département, surveille l'emploi des fonds, répartit les contributions directes, juge les demandes en réduction d'impôts faites par le département et les communes, etc. — A côté du Préfet siège le *Conseil de préfecture*, tribunal qui juge les affaires administratives.

Chacun des arrondissements de Paris a à sa tête un *maire* et trois *adjoints*, ayant spécialement à s'occuper de l'état civil. Ces magistrats sont nommés par le président de la République sur la proposition du préfet. Paris est le siège du gouvernement, qui se compose du *président de la République* et des *ministres*. Il est aussi le *siège des grands Corps de l'État* : le Sénat, la *Chambre des députés*, le *Conseil d'État*, la *Cour des comptes* et la *Cour de cassation*.

Il est également le siège de la *Cour d'appel*, de la Cour d'assises, composée de *jurés* désignés par le sort, d'un conseiller de cour d'appel et de deux juges, et qui juge les crimes ; de l'*Académie*, des *Facultés* et de l'*archevêché*.

L'inspecteur d'Académie y porte le nom de *directeur de l'enseignement primaire*. Les

écoles normales primaires sont à *Auteuil* (g conseil et à *Batignolles* filles.

Les arrondissements ne sont pas administrés par un *sous-préfet*. Ils sont réunis sous seul administrateur qui prend le nom de *directeur des affaires départementales*. Ils néanmoins chacun un *Conseil d'arrondissement* entre les communes et fait connaître les vœux qui fait la répartition des contributions directes de la circonscription — Ils n'ont pas non p comme dans les autres départements, un tribunal de *première instance* pour les causes civiles et correctionnelles, ni un tribunal de commerce pour les affaires commerciales. Ils sortissent aux tribunaux de Paris.

Dans chaque canton réside un *juge de paix*. C'est au chef-lieu de canton que se font opérations du recrutement.

GÉOGRAPHIE ÉCONOMIQUE.

On ne fait guère de grande culture dans quelques communes ; mais l'horticulture est très florissante. Presque tous les légumes et tous les fruits sont cultivés ; on distingue notamment :
1° Les pêches de Montreuil ;
2° Les fraises et les roses de Fontenay Roses et de Bourg-la-Reine ;
3° Le champignon de Châtillon et d'Arcueil

On trouve des vignobles à Suresnes.

On y élève peu de bétail et il y a peu prairies. A part les bois de Vincennes et Boulogne et une partie des bois de Meudon Verrières et de Bondy, il n'y a point de for

Le département possède les carrières pierres de Châtillon, de Montrouge, d'Arcueil de Gentilly, etc., et les carrières de plâtre Bagneux, de Clamart, de Montreuil et Romainville, qui sont les plus considérables de France. On y trouve aussi des sources minérales de Belleville, de Passy et d'Auteuil.

La Seine est le premier département français quant à l'industrie. On fabrique à Paris dans ses environs : les fontes modelés, les cuivres, les bronzes d'art, les sucres raffinés bijouterie, l'orfèvrerie, l'ébénisterie, les glaces, les livres, les dessins, les armes de et les innombrables objets connus sous nom général d'*articles de Paris*, qui demandent un travail intelligent et soigné et qui recherchés dans tous les pays. — Parmi manufactures de tout ordre, on distingue : usines Cail et Gouin pour la construction matériel des chemins de fer ; — la Monnaie où l'on frappe les monnaies et les médailles — les Gobelins, la plus belle manufacture tapis du monde ; — l'*Imprimerie nationale* la manufacture de tabacs du *Gros-Caillou*

Après Paris, on peut encore citer les v suivantes : 1° *Saint-Denis*, qui a des fabriques de toutes sortes ; 2° *Pantin* et Aubervilliers abondent les usines ; 3° *Antony*, fabrique bougies ; 4° *Puteaux*, vastes manufactures toffes de laine ; 5° *Choisy-le-Roi*, porcelaine verreries ; 6° *Ivry*, forges et raffineries ; 7° *treuil-sur-Bois*, cuirs vernis et porcelaines.

Voies de communication. — Outre ses nombreuses, ses boulevards, ses avenues ses routes, le département de la Seine est servi par un grand nombre de lignes de partant des gares Saint-Lazare, du Nord l'Est, de Vincennes, d'Orléans, de Sceaux Montparnasse, ainsi que par le chemin de ceinture et par un grand service d'omnibus et de *tramways*.

Il existe aussi sur la Seine un service r lier de bateaux à vapeur, dits *bateaux-mouches* et *hirondelles*. — Les bateaux-mouches tent et descendent la Seine toutes les minutes, du pont National au pont d'Auteuil — Les *hirondelles* font le même service à Saint-Cloud et à Suresnes. — En dehors ces bateaux, réservés aux voyageurs, il c de grosses barques destinées aux marchandises

LECTURE DE LA CARTE D'ÉTAT-MAJOR

Les Français doivent savoir lire assez couramment la carte d'état-major de leur pays pour s'en servir sur le terrain et reconnaître leur route. Nous donnons ici les indications nécessaires; mais il faut une pratique souvent répétée sur le terrain même pour acquérir véritablement l'habitude de ce genre de lecture.

PRINCIPAUX SIGNES DE LA CARTE D'ÉTAT-MAJOR AU 80.000e

Exercice de lecture. — *Orientation.* Le nord est au haut de la feuille, le sud au bas, l'est à droite, l'ouest à gauche. Donc Bligny-sous-Beaune est au sud de Beaune; le mont Battois est au nord-ouest de Beaune.

La ligne qui traverse la carte à l'est un méridien dont la longitude est indiquée dans le cadre.

Si l'on était dans la campagne de Beaune, et si l'on voulait orienter sa carte afin de trouver son chemin ou de connaître la direction dans laquelle se trouve telle localité, il faudrait placer la boussole, sur la carte en faisant coïncider la ligne nord-sud de l'instrument avec le méridien de la carte, mettre en liberté l'aiguille aimantée, puis faire tourner doucement, à plat, carte et boussole jusqu'à ce que la pointe bleue de l'aiguille se trouve sous la flèche : c'est alors que la carte est orientée.

Si l'on est à Beaune, le visage tourné vers le nord, on peut dire: Savigny est droit devant moi; Pommard, derrière moi, à gauche, Aloxe, devant moi.

Échelle. — L'échelle de la carte d'état-major étant le 80,000e, 1 millimètre y représente 80 mètres. Or, de l'église de Beaune à l'église de Pommard, la distance en ligne droite étant de 4 centimètres 1/2, la distance réelle est de 3 kilomètres 600 mètres.

Géographie physique. — L'Avant-Dheune est un ruisseau qui coule en serpentant d'abord dans la montagne, puis dans la plaine, passe à Pommard et à Bligny-sous-Beaune. Le trait noir des ruisseaux ne se distingue pas toujours nettement au premier abord d'un chemin d'exploitation; avec un peu d'attention, on s'aperçoit que la ligne du ruisseau a des sinuosités qui ne conviennent pas à un chemin.

Les hachures serrées qui sont à l'ouest de Beaune, de Savigny à Volnay, indiquent une pente rapide : c'est la côte de Beaune. Sur la route, les nombres gravés ou caractères penchés 231, 238, 230, 226, 235, 229, sont des côtes d'altitude ; elles indiquent l'élévation de ces points au-dessus du niveau de la mer. A l'ouest des plus fortes hachures, les côtes 367, 402, 384, 401, 381, indiquent l'altitude de la crête. Il faut donc monter de 159 à 170 mètres environ pour en atteindre le sommet; la distance étant d'environ 3 centim. sur la carte, c'est sur une distance de 2 kilom. 1/2 que se fait la montée.

Au nord-ouest de Beaune, le triangle placé près de la côte 338 et accompagné des mots: Beaune signal, signifie que ce lieu a été un des points de la triangulation de la France.

Géographie politique et économique. — Il y a, à l'est de Beaune, un chemin de fer, qui traverse en diagonale une partie de la carte; la station de Beaune est dans le faubourg St Jean; à l'ouest du chemin de fer, est une route nationale qui bifurque à la côte 235 ; une route départementale, en partie bordée d'arbres, coupe en + la précédente ; les autres voies sont des chemins d'exploitation.

Beaune est une sous-préfecture ; il y a deux églises. Savigny est une commune importante, Pommard une commune, Curtil un hameau.

Itinéraire de Bligny à Savigny. — Partir de l'église (point trigonométrique), suivre la rue jusqu'à l'Avant-Dheune et, au moulin, suivre dans la direction du nord le chemin de grande communication qui monte de 11 mètres (côtes 215 et 226) au milieu des vignes jusqu'au chemin de fer, traverser le chemin de fer à niveau continuer en traversant la plaine, puis les vignes jusqu'au faubourg Bretonnière, prendre la route nationale, suivre la grande rue de Beaune en passant devant l'église (point trigon.) aller jusqu'à l'église du faubourg St Nicolas (point trigon.), quitter la grande route, prendre la rue à gauche, et, presque aussitôt après, le chemin vicinal de droite montant en pente douce (20 mètres environ) vers le nord, traverse une ancienne voie et descend un peu jusqu'aux prairies qu'arrose le ruisseau de Savigny, prendre le chemin à gauche avant de traverser le ruisseau, remonter entre le ruisseau et une côte rapide, passer près d'un moulin et atteindre le château de Savigny.

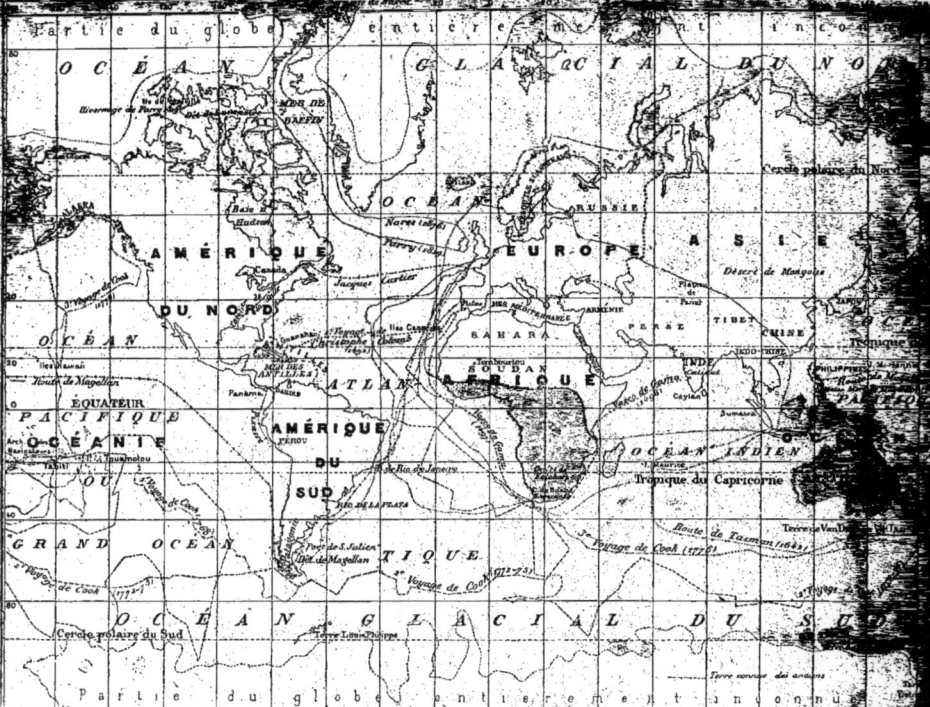

La Terre a été connue peu à peu, à mesure que les sociétés se sont civilisées, que le commerce a créé des relations entre les contrées et que les voyageurs ont exploré les régions sauvages ou inhabitées.

Dans l'*antiquité*, la science des Grecs et des Romains se bornait à peu près à la connaissance des **régions voisines de la Méditerranée** ou *mer intérieure*, lesquelles comprenaient l'Europe méridionale et centrale, l'Afrique septentrionale, et la partie occidentale de l'Asie qui s'étend *jusqu'à l'Indus*.

Le moyen âge n'a pas ajouté beaucoup à la science géographique de l'antiquité. Cependant, les îles du nord de l'Europe ont été explorées par les *Scandinaves*; les *Arabes* ont fait mieux connaître l'Asie occidentale et l'Afrique septentrionale; les *croisades* et le commerce ont contribué à répandre les connaissances des Arabes en Europe. — Le plus célèbre des voyageurs du moyen âge est un Vénitien, **Marco Polo**, qui, dans la seconde moitié du treizième siècle, visita l'Asie, séjourna dix-sept ans en Chine et donna le récit de ses voyages.

A la fin du quinzième siècle, **Christophe Colomb**, marin génois, conçut le projet de gagner la côte de l'extrême Orient, dont avait parlé Marco Polo, en naviguant en ligne droite à l'ouest de l'Europe; il pensait que, puisque la terre est ronde, il devait être plus facile d'atteindre ainsi cette contrée en faisant une plus grande route vers l'est, par terre. Il partit, en août 1492, avec trois petits bâtiments fournis par l'Espagne. A partir des Canaries, il navigua pendant 36 jours dans une mer tout à fait inconnue, et il aborda enfin, le 12 octobre 1492, dans une des îles Bahama qu'il nomma San Salvador. Il venait de découvrir l'**Amérique**.

Dans trois autres voyages (1493-1504) il reconnut la plupart des îles et une partie de la côte de la mer des Antilles. Ce fut un autre navigateur, *Améric Vespuce*, qui eut l'honneur de donner son nom au nouveau monde.

Depuis le commencement du quinzième siècle, les Portugais cherchaient par une autre route à l'Orient et faisaient une suite d'importantes découvertes sur la *côte occidentale de l'Afrique*. — En 1486, **Barthélemy Diaz** était parvenu jusqu'à la pointe méridionale de l'Afrique. — Le roi de Portugal, à qui cette découverte faisait espérer le succès définitif de l'entreprise, la nomma *Cap de Bonne-Espérance*.

En effet, l'amiral **Vasco de Gama**, ayant doublé ce cap, atteignit l'année suivante (1498) la côte de l'*Inde*. — Les Portugais firent dans ces régions un grand commerce et apprirent à connaître les côtes de la Chine, du Japon et la Malaisie.

En Amérique, un Espagnol *Nunez de Balboa*, ayant traversé les épaisses forêts de l'isthme de Panama, découvrit, en 1513, le *Grand océan*.

Quelques années après, un navigateur portugais au service de l'Espagne, **Magellan**, entreprit de naviguer sur ce nouvel océan. — Il découvrit le *détroit de Magellan*, puis il traversa le Grand océan ou océan Pacifique avant d'atteindre la région déjà connue de la Malaisie. Magellan y mourut, mais un de ses navires put rentrer en Europe : ce *premier voyage autour du monde* prouvait expérimentalement que la terre est ronde.

Le Grand océan fut exploré par plusieurs navigateurs au XVIIe et au XVIIIe siècle ; entre autres, par le Hollandais *Abel Tasman*, qui (1643) aperçut la Tasmanie, la Nouvelle-Zélande, la Nouvelle-Guinée, puis, par deux Français, *Bougainville* (1768), qui visita Tahiti, et *La Pérouse* (1781), qui explora une partie de la côte nord-ouest de l'Amérique et de la côte nord-est de l'Asie et périt près de l'île Vanikoro; par le capitaine anglais **Cook**, le plus célèbre de tous, qui découvrit ou reconnut la côte orientale de l'*Australie*, la Nouvelle-Zélande, les abords du champ de glace de l'océan Glacial du sud, la Nouvelle-Calédonie, les îles Hawaii où il fut tué (1779).

La *région du pôle sud*, qui est inhabitable, a été explorée au XIXe siècle par l'amiral français *Dumont d'Urville*, qui découvrit la terre Adélie (1840), par l'Anglais *James Ross*, qui pénétra plus au sud, reconnut la terre Victoria (1841).

La *région du pôle nord*, un peu moins inhospitalière, a été plus explorée, parce qu'on y a cherché longtemps un passage pour se rendre de l'océan Atlantique dans le Grand océan et qu'on a cherché dans notre siècle, à parvenir au pôle. De nombreux marins se sont signalés dans ces entreprises, depuis *Hudson* et *Baffin*, au commencement du XVIIe siècle, jusqu'à *Parry* qui, en 1849, parvint au sud de l'île Melville, à *Franklin* qui est mort dans les glaces en 1847 et au capitaine *Nares* qui, en 1876, a passé l'hiver à environ 800 kilomètres du pôle.

En 1878, le Suédois **Nordenskiold**, parti de la Suède, a longé toute la côte septentrionale de l'Asie et est entré par le détroit de Béring dans le Grand océan, accomplissait la première circumnavigation de l'ancien continent.

Depuis la découverte de l'Amérique, les voyages importants pour la connaissance du monde ont été faits dans l'intérieur des continents.

Parmi ceux qui ont fait connaître l'**Amérique**, on peut citer, pour l'Amérique du nord, le Français *Jacques Cartier* qui, au XVIe siècle, a exploré le fleuve Saint-Laurent ; au XVIIe siècle, *Cavelier de la Salle* qui a descendu jusqu'à son embouchure le Mississipi ; pour l'Amérique du sud, l'Espagnol *Pizarre*, qui a découvert et conquis le Pérou, et son lieutenant *Orellana*, qui a descendu le premier (1541) l'Amazone.

En **Afrique**, les voyages de découvertes ont été très nombreux, depuis la fin du XVIIIe siècle. On peut citer le Français *René Caillié*, qui (1828) visita Tombouctou et traversa le Sahara, l'Allemand *Barth*, qui (1855) visita et explora le Soudan ; les Anglais *Speke* et *Grant*, qui (1861) firent connaître les *origines du Nil* ; l'Américain *Stanley*, qui (1878) a descendu la premier le Congo ; l'Écossais **Livingstone**, qui (1853-1873) a découvert le lac Ngami, traversé toute l'Afrique australe, exploré le Zambèze, le lac Nyassa, le lac Tanganyika, le cours supérieur du Congo.

L'intérieur de l'**Australie**, qui est en grande partie un désert, a été exploré par *Burke* (1806), par *Mac-Donell Stuart*, qui le premier a traversé de part en part ce continent (1866).

www.ingramcontent.com/pod-product-compliance
Lightning Source LLC
LaVergne TN
LVHW021729080426
835510LV00010B/1185